큰 꿈을 가슴에 품고
세상을 이롭게 하는
천지인의 스승이 되소서.

조벽 교수의
희망 특강

조벽 교수의
희망 특강

대한민국 교사들을 위한 새 시대 교수법

조벽 지음

해냄

프롤로그

교사가 희망이다

조벽 교수님.

중학생의 신분으로 『나는 대한민국의 교사다』라는 책을 읽었어요. 왜냐하면 제 꿈이 교사거든요. 이 책을 읽고 나서 그동안 고민했던 명예라든지 돈에 관한 고민은 그만하게 됐어요. 왜냐하면 제가 진정으로 교사가 되고 싶었던 이유를 다시 알게 되었으니까요.

왜 제가 그냥 학생들을 가르칠 생각만으로도 기뻤던 옛날이 아닌 자꾸 돈과 명예 때문에 고민하게 되었는지 슬프기도 해요.

하지만 요즘은 하루하루 제 꿈을 이루기 위해 노력하고 있어서 기쁠 따름이에요. 정말 좋은 선생님이 되어서 나중에 뵙고 싶어요.

— 조주현

방금 받은 이메일입니다. 교사 지망생이 보낸 이 편지는 저를 한없이 기쁘게 해줍니다. 이런 기쁨을 누리는 행복 때문에, 이런 기쁨을 서로 나눌 수 있는 행운 때문에 책을 쓰고 또 쓰게 됩니다.

이 책의 요지는 간단합니다. 학생 3명 중 1명이 학교를 떠나고 싶어 하고, 실제로 매일 152명의 학생이 학교를 떠나며, 작년 한 해만 해도 202명의 학생이 세상을 떠났다는 심각한 통계는 마치 탄광의 카나리아처럼 우리 교육 상황의 심각성을 그대로 보여줍니다. 그러한 상황에서 잘못된 문제점을 일일이 파헤치기보다는 새로운 시각으로 문제를 해결하기 위한 제안을 하는 것입니다.

이번 책은 본래 온라인 연수 교재용으로 집필을 시작하게 되었습니다. 저는 국내 모든 시도(市道) 교육청 교육연수원에서 무수히 많은 특강을 해왔습니다. 교육청과 교육지원청에서 특강 요청이 오면 가능하면 무조건 응했습니다.

그러나 아무리 많이 해도 제 메시지를 듣고 싶어 하는 모든 분들께 다 가갈 수 없었고, 한두 시간 특강으로는 제가 전달하고 싶은 메시지를 제대로 전달할 수 없었습니다.

개별 학교에서 오는 특강 요청은 응할 엄두조차 내지 못했습니다. 그저 요청에 응할 수 없어 미안하고 죄송하다는 말만 전하곤 했습니다. 그러면서도 저를 찾아주어 고마워하는 제 마음을 충분히 전달하지 못해 아쉬웠습니다.

그래서 차선으로 온라인 연수를 생각하게 되었습니다. 연수가 30차시나 되니 하고 싶은 말을 맘껏 할 수 있고, 더 많은 선생님들이 필요한 경우 시간과 공간의 한계를 벗어나서 제 이야기를 들을 수 있겠다 싶었습니다. 그러나 30차시로도 다 하지 못한 말이 많이 남았습니다.

결국 단순히 연수를 넘어서서 새로운 내용을 더 많이 포함하게 되었습니다. 또한 주제와 소재는 제가 출판한 책과 같더라도 일부를 제외하고는 대부분 완전히 새로운 내용으로 설명하여 내용이 중복되지 않도록 했습니다.

특히 최첨단 뇌과학과 마음 과학 연구 결과에 기반을 둔 설명을 첨가하여 제 고유의 '새 시대 교수법'을 좀 더 깊이 있게 완성해 일관된 한 체계로 엮어내고자 했습니다.

제가 펴낸 『조벽 교수의 명강의 노하우&노와이』는 교수 기법(마이크로 교수법)에 대한 책이고, 『나는 대한민국의 교사다』는 교수 철학(매크로 교수법), 『조벽 교수의 인재 혁명』은 글로벌 인재상(교수법의 결과)에 대한 이야기였습니다. 이번에 내는 책은 이 세 가지가 어떻게 총체적으로 연결되어 현장에서 실천되어야 하는지를 알려주는 안내서입니다.

유능한 교육자의 핵심 특성과 효과적인 수업의 요소가 무엇이며, 이러한 것이 어떻게 새로운 시대의 인재가 갖추어야 하는 실력을 키워주는 일과 연결되는가를 설명했습니다.

요즘 한창 교사를 어렵게 하는 '창의·인성' 교육이 무엇인지 설명하는 데에도 많은 지면을 할애했습니다. 흔히 교실 붕괴의 '원흉'으로 언급되는 '문제아'와 위기에 처한 학생들의 실체를 학술적으로 설명하는 한편, 현장에서 그런 학생들을 성공적으로 교육한 사례를 구체적으로 소개했습니다.

우리 교육자들이 본래 마음에 품었던 모습을 되찾고, 교사와 학생이 그저 함께 있는 수업이 아니라 함께 이루어가는 수업에 초점을 맞추면서, 학생들이 진정한 어른으로 변해가는 과정을 목표로 삼자고 했습니다.

절망스러운 상황에서도 교사가 희망을 선택하고, 학생들에게 희망이라는 선물을 베풀자고 했습니다. 그래서 교사는 공부의 신이 아니라 변화의 신이며, 다 같이 희망의 신이 되어야 한다는 점을 강조했습니다.

  그렇게만 된다면 우리 교육자들에게는 얼마나 가치 있고, 의미 있고, 행복한 삶이 될까요? 또한 그것은 교육자들만 누리는 게 아니라 모두에게 그런 삶을 베푸는 일이 될 것입니다. 앞서 소개한 편지를 보냈던 조주현 학생이 진정으로 교사가 되기를 바라는 이유도 바로 그것일 것입니다. 앞으로 더 많은 '조주현 학생'이 나타나길 바라면서 이 책을 마무리합니다.

2011년 12월

조벽

프롤로그 교사가 희망이다 6

1부 교사의 기본은 무엇인가

1장 교사가 먼저 기본으로 되돌아가자 14
2장 교육자는 학생의 인생을 좌우하는 중추적 역할자 32
3장 유능한 교육자의 조건은 무엇인가 46
4장 글로벌 시대가 요구하는 인재상은 무엇인가 58
5장 학생들의 가능성을 관찰하고 기다려주어라 70
6장 소중한 것을 선택하라 82

2부 수업은 어떻게 해야 하는가

7장 수업의 본 얼굴을 보여주는 마이크로 티칭 96
8장 마이크로 티칭 심화하기 106
9장 효과적인 수업 컨설팅을 위한 상담 원칙 114
10장 새 시대에 필요한 응급 교수법 126
11장 학생들의 주의력 장악하기 140
12장 명확하게 설명하기 152

3부 학생과 한편이 되어라

13장 문제 행동은 있지만 문제아는 없다 170
14장 단기적 동기 부여 도구, '상과 벌' 180
15장 학생의 두뇌는 아직 성장하고 있다 188
16장 학생과 소통하는 기술, 감정 코칭 200
17장 학습 동기 부여하기 218
18장 학생들이 꿈을 품을 수 있도록 도와주어라 228

4부 평생학습 시대, 창의 인재로 키워라

19장 글로벌 평생학습 시대의 필수 능력을 가르쳐라 238
20장 창의력의 여섯 가지 요소 252
21장 창의력을 꽃피우는 퍼지 사고력 266
22장 발견과 창조의 원천, 호기심 276
23장 틀에서 벗어나는 힘, 모험심 286
24장 가능성을 발견하는 힘, 긍정심과 꿈 294

5부 글로벌 시대, 인성은 실력이다

25장 배려와 존중의 능력, 인성 310
26장 마음의 과학으로 풀어본 인성과 창의력 322
27장 희망과 꿈을 키우는 HD 교실 338
28장 올바른 성장의 기초, 베풂의 리더십 358
29장 새 시대 인재상을 실현하기 위한 교육 리더십 368
30장 대한민국의 교육, 희망은 있다 378

에필로그 진정한 어른, 스승이 되자 390

감사의 글 392

* 일러두기 : 본 도서에서 각 주제에 대한 좀 더 심화된 내용과 사례가 필요하신 경우 『조벽 교수의 명강의 노하우&노와이』, 『나는 대한민국의 교사다』, 『조벽 교수의 인재 혁명』을 참고해 주십시오.

1부 교사의 기본은 무엇인가

교육의 기본은 교육자와 학생, 그리고 그 둘 사이의 소중한 관계입니다. 이 기본이 확실하게 정립된 후에야 나머지 논의들도 의미가 있습니다. 우선 진정한 교육자의 모습이 무엇인지 알아야 하고, 우리 학생들에 대해서 제대로 알아야 합니다. 그리고 나서 그들을 어떻게 바람직한 인재로 키워낼 것인지 고민해야 합니다. 학생들에게 마음으로 다가가서 진심을 베푸는 일이 그 출발이 될 것입니다.

| 1장 |

교사가 먼저 기본으로 되돌아가자

미래의 인재를 위해 교사는 무엇을 할 것인가

"한국 학생들은 너무 단기적인 성공에 집착한다."

올 가을에 제가 토론자로 참여한 '왜 아직 한국에는 노벨상 수상 과학자가 나오지 않는가'라는 주제로 개최된 행사에서 노벨 과학상 수상자 두 분이 내린 진단입니다. 두 과학자는 세계 수준의 연구 중심 대학 육성 사업의 일환으로 한국의 초대를 받아 장기간 국내에 머물고 있었기에 한국 대학과 대학생을 어느 정도 파악하고 있던 분들이었습니다.

그분들은 "노벨상 수상자가 되겠다고 계획을 세우는 것은 잘 이해가 되지 않는다. 자기가 좋아하고 관심 있는 분야를 열심히 공부하고 연구하면 그 자체가 즐겁고 행복하다. 그래야 한평생 할 수 있고, 그렇게 오래 하다 보면 좋은 성과도 낼 수 있을 것이다. 그러다가 운이 따라주면 노벨상을 받는 것이다"라고 합니다. 열심히 즐겁게 공부하고 연구하다 운이 따르면 수상하게 되는 것을 국가 차원에서 계획을 세워 추진하는 게 이상했나 봅니다.

한국에 노벨 과학상 수상자가 없다는 게 큰 문제는 아닙니다. 그보다 더 급한 문제가 있기 때문입니다. 기업체는 쓸 만한 인재가 없다고 매우 불만스러워합니다. 고교 졸업자 10명 중 9명이나 대학을 다니면서 고학력자가 쏟아져 나오지만 막상 채용하려고 하면 한숨이 나온다고 합니다.

그래서인지 2010년 가을에 약 5,000명이 참석한 '글로벌 HR 포럼'에서 '내일의 직장에는 어제의 인재가 필요 없다'라는 주제의 세션이 개최되었습니다. 포럼에 참석한 사람 대부분이 기업인과 경제·경영학자들이어서 아마 기업의 미래를 걱정한 나머지 격한 비판을 하게 된 모양입니다.

하지만 저는 인재를 양성하는 교육자들이 비난을 받는 것 같아 불편했습니다. 제가 좌장을 맡은 세션이어서 저는 도중에 "이제부터 주제를 '어제의 기업에는 내일의 인재가 가지 않는다'로 바꾸겠습니다"라고 선언했습니다. 교육자가 새로운 인재를 양성하고, 기업도 그런 인재를 우대하고 그들이 활약할 수 있도록 변해야 한다는 취지였습니다. 비록 입장은 달랐지만 모두가 공감할 수 있는 부분은 어제의 인재와 내일의 인재는 다르다는 사실이었습니다.

포럼 후에 저는 여러 기업체에서 특강을 하게 되었습니다. 그런 특강은 대개 "미래의 인재를 위해 지금 리더가 무엇을 해야 할까요?"로 시작합니다. 강연을 들으러 온 사람들은 인재 양성 전략에 대한 해답을 얻고자 강연에 참석했는데 느닷없이 질문을 받으니 아무 반응이 없게 마련입니다. 그래서 저는 힌트를 던지지요.

힌트는 양자역학의 대가인 막스 플랑크의 두 번째 이론입니다. 물리학 교과서에 등장하는 첫 번째 이론이 받아들여지기까지 무려 20년이 걸렸다고 합니다. 플랑크는 훗날 자서전에 그렇게 오랜 세월이 걸릴 수밖에 없는 원인을 밝혔고, 저는 그 깨달음을 플랑크의 2법칙이라고 칭합니다.

"새로운 생각은 기성세대를 설득해서 대세가 되는 게 아니라 기성세대가 다 죽고 난 후에, 새로운 세상에서 살던 다음 세대가 어느덧 성장해서 기성세대가 되었을 때 비로소 대세가 되는 것이다."

그러니 미래의 인재를 위해 리더가 무엇을 해야 하는지에 대한 답은 자명합니다. '빨리 죽어주는 것'이지요. 참으로 불편한 진실입니다. 물론 빨리 죽어줄 수 없으니 "빨리 새로운 사고방식의 틀을 도입하십시오. 그러지 않으면 남들이 당신들이 빨리 죽어줄 것을 기다릴 것이고, 급기야는 그렇게 해달라고 요구할지도 모릅니다"라고 충고해 드렸습니다.

왜 학생들은 학교를 떠나는가

기업인들만 사고방식의 틀을 바꿔야 하는 것은 아닙니다. 교육자들도 같은 상황에 있습니다. 그래서 저는 2011년 전국교육장협의회 하계 연찬회 기조 강연에서 180개 교육지원청의 교육장에게도 똑같은 제안을 했습니다. 새로운 사고방식의 틀을 도입하지 않으면 남들이 빨리 죽어달라고 할지도 모른다고……

그러나 알고 보니 오히려 학생들이 죽어가고 있습니다. 2010년 한 해에 무려 202명의 초·중·고등학교 학생들이 자살을 하고 말았습니다.

세상을 떠나지는 않더라도 학교를 떠나는 학생도 하루 평균 152명이나 된다고 합니다. 1년에 6만 명이나 되는 어마어마한 수의 학생들이 학교를 외면하고 떠납니다. 학교를 떠나지는 않지만 떠나고 싶어서 중퇴를 고려하는 학생이 서울의 경우 10명 중 3명이라고 합니다(EBS 뉴스, 2011년 7월 15일, 서울시교육청 연구 결과).

한국의 가장 큰 교육 문제는 사(私)교육이 아니라 사(死)교육이라고 해야 할까요? 더욱더 인정하기 싫은 불편한 진실입니다.

왜 학생들이 학교에 적응하지 못하고 떠나는 걸까요? 기업체에서 이와 유사한 현상이 벌어졌다면 그 기업은 벌써 망했을 것이고 군대에서 그랬다면 나라가 위태로울 것입니다. 그러나 학교만은 예외인 모양입니다.

그런데도 부모들은 그저 '내 자식'만 좋은 학교에 보내면 된다고 생각하는 것은 아닐까요? 이는 너무나도 안일한 생각이며 심각한 판단착오입니다. 위기에 놓인 학생의 문제는 우리 모두의 문제임을 알아야 합니다.

학생의 위기는 교사의 위기

청소년의 17퍼센트가 가정환경의 문제와 학교 부적응 등으로 위기 상황에 놓여 있으며, 이 중 33만 명은 가출, 학업 중단 등 이미 심각한 고위험군으로 분류되는 상황입니다(「위기 학생 실태 조사 및 지원 방안 연구」, 교과부, 2009).

나중에 상세하게 설명하겠지만, 위기에 놓인 학생 중 일부는 위기 대처 능력이 부족한 나머지 부적절한 행동을 하기도 합니다. 차분하지도 판단을 제대로 내리지도 못할뿐더러 쉽게 짜증을 내고 화를 내면서 폭언과 폭행을 합니다. 교실의 질서를 깨고 교사에게 도전합니다.

본래 사춘기란 기성세대에 대한 반항하는 시기이지만 정도가 있어야 하는 법이지요. 하지만 이제는 정도를 벗어나도 한참 벗어난 듯 보입니다. 폭언과 폭행을 서슴지 않는 사례가 매스컴에 흔하게 보도되고 있습니다.

교과부 국감 자료인 〈2006~2011년 4월 교권 침해 처리 현황〉에 따르면 이 기간에 학생, 학부모에 의한 교원 폭행 건수가 21배나 급증했다고 합니다. 최근에는 빈도만 급증한 게 아니라 죄질도 훨씬 나빠지고 있습니다. 선생님의 지시를 무시하는 수준을 넘어, 선생님을 노골적으로 성희롱하거나 심지어 초등학생마저 선생님을 폭행하는 사례가 발생하고 있습니다.

이제는 교사마저 학교를 떠나고 있습니다. 다음 날 학교에 출근하는 것을 꺼리게 된다는 교사의 절망적 하소연이 여기저기서 들려옵니다. 대책이 없어 보이기에 희망이 느껴지지 않는 모양입니다. 위기에 처한 학생의 문제는 바로 교사의 위기로 이어집니다.

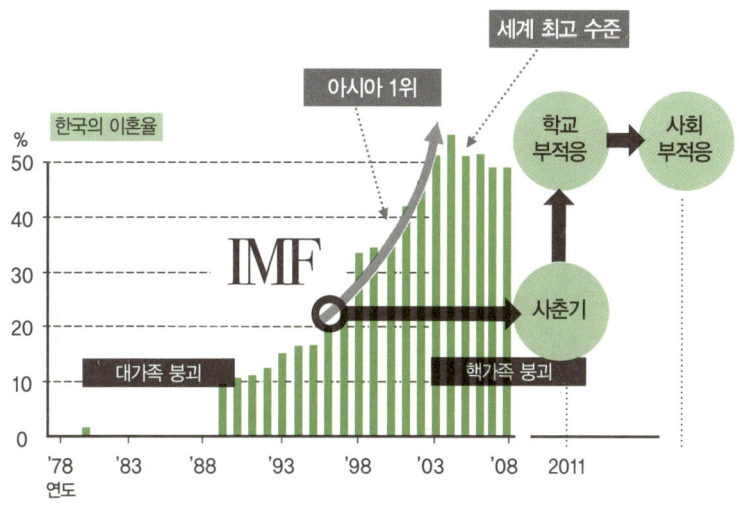

위기 학생의 문제는 대한민국을 위기로 몬다

이러한 위기의 원인은 사회·경제·문화 차원에서 매우 복잡하고 복합적으로 얽혀 있습니다. 예를 들어 초·중·고등학교 학생이 자살하는 가장 큰 원인이 '가정불화'인 것으로 밝혀졌습니다(국회 교육과학기술위원회 자료, 2010년). 가정불화의 지표라고 할 수 있는 이혼율은 1997년 전후로부터 급증했고 현재 세계 최고 수준을 유지하고 있습니다.

1997년은 한국이 경제대란으로 IMF 구제 금융을 요청하는 사태를 맞아야 했던 해였고, 사회는 극도로 얼어붙던 시기였습니다. 대가족이 붕괴되고 이제는 핵가족마저 붕괴되어 가는 셈입니다.

이런 어려운 시기에 수많은 어린아이들이 집에서 방치되고, 애착 형성이 안 된 아이들은 정서 불안을 느끼며 인간관계를 어려워합니다. 학교에서도 적응하기 어렵게 되는 것입니다.

이 무렵 태어난 아이들이 지금 사춘기를 겪고 있습니다. 사춘기란 본래 정상적인 상황에서도 신체적으로 정신적으로 힘든 시기인데 주변 환경마저 불안정하고 불안전하기 때문에 걷잡을 수 없는 상태로 사춘기를 겪게 됩니다.

학교는 학생들이 그곳에 적응하기를 원하지만 이들에게 안식처가 되어주지는 못하고 있습니다. 위기 상황에 놓인 학생이 소수였을 때는 그 문제를 무시하거나 어느 구석에 숨겨놓을 수 있었을지도 모릅니다. 그러나 이제는 숨긴다고 숨겨지지도 않고 모른 척할 수는 더더욱 없는 상황이 되어버렸습니다. 이제 학교와 교사의 문제가 되었기 때문입니다.

학교에 적응하지 못하는 학생들은 훗날 사회에도 적응하기 어려운 가능성이 매우 큽니다. 사회 부적응 성인이 늘어날수록 이에 대한 사회적 비용은 천문학적인 규모가 될 것입니다.

가정의 붕괴가 교실 붕괴로 이어지고, 더 나아가 사회 붕괴로 이어질 수도 있는 것입니다. 그러니 위기 상황에 놓인 학생 문제는 한국의 미래를 어둡게 만드는 가장 큰 문제가 될 것입니다.

이것이 우리 모두가 직면하고 있는 가장 불편한 진실입니다. '나'만 잘하고, '내 자식'만 잘 키운다고 해결되는 것이 아닙니다. 그것이 당장은 성공한 것처럼 느껴질지 모르지만 그런 편협한 시각이 장기적으로는 모두에게 손해를 끼칠 수도 있습니다.

아마 그래서 노벨상 수상 과학자들이 "한국 학생들은 너무 단기적인 성공에 집착한다"라고 염려했던 모양입니다. 이 석학들의 조언은 학생만이 아니라 우리 모두 귀담아 들어야 할 말입니다.

앞으로 더 심화될 교실 붕괴

학교가 무척 많이 변했고 계속 변하고 있습니다. 교육 현장을 둘러보면 교육 환경이 얼마나 빠르게 변하는지 알 수 있습니다. 제가 학생이던 시절에 선생님들은 조는 학생들을 깨웠습니다. 그런데 지금 선생님들은 잠자는 학생들이 고맙다고 합니다. 잠자는 학생들은 적어도 수업 시간에 떠들거나 돌아다니지 않아서 수업을 방해하지는 않으니까요.

또한 제가 학생일 때는 학생이 선생님을 무서워했습니다. 이제는 선생님들이 학생이 무섭다고 합니다. 선생님이 학생의 성희롱 대상이 되기도 하고, 학생을 야단치면 학생은 두 눈 부릅뜨고 선생님에게 대들고 경찰에 고발하겠다고 으름장을 놓는다고 하니 말입니다.

제가 학생일 때는 스승의 그림자도 밟지 않던 시절이었습니다. 그런데 이제는 스승을 무참히 짓밟는 세상이 되었습니다. 학생이 선생님을 발로 걷어차기도 한다는 기사가 신문에 자주 오르내립니다. 정말로 심각한 상황이지요.

그러나 앞으로 교실 붕괴는 더 심화될 것입니다. 왜냐하면 한국의 가정 붕괴가 이미 세계 최고 수준에 도달했고 그 상태에 계속 머물고 있기 때문입니다.

붕괴된 가정에서 극도의 스트레스에 노출되고 어른들의 안정적 관심과 지도를 제대로 받지 못하고 자란 아이들이 조만간 대거 학교에 들어오게 됩니다. 그때 무너지는 교실의 모습은 아마도 우리의 상상을 초월할 것입니다. 이제 겨우 시작에 불과합니다.

선생님들은 학생들의 흐트러진 모습이 해를 더해갈수록 심해지고 있다고 말하곤 합니다. 작년보다는 올해가, 올해보다는 내년이 더 걱정이라는 것입니다. "작년만 해도 참 좋았던 시절이었지"라고 한숨을 내쉴 법도 합니다.

아이들의 사춘기가 점점 빨라지기 때문에 교실 붕괴 시점 역시 점점 더 저학년으로 내려갈 것입니다. 초등학교 5~6학년 시기부터 교실 환경이 어려워질 것이며, 사춘기의 절정기인 중 2~3학년 시기에는 속수무책이 될 가능성이 매우 높습니다.

고등학교의 경우에는 사춘기를 원만하게 보내지 못한 일부 학생들이 극단적인 행동으로 치우칠 가능성이 있어 무척 걱정스럽습니다. 만약 현재의 상황이 지속된다면 비행 청소년과 10대 미혼모가 증가할 것이며, 청소년 범죄 역시 급증하게 될 것입니다. 이미 사회 통계는 증가세를 보여주고 있습니다.

이 예측은 뉴스에 등장하는 사례에만 의존한 게 아닙니다. 본래 매스컴은 뉴스라는 명분으로 극적인 상황을 주로 내보내곤 합니다만 저는 매스컴에 보도되는 학교의 모습을 현장에서 여러 차례 직접 목격했습니다. 기자가 취재한 사례보다 훨씬 심각한 상황을 직접 접해보았습니다.

그래서 감히 예측해 봅니다. 앞으로 이러한 뉴스는 점점 자취를 감추게 될 것입니다. 이러한 볼썽사나운 문제가 해결되어서가 아니라, 반대로 너무나 흔해지는 바람에 더 이상 뉴스거리가 되지 않을 것이기 때문입니다.

이런 와중 앞으로 형평성과 수월성에 대한 논쟁이 더 심해질 것입니다. 교육은 필연적으로 정치·경제·사회·심리 이슈와 얽히게 되어 있고, 교육에 대한 논의는 보수·진보 또는 평등·경쟁 등 대립적이고 극단적인 이념 논쟁으로 전개되는 것이 세계적인 추세입니다.

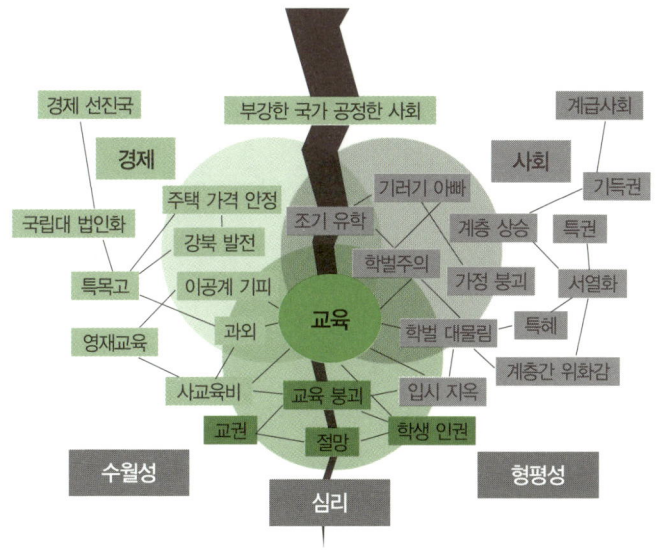

교육을 둘러싼 이념적 논쟁이 지속될 수밖에 없는 요인들

 그러나 한 가지 분명한 것은 경쟁과 분배, 경제성과 사회성, 평등과 수월성은 대립적인 관계이지만 비행기의 두 날개와 같은 동행자이기도 합니다. 좌우 날개가 균형을 이루어야 비행기가 똑바로 날 수 있듯이 형평성과 수월성이 교육의 좌우 날개 구실을 할 때 성장 동력이 발휘될 것입니다. 이원론적이며 상호 배타적인 흑백논리로는 해결책을 찾을 수 없습니다.

> **조벽 교수의 혁신 메시지**
>
> 교육에 대한 토의는 대립적이고 파괴적인 논쟁이 아니라 통합적이고 건설적인 논의가 되어야 합니다.

1장 교사가 먼저 기본으로 되돌아가자 23

앞으로 더 급증할 교육자의 스트레스

저는 교육계의 수월성과 형평성의 개념을 가정에 비유해서 아버지와 어머니의 역할로 생각합니다. 자식 하나만이라도 유능해서 집안의 기둥이 되기를 바라는 아버지가 있다면 모든 자녀를 다 똑같이 품어주고 싶어 하는 어머니가 있습니다. 아이의 입장에 둘 다 절실히 필요한 존재입니다.

그러나 만약 아버지와 어머니가 아이 앞에서 자녀 교육 문제로 언쟁을 벌이면서 부부싸움을 하면 어떻겠습니까? 아이는 극심한 불안감에 떨 것입니다. 부모는 둘 다 아이를 위한 마음으로 그러겠지만 결과는 비참합니다. 아이의 입장에서 말입니다.

초·중·고등학교 교육을 논하다 보면 예외 없이 입시 문제로 귀결됩니다. 그래서인지 인터넷 검색 사이트를 보면 입시제도 개선 정책과 사교육비 경감 대책에 대한 뉴스가 무려 4,000~5,000건이나 올라와 있습니다.

지난 20년간 매해 새 입시 정책과 사교육비 경감 정책이 발표되었지만 입시 지옥이 해소되지도 사교육비가 감소되지도 않았습니다. 오히려 매해 발표되는 정책이 모두의 불신과 불안만 키워온 것은 아닌지 모르겠습니다. 내년이라고 새삼스레 달라지지는 않을 것 같습니다.

이러한 혼란기에서 교육에 대한 실망은 곧바로 교육자에 대한 실망으로 이어지게 될 것입니다. 교육 품질에 대한 사회적 기대는 높아만 가는데 교육 현장은 오히려 더욱 피폐해져 갈 것입니다. 이념 갈등은 깊어만 가고, 교사의 권위는 추락하고, 스승이라는 단어가 점차 어색해질 정도로 그 고귀한 의미는 너 퇴색할 것입니다.

그래서 앞으로 교육자의 스트레스는 급증할 것입니다. 교육자의 삶을 동경하면서 뜨거운 가슴에 큰 꿈을 품고 교사가 된 사람들에게도 견디기 어려운 도전들이 여기저기 널려 있는 상황입니다. 품었던 꿈을 짓밟히고 절망하게 될지도 모릅니다.

스트레스를 꾹꾹 눌러 참는다고 해서 해결되지 않습니다. 신경을 쓰지 않는다고 잠재워지지 않습니다. 스트레스는 카멜레온처럼 변신합니다. 불안증으로 나타나기도 하고 우울증을 유발하기도 합니다. 무기력증을 달래기 위해 술·도박·마약 등에 의지하고 싶은 유혹을 느끼게 됩니다. 그래서 스트레스를 만병의 근원이라고도 합니다.

우리가 육체적으로 정신적으로 스트레스를 받을 땐 만사가 다 귀찮아집니다. 다음 날이 기다려지지 않습니다. 다음 날이 기다려지지 않는다는 말은 마음이 병들었다는 것입니다. 절망이라는 큰 병입니다. 절망에 허우적거리다가 지치면 자해도 하고 자살을 시도하기도 합니다.

한국인의 평균수명은 이미 80세를 넘고 100세를 내다보고 있습니다. 하지만 건강수명은 70세도 채 안 된다고 합니다.

평균수명이란 그저 목에 숨이 붙어 있는 상태로 사는 수명이고, 건강수명이란 삶의 가치를 두루 누리면서 사는 수명입니다. 살아 있긴 하되 살아 있는 즐거움과 행복감을 누리지 못하고 병들어 산다면 그 삶이 얼마나 불행할까요? 아마 생지옥이 따로 없을 것입니다.

생명을 연장하는 의학 기술이 발달하는 동시에 스트레스는 급증할 것이라는 의미는 평균수명과 건강수명의 격차가 더 크게, 10년이 아니라 20년, 30년으로 벌어지게 된다는 뜻입니다. 저는 그게 걱정입니다.

교육 혁신의 목표는 희망이다

2004년에 『나는 대한민국의 교사다』를 출판한 후에 저는 학교 현장을 많이 방문했습니다. 48개 초·중·고등학교를 방문하면서 학생들이 학교에서 생활하는 모습을 가까이에서 보았고, 178개 대학을 방문하면서는 그 초·중등 교육 시스템이 양성해 낸 대학생들의 모습을 보았습니다.

또한 16개 시·도 교육청 산하 교육연수원에서 수만 명의 선생님을 만났고, 62개 교육지원청에서는 수많은 교육장을 비롯하여 장학관, 장학사를 만났습니다. 뿐만 아니라 교육과학기술부가 전국을 돌며 주최하는 교육정책설명회에 장·차관과 동행하며 수천 명의 학부모 대표들을 만났고, 51개 지자체를 방문하여 시청과 군청이 개최하는 열린 아카데미에서 많은 시민을 만났습니다.

이 모든 만남에서 여러 다양한 대화가 오가던 중 두 가지 공통점을 발견하게 되었습니다.

첫째는 거의 모든 지역과 계층에서 학교가 제공하는 교육에 만족하지 못하고 있다는 점입니다. 매스컴에 매일같이 쏟아져 나오는 교육에 대한 불신과 불만이 일부에 국한된 특별한 경우가 아니라 매우 보편적이고 전국적으로 광범위하게 퍼져 있다는 사실을 확인하게 되었습니다.

두 번째 공통점은 우리가 안고 있는 교육 문제에 대해 대부분 남 탓을 하고 있다는 것입니다. 서로가 서로에게 손가락질을 하고 있는 서글픈 모습을 많이 보게 되었습니다.

모든 것이 다 남 탓이고 내가 할 수 있는 게 없다는 절망감과 패배주의적 사고, 피해의식에 사로잡혀 있는 것 같아 보였습니다. 이건 불행의 씨

앗을 품고 있는 절망적인 모습입니다.

교육의 궁극적 목적은 희망이라고 합니다. 학생들이 교육을 받으려 학교에 오는 이유는 그로 인하여 희망을 얻으려는 것입니다. 하지만 선생님들이 스트레스에서 헤어나지 못하고 절망에 빠져 있다면 학생들은 선생님에게서 무엇을 얻을 수 있을까요? 선생님 자신에게 없는 것을 학생에게 줄 수는 없지 않겠습니까? 따라서 절망하는 교육자는 더 이상 교육자가 아닙니다.

그러니 대한민국 국민이 모두 교육 현실에 실망하고 절망하더라도 우리 교육자는 그래서는 안 됩니다. 우리는 그런 사치를 누릴 수 없습니다. 우리는 희망의 원천이 되어야 하기 때문입니다. 교사는 학생들에게 희망을 베풀 수 있어야 합니다.

지금 한국에는 수많은 교육 혁신 방안들이 시도되고 있습니다. 저는 이런 방안들의 성패를 가름하는 기준을 미리 설정해 놓았습니다. 만약 교육 혁신 방안이 교사들을 더 큰 절망의 도가니로 몰아넣는다면 결국 실패하고 말 것입니다.

혁신은 반드시 교사들에게 희망을 주는 결과로 이어져야 합니다. 그래야만 교육자는 학생들에게 베풀 수 있을 것입니다.

조벽 교수의 혁신 메시지

교육 혁신의 성공 기준은 '교사가 희망을 선택할 수 있게 하는가?'입니다.

교사는 혁신의 주체

　모든 정황을 살펴보면 오늘날 위기 상황에 놓인 학생 문제와 교실 붕괴 문제는 거시적인 사회·경제·문화적 요인이 작용해서 만들어낸 문제입니다. 매우 복잡하게 복합적으로 얽히고설켜서 어느 누구도 홀로 문제를 해결해 낼 수 없을 것입니다.

　그래서 서로 탓하지 말고 교사, 학부모, 교육지원청, 교과부, 여성가족부, 보건복지부 등이 모두 함께 협력해 풀어나가야 합니다.

　그럼에도 매스컴은 마치 교사가 문제인 양 사안을 다루는 경우가 매우 흔합니다. 교사는 억울할 것입니다. 그러나 어쩌겠습니까? 억울함을 호소만 한다고 달라지지 않습니다. 교사만이 문제가 아니라는 온갖 연구 자료를 제시한들 사회의 시각이 달라질 것 같지도 않습니다. 이미 대세가 기울어져 버렸습니다. 굳어진 국민의 견해를 달리 설득하기 어려울 것 같습니다.

　위기에 처한 학생 문제 때문에 당장 어려움을 겪는 사람은 바로 교사입니다. 불은 교사의 발등에 떨어졌습니다. 발등의 불은 급한 사람이 끄게 되어 있습니다. 그래서 저는 교육자가 먼저 나서자고 제안하고 싶습니다.

조벽 교수의 혁신 메시지

희망은 선택입니다.
자신의 앞날이 밝기 때문에 희망을 느끼는 것이 아니라
희망을 품을 때 앞날이 밝아집니다.

교육자의 세 가지 기본

학생은 교사가 스승이길 기대합니다. 혁신의 결과는 교사가 학생의 눈에 스승으로 비추어질 수 있을 때 성공이라고 할 수 있습니다. 교사가 학생이 따르고 존경할 수 있는 스승의 모습을 되찾을 수 있도록 도와야 학생도 살고, 교사도 살고, 우리 사회도 살게 됩니다. 교사를 돕고 학교를 도와야 합니다.

그러나 가장 먼저 우리 선생님들이 스스로 도와야 하겠습니다. 우리 선생님들이 나선다고 완벽하게 모두 해결될 문제가 아니지만 각자의 위치에서 각자 할 수 있는 일을 할 때 우리의 앞날이 밝아올 것입니다. 우리의 미래는 우리가 선택할 수 있습니다. 우리의 선택에 한국의 미래가 달려 있습니다. 부디 선생님들이 희망을 선택하시기를 바랍니다.

가장 중요한 점은 기본으로 되돌아가야 한다는 것입니다. 교육의 기본은 교육자와 학생, 그리고 그 둘 사이의 소중한 관계입니다. 이 기본이 확실하게 정립된 후에야 나머지 논의들도 의미가 있습니다.

이는 그다지 새로운 제안이 아닙니다. 너무나도 평범한 것이기에 오히려 우리 모두 간과하고 있을지도 모릅니다. 마치 우리가 공기의 존재를 느끼지 못하기 때문에 공기가 소중하다는 것을 잊고 있는 것처럼 말입니다.

이제 하루빨리 교육의 기본으로 되돌아가야 합니다. 기본으로 되돌아가서 되찾아야 하는 기본적인 세 가지가 있습니다.

첫째, 진정한 교육자의 모습이 무엇인지 알아야 합니다. 우리가 애초에 왜 교육자가 되었는가를 말해주는 '교육자의 본래 모습'이 있고, 우리가 되고 싶어 하는 '유능한 교육자의 모습'이 있습니다.

전자는 순수했던 지난날을 기억해 내서 교육자의 참된 모습을 되살리는 일이고 후자는 미래에 도달하고 싶은 행복하고 성공적인 모습을 그리는 일입니다.

둘째, 우리는 학생의 두 가지 모습을 알아야 합니다. '학생의 현재 모습'을 제대로 파악하고, 어떠한 인재의 모습으로 변화시킬 것인가를 알아야 합니다.

전자는 학생에 대한 우리의 잘못된 인식과 선입견을 버리고 그들을 있는 모습 그대로 볼 수 있는 능력을 키우는 일입니다. 후자는 우리가 하는 일이 헛되지 않도록 확고한 방향을 잡아주는 북두칠성에 시선을 옮기는 일입니다.

마지막으로, 우리는 교사와 학생 모두에게 소중한 것을 추구해야 합니다. 말은 쉽지만 참으로 실천하기 어려운 일이지요. 무엇이 진정으로 소중한지 깨닫지 못해서, 알면서도 욕심에 눈이 멀어서, 절망감에 힘을 내지 못해서…… 이유는 참으로 쉽게도 나옵니다. 그러나 소중한 것을 진심으로 받아들이는 순간 우리는 새로워지는 경험을 하게 됩니다.

진심, 말 그대로 진실된 마음. 모든 게 마음먹기에 달렸습니다. 자, 이제 마음의 문을 열고, 세 가지 기본을 마음으로 받아들이고, 학생들에게 마음으로 다가가서 진심을 베풀어보기 바랍니다. 유능한 교육자가 되고 존경받는 스승이 되어 오래오래 건강하고 행복할 수 있는 길을 선택하기 바랍니다.

교육자가 먼저 나서자

제가 개발한 '새 시대 교수법'의 핵심은 교사가 희망을 선택하는 방법을 찾고 행복한 교육자의 삶을 실천할 수 있도록 돕는 것입니다.

새로움을 추구하는 데에서 가장 큰 걸림돌 중의 하나가 타성입니다. 여태껏 정석이라고 여겨오던 생각을 내던지고 새로운 생각을 받아들이는 것이 쉽지는 않습니다. 우리는 흔히 스스로가 어떤 선입견 또는 편견에 사로잡혀 있는지조차 깨닫지 못할 수 있습니다.

특히 시대가 변하면서 지난 시대에는 해결책이었던 것이 새 시대에는 적절하지 않거나 되레 발전에 걸림돌이 될 수가 있습니다.

그래서 이 책에 저는 'A가 아니라 B다'라는 형태의 말을 자주 사용할 것입니다. 극단적인 이원론적 표현 형식을 빌렸는데, 실은 훨씬 더 온화한 표현이 좋다고 생각합니다. 그러나 구시대적 생각에 경각심을 불러일으킨다는 목적으로 이렇게 극단적으로 표현을 했습니다. 이해해 주시기 바랍니다.

조벽 교수의 혁신 메시지

우리가 먼저 나서야 하는 이유는 우리가 문제여서도 아니고 우리만이 해결할 수 있는 문제여서도 아닙니다.
우리가 할 수 있는 일이 있기 때문입니다.

| 2장 |

교육자는 학생의 인생을 좌우하는 중추적 역할자

행복한 교육자가 될 것인가, 말 것인가

　교육자들은 한때 희망을 가슴에 품었습니다. 사람을 가르친다는, 참으로 고귀한 교육자의 길을 선택했을 때 교단에 선 자신의 모습을 상상하면서 마음 설레기도 했습니다. 한 평생 안정적으로 사회에서 인정받고 존경받는 교육자가 되고자 남보다 많이 노력하고 열심히 공부했습니다.

　그러나 막상 교사가 되어 아이들을 만나면서 그 열망이 결실을 맺는 동시에 곧바로 실망으로 이어졌습니다. 붕괴된 교실은 교사의 꿈을 한순간 악몽으로 변하게 만듭니다. 현실적으로 부딪히는 문제도 만만치 않습니다. 학생들과 온종일 씨름하는 것은 그런대로 교육자가 극복해야 할 일이라고 받아들일 수 있겠지만 쏟아지는 잡무에 정신을 차릴 수가 없습니다. 가능한 한 잡무를 피하려 하지만 쉬운 일이 아닙니다.

　그런 생활 속에서 어느새 절망하는 자신의 괴로운 모습을 발견하게 됩니다. 교육을 둘러싼 격한 논쟁, 대책 없이 무너져가는 교육 환경으로 인하여 심한 스트레스를 호소하면서 절망을 느끼게 될 것입니다.

　그러나 희망을 회복하기 위해 이것에 손을 대자니 저것이 걸리고, 저것부터 하자니 이것이 되어 있지 않습니다. 어떤 것부터 손을 대야 할지 엄두가 나지 않습니다. 그래서 쉽게 무기력증을 느끼게 됩니다. 예민한 사람은 교단에 선 지 두어 달 정도, 아무리 둔감해도 2년 내에 만나게 되는 모습입니다.

　희망·열망·실망·도망과 절망 다음에 찾아오는 심적 단계가 하나 더 있습니다. 전문 심리상담사마저 치료하기를 꺼리는 심적 상태, 바로 원망의 단계입니다.

자신도 모르는 사이에 남을 탓하는 부정적인 말 습관에 젖어드는 상태가 원망의 단계입니다. 노력을 해봤자 결국 끝에 가서는 절벽을 만나는 경우가 허다하지 않습니까? 그래서 화가 나고, 짜증스럽고, 말이 거칠어지고, 상대가 미워지고, 참을성이 없어지고, 증오심과 원망만 불어납니다.

이것도 문제고 저것도 잘못되었고…… 칼같이 예리한 분석력을 앞세워 문제의 오만 가지 원인을 놀라울 정도로 정확하게 집어냅니다. 모두가 공감할 수 있는 해결 방안도 척척 제시합니다.

교과부가 없어지면, 교장이 교체되면, 예산이 늘어나면, 기자재를 구입하면, 잡무 부담이 줄어들면…… 이렇게 우리는 혁신을 가능케 하는 요소들이 구비되기를 기대합니다.

그러나 이 모든 분석과 제안에 공통점이 하나 있습니다. 문제의 원인은 모두 남이고, 해결해야 할 사람도 모두 남이라는 것입니다. 자신이 책임지거나 나서야 할 일은 하나도 없다는 것입니다. 중증 피해망상증에 걸린 대표적인 상태입니다.

문제에 대해 마음 아파 하고 흥분하면서, 원인 제공자를 비판하고 비난하면서 카타르시스를 느낄 수는 있습니다. 그러나 그것도 그 순간에 그칠 뿐, 어느 누구에게도 도움이 되지 않습니다.

정확한 분석이 필요 없다는 뜻은 아닙니다. 그러나 대책 없는 분석은 쓸모가 없습니다. 마치 의사가 예리한 칼날로 환자의 병든 몸을 파헤쳐 놓고는 환자와 보호자에게 이래서 아프고 저래서 아픈 것이라 장황하게 늘어놓고 그 환자의 몸을 그냥 놔두는 것과 같습니다. 예리한 칼질은 그저 아프게만 할 뿐입니다.

절망의 단계는 위태롭기는 하지만 다시 희망과 열망의 단계로 나아가는 기회로 삼을 수도 있습니다. 아직까지 순수하고 여린 마음가짐의 단계이기 때문입니다. 그러나 원망은 자신의 절망이 철갑옷처럼 굳어지고 이론이라는 칼로 무장해서 남을 공격하는 행위입니다. 이런 원망에서 희망으로 되돌아가기는 쉽지 않습니다.

그 무장은 첫째, 서서히 강도와 예리함을 더해갑니다. 둘째, 자진 무장 해제가 없습니다. 중세 유럽의 기사들이 점점 더 무거운 갑옷으로 치장해서 마침내 무게를 견디지 못해 스스로 무너져 내렸듯이 원망도 점차 강도가 높아지면서 마음을 짓눌러 건강한 삶을 살 수 없게 합니다.

무장을 해제하는 방법이 딱 둘 있습니다. 하나는 강적을 만나 항복하고 굴욕적으로 무장 해제를 당하는 것이고, 또 하나는 무장이 쓸모없음을 깨닫고 스스로 자유로워지는 것입니다. 우리는 둘 중 하나를 선택해야 할 것입니다.

유능하고 행복한 교육자가 될 것인가 그러지 못할 것인가는 지극히 개인적 선택에 달려 있습니다. 우리는 주어진 상황(즉, 스트레스를 잔뜩 안겨주는 현실)에 각자 다르게 대응할 수 있기 때문입니다.

중요한 것은 우리에게는 선택의 여지가 많고 그 모든 것은 마음먹기에 달렸다는 사실입니다. 환경을 바꾸든, 목표를 낮추든, 좀 더 분발하고 노력하든, 서로 용기를 북돋워주고 격려해 주든, 아니면 하루에 5분씩 명상을 하든, 우리에게 선택권이 있다는 사실을 믿는 것만으로도 스트레스를 훨씬 줄일 수 있습니다.

> **조벽 교수의 혁신 메시지**
>
> 유능하고 행복한 교육자가 될 것인가 그러지 못할 것인가는 지극히 개인적인 선택에 달려 있습니다. 중요한 것은 우리에게는 선택의 여지가 많고 그 모든 것은 마음먹기에 달렸다는 사실입니다.

학생들의 머릿속은 교사를 닮는다

    스트레스 전문가인 한스 셀예 박사는 스트레스는 마음에 달렸다고 합니다. 자신이 처한 상황에 대해 '어쩔 수 없다', '비극이다', '내 힘으론 바꿀 수 없다'라고 체념할 때 스트레스를 훨씬 더 많이 받고 위궤양, 암 따위의 병에 잘 걸립니다.

    반대로 '한번 해보자', '이것도 인생 공부다', '앞으론 좋아질 것이다', '잘될 것이다', '끝까지 도전해 보겠다'는 적극적이고 긍정적인 마음이면 스트레스를 훨씬 덜 받게 됩니다.

    연구 결과를 보면 성공했거나 행복감을 느끼는 사람들은 그 이유를 주로 자신의 내부적 요건에서 찾는다고 합니다. 즉, 스트레스를 받지 않는 사람들은 주변 상황이 여유롭고 포근한 게 아니라 마음이 느긋하고 풍요롭다는 말입니다.

    결국 우리가 스트레스를 덜 느끼는 길은 생각과 행동의 초점을 자신이 할 수 있는 일에 맞추는 것입니다.

    스트레스에 대한 연구 결과를 교육자가 처한 상황에 적용할 수 있습니다. 분명히 위기 상황에 놓인 학생 문제는 우리 교육계가 만들어낸 문제도 아니고 우리 교육계만 나서면 바로 해결될 문제도 아닙니다. 그래서 서로 탓하면서 스트레스를 주고받는 모양입니다.

    교육 문제는 사회·경제·문화적 요소가 복합적으로 작용한 결과이기에 해결책 또한 복합적일 수밖에 없어서 모두 함께 협력해야 합니다. 그럼에도 우리가 각자 할 수 있는 것만이라도 해낼 때 문제가 풀리기 시작할 것입니다. 그것이 우리 스스로도 당당해질 수 있는 길입니다.

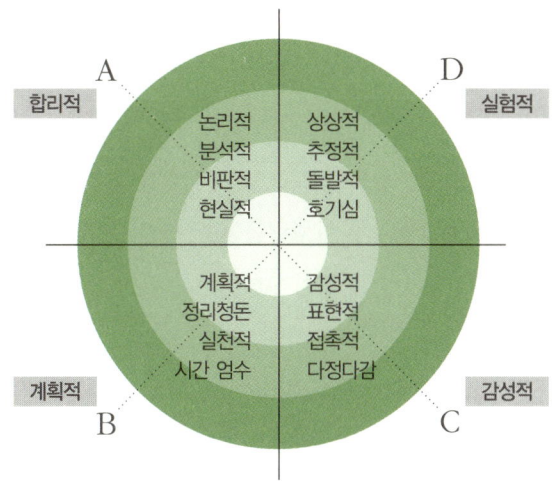

다양한 사고력 선호도

우리의 본래 모습이란 우리가 교육자가 되겠노라고 처음 결정했을 때의 그 마음입니다. 교직에서 오래 일하다 보면 본래 자신이 왜 교육자가 되려고 했었는지 잊고 절망감에 허우적거리게 되기도 합니다.

교육자의 본래 모습은 미시간 공대 학장이었던 럼즈데인 교수의 학생 '사고력 선호도'에 대한 연구가 정확하게 보여줍니다.

그는 위의 표에서처럼 네드 허먼의 두뇌 분류법에 따라 공대생들의 두뇌를 합리적, 계획적, 감성적, 실험적 두뇌로 구분했습니다. 논리·분석·비판적 사고력 등이 뛰어난 사람은 합리적 두뇌가, 정리정돈을 잘하고 실천적인 사람은 계획적 두뇌가 뛰어나다는 것입니다.

감성적 두뇌는 대인관계가 좋으며 커뮤니케이션 기술이 좋습니다. 실험적 두뇌는 상상력·추정력·호기심 등 창의력에 대한 능력을 관장합니다.

공대 졸업생(엔지니어)은 물리학과 수학을 잘하고 그 분야의 일을 정교한 절차에 따라 진행해야 합니다. 하지만 일을 혼자 하지 않기 때문에 의사소통 능력과 팀워크 능력도 매우 중요하고, 특히 연구개발(R&D) 부서에서 일할 때는 창의력을 필수적으로 갖추어야 합니다.

모든 엔지니어가 이 네 가지 사고력을 훌륭하게 두루 다 갖춘 팔방미인이어야 하는 것은 아니지만 대체로 이런 사고력을 어느 정도는 고르게 갖추어야 합니다.

그러나 럼즈데인 학장은 공대 졸업생들의 평균 두뇌력이 합리적이고 계획적 영역에 심하게 편중되어 있다는 사실을 알게 되었습니다. 그다지 놀라운 발견은 아니지요. 공대생들이 평균적으로 언변이 약하고 사교성이 부족하다는 점은 자타가 인정하니까요.

연구 결과에서 놀라웠던 것은 '왜 공대 교과과정에서 창의력과 팀워크를 그토록 강조했는데도 그런 결과가 나왔는가' 하는 원인에 대한 것이었습니다. 럼즈데인 학장은 오랜 연구 끝에 원인을 발견했습니다. 공대생의 두뇌력 분포도가 공대 교수의 두뇌력 분포와 동일했던 것입니다. 부전자전!

여러 연구 결과가 '학생들은 수업을 받는 것이 아니고 교사를 받아들인다'라는 사실을 확인시켜 주고 있습니다. 학생들의 외모는 부모를 닮지만 학생들의 머릿속은 우리 교육자들을 닮아버린다는 뜻입니다. 교과과정과 시설이 아무리 훌륭하다 해도 교육의 결과는 교육자에게 달려 있는 것입니다. 이처럼 우리는 학생들에게 소중한 사람입니다.

'교육의 질은 교사의 질을 능가할 수 없다', '교사는 교육의 알파이며 오메가다'라는 것을 실감할 수 있습니다. 우리 교육자가 이 생각을 잊지 않고 우리 가슴 한가운데 지니고 있을 때 비로소 학생 중심 교육이 이루어집니다.

저는 운이 참 좋은 사람입니다. 제가 닮고 싶었던 선생님을 여러분 만난 행운아였습니다. 제가 수학을 좋아하게 된 이유는 고등학교 시절 수학을 가르쳐주신 베빌 데부루인 선생님을 진심으로 존경했기 때문입니다. 엄격하셨지만 부드러운 선생님의 말투를 따라할 정도로 닮고 싶었습니다. 매일 똑같은 흰색 셔츠에 검정색 바지를 입으신 모습이 좋아서 40년이 지난 요즘에도 저 역시 하얀 셔츠에 검은 바지를 즐겨 입습니다. 제가 대학에 입학한 후에 데부루인 선생님께서 보내주신 여섯 장의 긴 편지는 아직도 소중히 간직하고 있습니다.

라틴어를 가르치시던 거이 로링슨 선생님도 좋아했습니다. 전혀 쓸모없다고 생각했던 라틴어를 공부한 이유가 로링슨 선생님을 흠모했기 때문이었습니다. 선생님은 영국 케임브리지 대학을 졸업했지만 봉사 차원에서 고등학교에 오셔서 라틴어를 가르쳤습니다.

선생님의 정확한 언어 구사에 매료되었고 라틴어를 고대 유럽 역사에 연결해서 가르쳐주셨기에 라틴어가 전혀 '죽은 언어'라고 생각되지 않았습니다. 라틴어를 배웠다기보다 정확한 글쓰기와 언어의 뿌리에 대해 남다른 관심을 가지게 되는 기회였습니다.

이 외에도 초·중·고등학교, 대학, 대학원…… 매 단계에서 저를 교육자로 키워주셨던 분들이 계셨습니다. 참으로 소중한 분들입니다.

'나는 학생들에게 소중한 사람이다.' 교육자라면 한시도 잊지 않아야 할 말입니다.

> **조벽 교수의 혁신 메시지**
>
> *나는 학생들에게 소중한 사람이다.' 교육자라면 한시도 잊지 않아야 할 말입니다.*

학생들에게 긍정의 인생대본을 써주어라

두 사람이 같은 실패를 경험했다고 해도 이에 대한 반응은 완전히 다를 수 있습니다. 쉽게 실망하고 좌절하고 절망하는 사람이 있는가 하면 아무렇지도 않은 듯이 다시 도전하고 또 도전해서 결국 성공하는 사람이 있습니다.

이 차이의 핵심은 인생 대본의 내용이 다르다는 것입니다. 풀썩 주저앉으며 쉽게 포기하는 사람들의 머릿속에는 부정적인 인생 대본이 들어 있습니다. "잘하는 것도 없으면 나대지 마! 저 사람 반만 닮아봐라. 어째 그 모양이냐……." 누가 머릿속 깊은 곳에 비하하고 경멸하는 말을 넣어주었습니다. 이런 사람은 다시 도전할 이유를 찾지 못합니다. 무엇을 한들 어차피 실패할 사람이라고 했으니 말입니다.

그러나 긍정적인 인생 대본을 지닌 사람은 이와 반대로 포기할 이유가 없습니다. "넌, 성공할 거야. 널 믿는다"라는 말을 들어온 사람은 실패를 하더라도 주저앉지 않고 오뚝이처럼 다시 도전합니다. 좌절·포기·절망 대신 재도전과 희망을 선택합니다.

인생 대본을 써주는 사람을 중추적 역할자라 합니다. 사람은 일생 동안 평균 다섯 명의 중추적인 역할자를 만난다고 합니다. 자신에게 가장 큰 영향을 준 (그리고 계속해서 주고 있는) 사람들을 생각해 보십시오. 교사는 학생들의 인생을 바꿀 수 있는 중추적인 역할자 중 한 명입니다. 우리는 한 사람의 인생을 바꿀 수 있는 그런 소중한 존재입니다.

유아기 ＿＿＿＿＿

사춘기 또는 청소년기 _____

사회 진출 시기 _____

성인 _____ , _____

    우리 교육자들은 일반인과 다릅니다. 부모들은 자기 자녀에게 중추적 역할자가 되지만 교사는 그 사람을 거쳐 간 모든 학생들에게 중추적 역할자가 되어줄 수 있습니다. 우리는 수많은 인생을 좌우할 수 있는 엄청난 위력을 지닌 존재입니다.

    우리가 무의식적으로 내뱉은 한마디, 아무 뜻 없이 보인 제스처가 학생들에게 큰 상처를 안겨줄 수 있습니다. 반대로 우리의 긍정적인 말 한마디나 따스한 눈길이 그들에게 엄청난 희망을 줄 수 있습니다. 그러니 우리는 손가락의 움직임 하나라도 의식적으로 마음을 써야 하겠습니다.

    우리가 인식하든 못 하든, 우리는 매일 학생들에게 인생 대본을 써주어 왔습니다. 대다수는 긍정적인 인생 대본을 써주었겠지만 일부는 부정적인 인생 대본을 써주었을 것입니다. 이제 깨달았다면 의식적으로 선택해야 합니다. 알면서도 못 하는 것은 무지해서 그러는 것보다 더 심한 잘못입니다.

    우리는 교육자란 이렇듯 중요한 일을 하는 존재임을 확신하였기에 교육자의 길을 택했습니다. 학생들에게 매우 소중한 존재……. 바로 이것이 우리의 본래 모습인 것입니다.

조벽 교수의 혁신 메시지

우리가 무의식적으로 내뱉은 한마디, 아무 뜻 없이 보인 제스처가 학생들에게는 큰 상처를 줄 수 있습니다. 그 반대로 우리의 긍정적인 말 한마디나 따스한 눈길이 그들에게는 엄청난 희망을 줄 수 있습니다.

교사는 마음 세계의 스승이자 희망의 신

유능하고 행복한 사람들의 공통점을 연구한 '굿 워크스 프로젝트(Good Works Project)'가 있습니다. 1995년부터 심리학자인 시카고 대학교의 미하이 칙센트미하이, 경제학자인 스탠퍼드 대학교의 윌리엄 데몬, 교육학자인 하버드 대학교의 하워드 가드너 등 대석학들이 혼신을 다해 공동으로 진행한 연구입니다.

성공하고 행복한 사람들의 공통점 셋 중에 첫 번째는 '자신이 추구하는 일에 의미가 있다고 확신하고 있다'입니다. 여기서 잠시 저는 '의미'와 '확신'이라는 두 단어에 대해 생각해 보고자 합니다.

'의미'는 여러 차원에서 존재합니다. 자기 자신, 가족, 단체, 지역, 국가, 인류, 자연(모든 생명)의 차원이 있습니다. 예로부터 본인에게만 의미 있는 일을 추구하는 사람을 소인배라 했습니다. 대인은 더 높고 넓은 차원의 의미를 추구합니다.

따라서 이 연구 결과는 교사가 유능하고 행복해지기 위해서는 자기 자신만이 아니라 학생과 사회의 입장에서도 의미를 찾아야 함을 말해 주고 있습니다.

'확신'도 여러 통로로 얻는 결론이거나 마음 상태입니다. 성인의 말씀에 순종하는 믿음의 확신이 있고, 군자의 통찰력을 겸허하게 받아들이는 팔로어십(followership)의 확신이 있고, 과학적 연구로 검증된 결과를 인정해 주는 비판적 사고의 확신이 있습니다.

저는 세 가지 확신에 대해 우열을 가리지 않습니다. 성인군자의 핵심 메시지와 성숙한 과학적 결론이 일치하거나 일치하는 방향으로 접근해

가는 경우가 무척 많음을 알기 때문입니다. 우리에게는 세 가지가 모두 필요합니다.

제가 확신하는 교육자의 의미는 학생들에게 개입하여 긍정적 변화를 이끌어내고 학생 스스로 자신의 미래에 대해 희망을 선택할 수 있도록 도와주는 사람입니다.

따라서 제가 추구하는 교육의 결과는 꿈과 희망을 품은 학생이며, 이러한 결과를 얻기 위한 방법은 의도적이고 적극적이고 희망적인 개입이라고 확신합니다.

저는 확신합니다. 교사는 단지 학생들에게 지적 세계의 스승만이 아니라 마음 세계의 스승이며, 공부의 신이 아니라 변화의 신이며, 더 나아가 희망의 신이어야 합니다.

조벽 교수의 혁신 메시지

우리는 학생들에게 그저 지적 세계의 선생님이 아니라 마음과 정신세계의 스승이기도 합니다. 교사는 공부의 신이 아니라 변화의 신이며, 더 나아가 희망의 신이어야 합니다.

영화 속의 두 선생님

제가 힘들 때, 무엇 때문에 고생을 사서 하는지 후회스런 마음이 들 때, '그저 남들 하는 대로 하면 되겠지' 하는 안일한 생각이 들 때, 강의실에서 마음은 죽은 듯 가만히 있는데 입과 몸만 움직일 때, 다음 날 수업에 들어가는 게 기다려지지 않을 때, 다시 꺼내보는 DVD가 있습니다. 〈언제나 마음은 태양(*To Sir With Love*)〉이라는 옛날 영화와 〈프리덤 라이터스(*Freedom Writers*)〉라는 비교적 최근 영화입니다.

〈언제나 마음은 태양〉은 1964년에 개봉한 영화로, 런던의 가난한 동네 학교에 파견된 임시 보조 교사 마크 새커리 선생님이, 대학 진학은 물론 취업마저 포기해야 하는 상황 속에서 절망에 빠진 나머지 삐뚤어진 학생들을 변화시켜 나가는 과정을 그렸습니다.

인성을 제대로 갖추지 못해서 무례하기 짝이 없을뿐더러 선생님이 흑인이라는 이유로 노골적으로 무시하고 경멸하는 학생들이었지만 선생님의 실력과 노력, 긍정성과 진정성에 감화되어 희망을 선택하게 됩니다.

2007년에 개봉된 〈프리덤 라이터스〉는 실화를 바탕으로 한 영화입니다. 그루웰이라는 젊은 신임 여교사가 캘리포니아 고등학교에서 만난 학생들은 완전히 붕괴된 가정에서 약육강식의 논리와 폭력에 노출되어 불신과 분노와 공포에 심한 심리적 상처를 안고 사는 아이들이었습니다.

선생님은 그 절망에 허덕이는 아이들에게 희망이라는 선물을 주고 싶었지만 모두가 포기한 학생들이었기에 순탄하지 않았습니다. 행정 편의주의 절차와 과정의 틀에 맞춰진 학교는 선생님의 새로운 시도에 오히려 걸림돌이 되었음에도 여선생님은 자신이 할 수 있는 것을 찾아 했습니다. 그 결과, 학생들은 선생님과 한편이 되어 힘을 합쳐 기적을 일구어냅니다.

저는 이 두 영화를 열두 번도 더 봤지만 아직도 볼 때마다 눈물을 흘리곤 합니다. 저도 학생들에게 그런 희망의 신이 되고자, 인간의 가치를 높여주고자 교육자의 길을 선택했기 때문입니다.

이 영화는 학생들의 신뢰와 존경과 팔로어십은 쉽게 얻을 수 있는 것이 아님을 다시 한 번 상기시켜 줍니다. 그래서 나약했던 저 자신이 창피해서 눈물이 나고, 드디어 희망을 얻은 학생들의 마음을 느끼면서 울고, 어려움 속에서도 희망의 신이 된 선생님의 위대함 앞에 눈물을 흘립니다. 또한 아직도 그런 선생님의 꿈이 제 가슴에 살아 있음을 확인하고 행복해서 눈물이 납니다.

전에 이런 영화를 보았다면 영화에 그려진 학생들의 모습이 우리와 너무 달라 공감할 수 없었을 것입니다. 그러나 이제 다시 보면 아마 그렇지 않으리라 생각합니다. 영국과 미국의 가정 붕괴, 사회 붕괴, 학교 붕괴는 그만큼 우리 한국보다 훨씬 전부터 시작되었던 것입니다.

물론 우리 학생들에게 총에 맞아 죽은 부모 형제나 친구들의 이야기는 없습니다만 현재 우리의 모습이 지속된다면 결코 남의 나라 이야기만은 아닐 것입니다.

오늘, 한국 어디에선가 새커리 선생님과 그루웰 선생님 같은 희망을 주는 선생님을 기다리는 학생들이 있을 것입니다. 바로 우리 교실 안에 있을 수도 있습니다.

| 3장 |

유능한 교육자의 조건은 무엇인가

유능한 교육자의 핵심 특성 8가지와 3영역

유능한 교육자의 핵심 특성에 대한 연구를 살펴보면, 여덟 가지 요소가 공통적으로 발견된다고 합니다. 가장 중요한 요소 순으로 나열하면 학생들을 위한 배려, 수업 내용에 관한 지식, 흥미(동기) 유발, 학생들에게 충분한 시간을 할애함, 토론을 장려함, 명확하게 설명하는 능력, 열의, 준비입니다.

이 연구 결과를 제 경험에 비춰 보았을 때 두 가지 문제점에 봉착하게 되었습니다. 첫째, 여덟 가지 요소 중에 어느 하나라도 더 중요하고 덜 중요한 게 없다고 여겨왔기 때문에 순위를 수긍하기가 어려웠고, 서로 상당한 연관성이 있기 때문에 세부 요소로 구분하기가 어려웠습니다.

둘째, 여덟 가지 중 일곱 가지는 매우 구체적이기에 그 단어가 무엇을

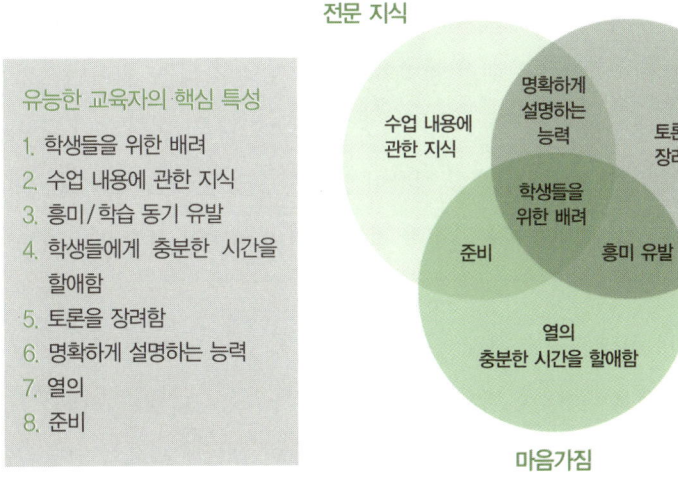

유능한 교육자의 핵심 특성
1. 학생들을 위한 배려
2. 수업 내용에 관한 지식
3. 흥미/학습 동기 유발
4. 학생들에게 충분한 시간을 할애함
5. 토론을 장려함
6. 명확하게 설명하는 능력
7. 열의
8. 준비

뜻하는지 쉽게 이해가 되었습니다만 '학생들을 위한 배려'라는 요소가 무엇을 뜻하는지 모호했습니다. 그래서 오랜 생각 끝에 저는 여덟 가지 핵심 요소를 세 영역으로 재구성하는 해결책을 독자적으로 개발했습니다. '전문 지식', '교수 기술', '마음가짐(교사관, 교육 철학)'의 영역을 서로 일부 겹치도록 그린 후에 핵심 요소 여덟 가지를 해당되는 부분에 지정해 보았습니다.

'수업 내용에 관한 지식'은 전문 지식 영역입니다. '열의'와 '학생들에게 충분한 시간을 할애하는 행위'는 교사의 마음가짐에 대한 내용입니다. 물론 우리는 학생이 소중하다는 것을 알면서도 급한 잡무부터 처리하는 경우가 허다합니다. 별 의미 없는 잡무임을 알면서도, 이러저런 이유로 어쩔 수 없다고 불평하면서도 잡무를 먼저 합니다.

다른 일 때문에 학생들을 위한 시간이 없다는 말은 그만큼 학생이 우선순위에서 밀려난다는 뜻이지요. 다른 일을 학생보다 먼저 선택하는 것입니다. 선택에 대한 우선순위는 가치관이 정합니다. 잡무 때문에 교실에 들어가서 학생들과 함께하는 시간이 모자라다면 그만큼 교육 철학이 부실하다는 증거일 수도 있습니다.

'수업 준비'는 학생들을 위한 열의와 시간만 있다고 되는 게 아니지요. 가르치려는 내용에 대한 확실한 지식도 있어야 합니다. 이와 반대로 아무리 박식해도 학생에게 할애할 시간이 없으면 수업 준비는 되지 않습니다. 그래서 수업 준비는 마음가짐과 전문 지식의 영역이 겹치는 곳에 존재합니다.

'명확하게 설명하는 능력'도 마찬가지입니다. 전문 지식과 교수 기술의 영역이 겹치는 곳에 존재하고, '학습 동기 유발'은 그 수업에 대한 자신의 열의가 학생들에게 전달되도록 하는 기술이 동시에 필요합니다.

이렇게 재정리해 보면 유능한 교육자의 여덟 가지 핵심 특성 중 가장 중요하다는 '학생들을 위한 배려'는 세 영역이 모두 겹쳐지는 가운데에 자리를 잡게 되었습니다. 드디어 가장 중요한 요소의 정체가 드러났습니다.

'학생들을 위한 배려'란 다른 요소들과 달리 어느 한두 가지 구체적인 행위가 아닌 것입니다. 그저 학생들을 예뻐해주고, 보살펴주고, 다정다감하게 다가가고, 학점 잘 주고, 듣기 싫어 하는 잔소리 하지 않고…… 등인 것만이 아닙니다.

유능한 교육자의 가장 중요한 핵심 특성은 나머지 일곱 가지 핵심 요소가 두루 존재할 때 비로소 나타나는 현상인 것입니다. 할 수 있는 구체적인 방법이 아니라 나타나는(얻을 수 있는) 결과라는 뜻입니다.

'학생들을 위한 배려'는 교사가 충분한 전문 지식을 지니고, 효과적으로 가르치는 기술을 갖추고, 확고한 교육 철학과 교직관을 지녀야 가능한 것입니다. 세 영역에서 어느 하나 빠질 수 없습니다. 그렇게 갖추어야 한다는 것이 무척 부담스럽지요. 쉬운 일이 아니니까요.

그래서 교육자와 스승은 존경받는 존재인 것입니다. 쉬운 일은 아무나 할 수 있지만 유능한 교육자는 쉽게 되는 게 아니니까요. 졸업장과 자격증과 대단한 스펙을 갖추었다고 저절로 생기는 권위가 아닙니다. 존경은 남보다 우월해서 받게 되는 게 아니라 자기 스스로 엄격하게 다스리고 대의를 추구하는 길을 걸을 때 얻는 대우입니다.

조벽 교수의 혁신 메시지

존경은 받는 게 아니라 얻는 것입니다.

최고의 수업이란?

또 하나의 연구 결과를 소개하겠습니다. 최고의 수업은 다음 다섯 가지를 포함한다고 합니다.

- 새로운 정보를 알려준다.
- 어려운 개념들을 설명하고 명료화하고 정돈한다.
- 배움에 대한 존중심을 고취시킨다.
- 더 깊게 학습하기 위한 열정과 동기를 부여한다.
- 믿음과 생각하는 방법들을 다시 고려하게 한다.

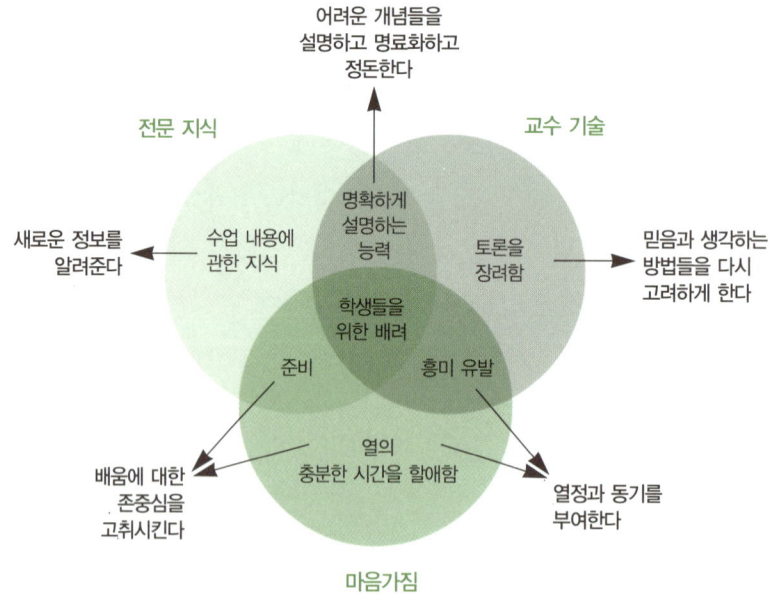

최고의 수업은 유능한 교육자가 하는 것이기에 저는 최고의 수업에 담기는 다섯 가지 행위를 유능한 교육자의 세 가지 영역과 여덟 가지 핵심 특성과 연관 지어 하나의 도표에 담아냈습니다.

'새로운 정보를 알려준다'는 것은 수업 내용에 관한 지식으로 전문 지식의 영역에서 비롯합니다. '어려운 개념들을 설명하고 명료화하고 정돈하는 일'은 명확하게 설명하는 능력에서 비롯합니다.

교사가 수업을 알차게 준비하고 열의를 보이고 학생들에게 시간을 할애할 때, 학생들이 '배움에 대한 존중심이 고취'되겠지요. 여기에 수업이 흥미롭게 진행된다면 학생들에게 '열정과 학습 동기를 부여'하게 됩니다.

마지막으로 믿음과 생각하는 방법을 다시 고려하게 한다는 것은 학생들로 하여금 의식적으로 의도적으로 생각하게 한다는 뜻입니다. 한 차원 더 높은 인지적 행위로써 초인지(超認知, metacognition)란 단어를 사용합니다.

실제로 우리는 매 순간 생각합니다. 대부분의 사람들은 생각하고 있다는 사실조차 의식하지 못하고 생각합니다.

하지만 질문을 받을 때나 질문할 할 때, 글을 쓸 때는 생각을 의도적으로 하고, 자신의 생각을 다듬어갑니다. 스스로 평가하고 수정합니다. 이러한 행동은 토론할 때에 쉽게 일어납니다(논쟁은 자기가 미리 생각한 것을 자동으로 내뱉는 경우가 많습니다).

최고의 수업이 낳는 결과

　최고의 수업에 담기는 다섯 가지 행위는 교사가 학생들에게 하는 것입니다. 그렇다면 이러한 교사의 행위가 학생들에게 어떤 결과(교육적 효과, 변화)로 이어질까요?

　첫째, 학생은 새로운 정보와 지식을 알게 되겠지요.

　둘째, 선생님이 내용을 정리하고 명료화하고 설명해 나가는 방식을 보여주고, 또 학생들로 하여금 생각하도록 유도해서 학습자 중심으로 수업을 이끌어나간다면 학생 스스로 학습할 수 있는 역량을 키우고 자기 주도 학습 기술도 전수받게 되겠지요.

　셋째, 열정과 동기를 부여하는 선생님의 모습을 보면서 학생은 학습자의 올바른 자세를 서서히 갖추게 됩니다. "공부를 열심히 해라", "항상 준비해라", "생각 좀 해라", "공부하고 싶은 열정이 있어야 말이지" 등 말

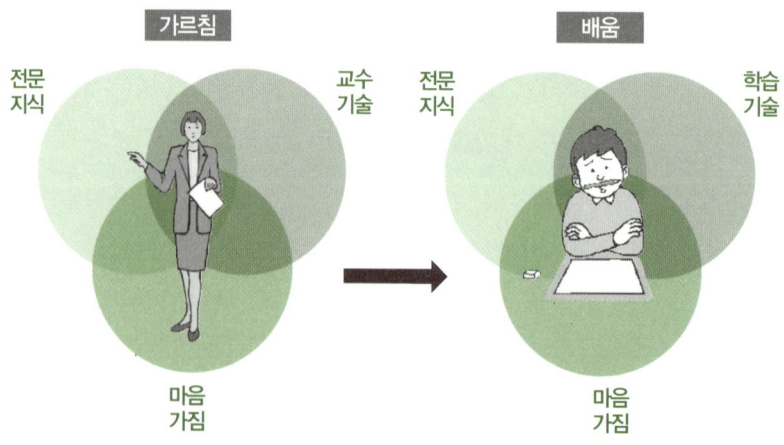

로 잔소리하거나 훈계하거나 쓴소리하는 게 아니라 선생님 스스로 학생에게 준비하는 모습을 보이고, 열정을 보이고, 시험과 성적 때문에 괴로움을 참고 하는 학습이 아니라 진정한 학습의 즐거움을 맛보게 하여 배움 그 자체에 소중한 가치가 있음을 깨닫게 하는 것이지요.

즉, 훌륭한 수업이란 학생들에게 무엇(지식)을 어떻게(테크닉) 배운다는 것과 그것을 배우고 싶어 하는 마음(태도)을 전달하는 것입니다. 결국 유능한 교육자의 핵심인 세 영역이 학생들에게 고스란히 전달되는 셈입니다. 단, 교수 기술이 학습 기술로 바뀐 것만 다릅니다. 또다시 "학생은 수업을 받는 게 아니라 교사를 받아들인다"라는 명언이 확인되는 셈입니다.

그리고 가르치는 것과 배우는 것은 동전의 양면과 같다는 말도 이해됩니다. 학생이 배우지 않으면 교사는 결국 가르친 것이 없다는 결론으로 이어집니다. 학생이 잘 못 배웠는데 교사는 잘 가르쳤다고 말할 수 없다는 뜻입니다.

가르침이란 교사가 학생 스스로 학습의 주체자가 되도록 돕고, 스스로 배움을 추구할 수 있는 능력을 갖추게 하는 것입니다.

학생에게 전문 지식만 전달된다면 교사는 지식 중간도매상입니다. 학생에게 마음가짐만 전달된다면 교사는 어른이 아이한테 하는 일을 했을 뿐입니다. 학습 기술만 전달된다면 교사는 문제 푸는 요령을 가르치는 기술자일 뿐입니다. 이 세 가지를 두루 다 전달할 때에 교사는 스승이 됩니다.

교육자의 자기개념

 교사 스스로 어떤 자기개념을 지니느냐에 따라 학생들을 대하는 태도와 가르치는 방법이 정해진다고 합니다. 미국의 교육심리학자들이 연구한 바에 따르면 교사들이 지니는 가장 흔한 자기개념 일곱 가지는 아래 그림과 같습니다. 어떤 이미지를 지니는가에 따라 가르치는 태도와 방법에 차이가 생깁니다.

 예를 들어, 소크라테스는 제자들에게 예리한 질문을 하면서 제자들이 스스로 무지를 깨닫게 합니다. 장군은 자신의 막강한 지휘 아래 병사들이 일사불란하게 움직여서 주어진 목적을 달성하도록 지시할 것입니다.

 어느 자기개념이 더 우수하거나 바람직한 것은 아닙니다. 다만 원하는 효과를 내기 위해 더 적절한 자기개념이 있는 것이겠지요.

교사들이 지니는 대표적인 자기개념

교육자와 학생의 관계

여기서 고려해야 할 사항은 자기개념이 (아래 도표에 나열된 순서에서) 위로 올라갈수록 학생들을 수동적으로, 반대로 아래로 내려갈수록 학생들을 능동적으로 만들 확률이 높다는 점입니다.

우수한 교육자는 단 하나의 자기개념을 고집하지 않고 상황과 학습 목표에 따라 다양한 모습을 자유자재로 구사합니다. 어느 때는 장군같이 학생들의 주의력을 장악하고, 어느 때는 관광안내자같이 학생들을 차분히 지도합니다. 토론 수업에서 장군의 모습을 보인다면 학생들의 활발한 참여를 기대하기 어려울 테지만, 초등학생 수업에서 소크라테스의 대화법으로 수업한다면 효과는 미미하겠지요. 이론에 치우치지 않고 실용성을 동시에 고려할 때에 효과적인 수업을 할 수 있습니다.

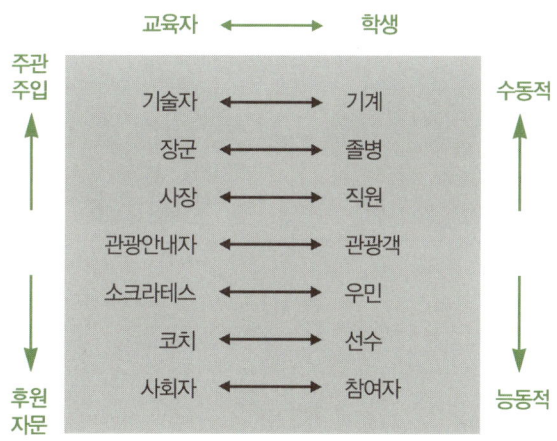

교육자와 학생의 관계

3장 유능한 교육자의 조건은 무엇인가

교육자의 잘못된 자기개념

다양한 자기 개념을 구사한다고 해서 아무 개념이 다 유용하거나 수용되어야 한다는 뜻은 절대로 아닙니다. 저는 두 가지 개념만큼은 확실하게 지양해야 한다고 생각합니다.

첫째, 교사가 학생을 '친구'라고 지칭하는 것은 참으로 안타깝습니다. 우리가 학생들에게 친근하게 다가가야 하지만 그렇다고 친구가 되어서는 안 됩니다. '친근함'은 사람 관계의 한 모습이지만 '친구'는 그 관계 자체입니다.

학생이 교사와 형성해야 하는 관계는 학생과 스승 관계이지 친구 관계가 아닙니다. 물론 교사가 학생을 '친구'라고 호칭한들 친구 차원의 관계가 형성되는 것은 아니지만 우리는 항상 학생에게 스승으로 인식되고 존재해야 합니다.

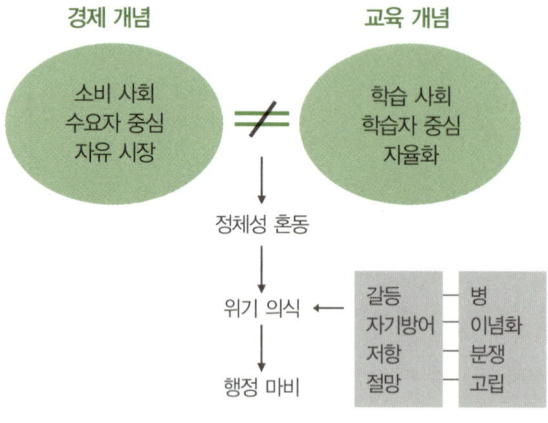

교육자의 자기개념

둘째, 학생을 '고객'이라고 지칭하는 것은 교육과 교육자의 개념을 심히 왜곡하는 것이라고 생각합니다. 세상이 소비자 중심으로 발전하다 보니 학교도 서비스 기관으로 생각해 학생을 고객으로 여기는 어처구니없는 상황이 발생하고 있습니다. '소비 사회', '소비자 중심', '자유 시장'이라는 시대적 특성이 워낙 '학습 사회', '학습자 중심', '자율화'라는 구호와 일치하는 것 같아 보여 두 종류의 개념들을 동일시하는 불상사가 벌어지고 있습니다.

하지만 전자는 경제 개념이며 후자는 교육 개념입니다. 매우 다른 이론적 바탕에서 등장한 개념들입니다. 공교롭게도 서로 맞물려 있는 부분도 있어 비유를 확대 해석 하기 쉽기 때문에 깊은 생각 없이 혼용하곤 합니다.

학교를 운영하는 학교장은 경제적인 요인을 무시해서는 안 됩니다. 경영자는 경제 개념을 존중해야 합니다. 따라서 학교라는 사회 서비스 기관의 고객을 고려해야 하는 건 맞습니다.

그러나 교실 안에서는 학생들이 교사의 고객이 아닙니다. 학생은 '학생'인 것입니다. 학생은 학습자의 권리가 있고 동시에 학습자의 책임이 따릅니다. 학생에게 고객의 권리가 있다 없다 식의 논의는 불필요한 것입니다.

이 두 종류의 개념을 동일시하는 바람에 교육과 교육자의 정체성 혼동이 갈등으로 이어지고, 교사는 불필요한 절망감을 느끼게 합니다. 그래서 쓸데없는 이념 논쟁도 벌이는 것 같습니다.

그러나 '친구'도 '고객'도 다 '말(명칭)'입니다. 우리가 지녀야 하는 최종 자기개념은 '교사는 학생들에게 소중한 존재다'라는 것입니다. 어떤 개념을 지닌들 교사 마음 한가운데 학생이 존재함을 확신한다면 그 이름이 어떤들 무슨 문제가 되겠습니까?

| 4장 |

글로벌 시대가 요구하는 인재상은 무엇인가

인재의 개념부터 재정립하라

　교육의 기본으로 돌아가기 위해 인재상을 확실하게 정립하는 것이 무엇보다 중요합니다. 아이를 인재로 키워내는 것이 교육의 목표이기 때문입니다. 우리는 이 목표에 도달하고자 아이에게 공부하라고 매일 잔소리하고, 힘들어도 조금만 참으라고 격려하고, 급하면 매를 들기도 합니다.

　아이들은 이 목표를 향해 뜁니다. 그 방향이 좋든 싫든 무조건 그 쪽으로 뛰어야 하기 때문입니다. 그나마 아이들이 정말로 뛴다면 좋겠지요. 그러나 하루 종일 벌받듯 한자리에서 꼼짝도 하지 못하고 앉아 있어야 합니다. 아이들은 학교와 학원이라는 대형 여객선에 그저 실려 가는 것입니다. 여객선은 이들을 인재라는 목적지로 데려가는 것이지요.

　만약 여객선의 목적지가 우리가 모두 원하는 곳이라면 그 안에서 보낸 수년간의 고생은 모두 보상을 받겠지요. 하지만 엉뚱한 곳에 도달한다면 고생이 아니라 생고생이 되니 얼마나 허무할까요? 왜 모두가 여객선 안에서 서로 딛고 위로 올라가겠다고 아등바등했는지 허탈해할 것입니다.

　위로 올라가면 성공과 행복을 얻을 거라고 믿었지만 결국 힘들게 위로 올라간 사람이나 아래에 무참히 짓밟힌 사람이나 최종 도착지는 엉뚱한 곳인 것은 아닐까요? 서로 위로 올라가겠다고 아우성치는 바람에 배만 뒤집힐 위기에 놓이지는 않았던가요?

조벽 교수의 혁신 메시지
인생이 본래 힘든 게 아니라 잘못된 인재상이 우리를 힘들게합니다.

시대에 뒤떨어진 잣대를 버려라

　기업체는 신입 직원을 뽑을 때 그 사람이 인재인지 아닌지를 평가합니다. 어떤 사람을 뽑고 누구를 승진시킬 것인가는 기업체의 미래가 달린 중대한 사안입니다. 인재상은 선발과 승진 기준인 것입니다.

　만약 인재에 대한 개념(잣대)이 잘못 설정되어 있다면 엉뚱한 사람이 회사에 들어오고 이상한 사람이 리더 자리를 차지하게 될 것입니다. 그런 기업체는 유지되기 어렵지요. 결국 어떤 인재상을 그리는가가 그 기업체의 운명을 가른다고 할 수 있습니다.

　숱한 기업체가 "한국에 인재가 없다"라고 불만을 토로하지만 정말로 인재가 없어서인지, 인재를 알아보지 못해서인지 생각해 볼 일입니다.

　한국 기업체와 한국의 인재는 지난 50년간 외국을 베끼고 따라잡으면서 대단한 성공을 이뤄왔습니다. 하지만 그사이 세상이 변했습니다. 한국은 따라가는 신세가 아니라 더 앞서 나아가야 하는 부담을 느끼고 있습니다. 따라잡을 때 필요한 인재와 리드해 나갈 때 필요한 인재는 다릅니다.

　그러나 기업체는 아직도 따라잡는 시대의 인재상(선발과 승진 기준)으로 직원을 평가합니다. 여태껏 유효했던 기준을 내다 버리기가 쉽지는 않을 것입니다. 새로운 시대를 맞아 예전의 인재 평가 기준을 폐기해야 한다는 것을 안다고 해도 어떤 잣대로 평가해야 할지 자신이 없어 예전 잣대를 그대로 사용하고 있습니다. 그래서 회사도 힘들고 직원도 힘들고 구직자들도 힘듭니다.

　만약 우리가 백인 금발 미인을 기준으로 한국 여인을 평가하고 미스

코리아로 선발한다면 "한국에 미인이 없다"라는 결론을 내릴 것입니다. 한국인 고유의 미를 지닌 사람이 넘쳐나도 말입니다.

물론 한때 서양의 미적 감각이 세상을 지배했습니다. 그래서 한국 미인이 미스 유니버스가 될 가능성은 거의 없었습니다. 결국 너도나도 심한 고통을 감내하면서 눈, 코, 입을 뜯어고쳤습니다. 서양인의 미적 기준에 억지로 맞추면서 만족감과 행복감을 맛보았습니다. 훗날 늙어가면서 부자연스런 그 얼굴이 어떻게 변할지 생각할 겨를이 없었지요.

그러나 이제 글로벌 시대가 도래했습니다. 모든 기준이 바뀌고 있습니다. 미의 기준이 새로워져, 백인의 나라 이탈리아가 파격적으로 흑인을 미스 이탈리아로 선발했듯이, 우리도 쓸모없는 잣대를 과감히 버리고 새로운 잣대를 구해야 합니다.

잘못된 인재상이 우리를 힘들게 합니다. 우리가 교육을 논하고 공부를 논하고 성공과 행복을 논하기 전에 인재의 개념을 먼저 논해야 합니다. "공교육비가 적다", "사교육비가 많다"를 논하기 전에 과연 그 비용이 제대로 쓰이고 있는지를 먼저 따져야 합니다. 만일 교육이 어제의 인재를 양성한다면 교육비는 과도한 낭비지만 내일의 인재를 양성하고 있다면 그 돈이 아깝지 않을 것입니다.

글로벌 시대에는 왜 이런 대대적인 변화가 요구될까요? 글로벌 시대는 어떤 인재를 요구할까요? 글로벌 인재는 어떤 실력을 지녀야 할까요? 이제부터 이에 대해 알아보려 합니다.

조벽 교수의 혁신 메시지

한국에 인재가 없는 게 아니라, 있어도 알아보지 못할 뿐입니다.

글로벌 시대와 4차원적 경쟁력

제가 학생이었던 지난 시대에는 국가라는 개념이 확고했습니다. 국가는 경쟁력을 강화하기 위해 소수 기업체를 선정하고 파격적으로 지원하여 기업 경쟁력을 갖출 수 있게 했습니다. 산업화 시대에는 기업의 경쟁력이 바로 국가의 경쟁력으로 직결되기 때문이었습니다.

기업은 직원을 선발하여 평생직장을 보장해 주었습니다. 그 대가로 직원은 회사에 충성하여 밤늦게까지 불평 한마디 하지 않고 성실하게 일하면서 기업 경쟁력을 키우는 데 힘을 보탰습니다. 기업 경쟁력이 바로 개인 경쟁력과 일치했던 것이지요.

가정에서는 큰딸은 공장에 보내더라도 아들 하나만큼은 대학에 보내려 했습니다. 그러면 대학에 간 아들이 잘되어서 가족 전체의 살림이 나아지리라 여겼지요. 특히 고생해서 자식 농사에 성공하면 훗날 자식이 노부모

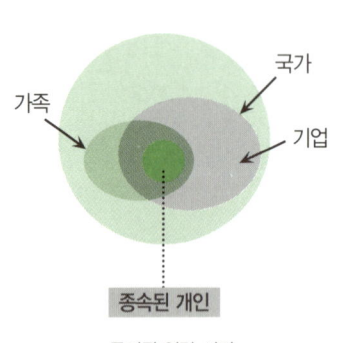

독점된 인력 시장
국내 '양성'은 국내 '활성'으로 이어짐

산업화 (구)시대

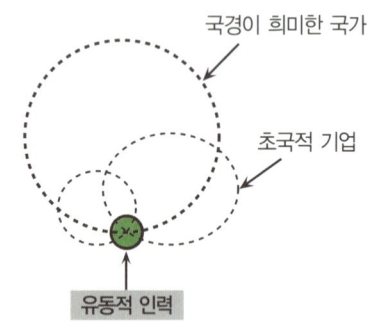

범세계적 우수 인력 시장 형성
'양성'과 '활성'의 무대가 다를 수 있음

글로벌 (새)시대

를 모시고 살았습니다. 개인 경쟁력이 가족 경쟁력이었던 셈입니다.

지난 시대에는 이렇게 개인·가족·기업·국가 차원의 경쟁력이 서로 맞물려 있었습니다. 한국이 이렇게 똘똘 뭉쳐 경쟁력을 강화해 나갔기 때문에 '한강의 기적'이라는, 세계에서 유례없는 발전을 이루어낸 것입니다. 이런 시절에 기업이 직원들에게 원했던 것은 인내심, 충성심, 성실성, 눈치, 염치, 근면성, 체력, 순발력, 체면 등이었습니다.

이제 세월이 흐르고 저는 학생을 가르치는 입장이 되었습니다. 현재를 흔히 글로벌 시대라고 하지요. 이 새로운 시대는 제가 학생일 때와 너무나 다릅니다. 일단 국가의 개념이 희미해지고 있습니다. 적어도 지리적 개념의 국가는 이제 큰 의미가 없는 것 같습니다. 한 나라 안에 여러 소수민족이 자치제를 형성하기도 하고 여러 나라가 한 국가처럼 운영되기도 하니까요.

27개 유럽 국가가 연합하여 하나의 경제권으로 묶여가듯이, 많은 나라가 서로 FTA를 체결하면서 물건이 서울에서 칠곡으로 가는 것과 서울에서 칠레로 가는 것이 다르지 않게 되었습니다. 한 나라에서 뿜어낸 대기 오염이 인근 나라에 더 큰 악영향을 미치기도 하고, 한 나라가 바다에 내다버린 쓰레기가 지구 반대편에 있는 나라의 해변을 오염시키기도 합니다.

사람들도 이제 남의 나라를 마치 옆집 드나들듯 합니다. 비자 없이 국경을 넘나들 수 있는 나라가 점점 많아지고 있습니다.

한때 국가에 종속되어 있던 기업도 점차 글로벌 기업이 되고 있습니다. 본사는 국내에 있어도 공장과 업체가 세계 곳곳에 퍼져 있어 대다수의 직원이 외국인인 경우가 많아지고 있습니다. 그 회사는 분명 많은 외국인들을 먹여 살리고 있는 셈입니다.

또한 한국의 대표 기업의 지분율을 보면 외국인 지분율이 절반이 넘는 '국내' 기업이 한둘이 아닙니다. 100퍼센트 외국인이 소유한 '국내 대표 기업'도 있습니다. 심지어 국민의 돈을 관리하는 은행마저 외국인이 경영권을 좌우하는 경우도 흔해졌습니다. 더 이상 예전처럼 기업 경쟁력이 국가 경쟁력과 일치하지 않습니다.

기업은 기업의 경쟁력을 확보하기 위해 필요하면 언제든지 직원을 해고합니다. 평생직장이라는 단어가 사라졌습니다. 그래서 직원이 기업에 몸과 마음을 바쳐 일해야 할 이유도 사라졌습니다. 또한 기업이 번창하고 매출액이 올라가도 직원의 임금은 제자리이고 일터 환경이 악화되는 경우도 있습니다. 더 이상 기업 경쟁력이 개인 경쟁력과 일치하지 않습니다.

이제는 부모가 생이별을 하면서까지 자녀를 해외로 유학 보냅니다. 유학생이 수십만 명이나 됩니다. 이토록 고생해서 자식을 공부시키지만 노후 대비는 부모 스스로 해야 합니다. 잘사는 자식을 두고도 오히려 혼자 사는 게 편하다고 하는 연로한 부모도 있지만 그건 그저 스스로 위로하기 위해 하는 말일 뿐이겠지요. 어찌 부모가 자식과 함께 살고 싶지 않을까요? 어쨌든 점점 개인 경쟁력이 가족 경쟁력과 별개가 되어가고 있습니다.

글로벌 시대에는 국가, 기업, 가족, 개인 차원의 경쟁력이 더 이상 어느 것에 종속되어 있지 않습니다. 이러한 분리는 매우 새로운 형태의 실력을 요구하게 됩니다.

시대 변화와 3연(緣)

개인이 가족과 맺은 관계를 혈연이라고 하지요. 개인이 지닌 지리적 연계성을 지연이라고 하며, 사회(기업)생활을 시작할 때 어느 학교 출신인가를 밝히는 것은 학연을 따지는 것이지요. 개인, 가족, 기업, 국가 차원의 네 경쟁력이 종속된 구시대에는 학연, 혈연, 지연 등 3연(緣)이 당연히 활개를 칠 수밖에 없었습니다.

그러나 새 시대에는 네 경쟁력이 더 이상 종속관계도 아니고 맞물려 있지도 않습니다. 이에 따라 3연은 더 이상 유효하지 않습니다. 특히 한국이 세계에서 최고라는 다음 세 가지가 시대 변화를 확실하게 입증해 주고 있습니다. 국민 이동률 세계 최고, 이혼율 세계 최고, 해외 유학생수 세계 최고.

20~50대 한국인 10명 중 6명이 타향살이를 하고 있으며, 결혼 후 첫

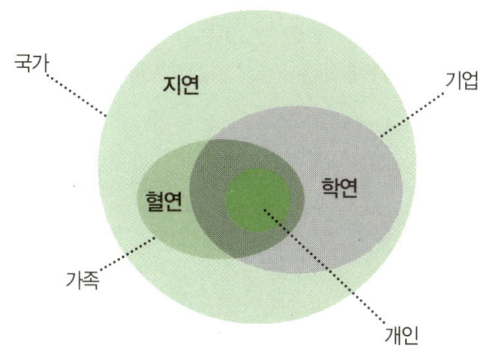

산업화 (구)시대의 3연

10년 동안 평균 3.4회 이사를 한다고 합니다. 미국에 비해 거의 2배이고, 일본에 비해서는 거의 3배나 됩니다. 수도권에 사는 사람이 전체 인구의 절반입니다. 이런 상황에서 "저도 서울 사람입니다. 잘 봐주십시오"라고 지연에 호소하는 사람이 있다면 얼마나 웃기겠습니까?

또한 한국에는 이혼 가정, 재혼 가정, 동거 가정, 다문화 가정이 폭증하고 있습니다. 이러한 상황에서 혈연을 따지는 사람이 얼마나 한심하겠습니까?

한때 국내 대학의 서열은 변동 없이 확고했었지요. 명문대는 그 확고한 서열에 안주했고 사회는 학연을 심하게 따졌습니다. 그러나 세계화 바람이 불면서 대학 서열도 글로벌 스탠더드로 바뀌고, 국내 명문대가 세계 100위권에도 들지 못한다는 사실이 공개되면서 크게 달라지고 있습니다. 해외 명문대 유학생들이 귀국하거나 외국인이 국내에 초빙되어 노른자 자리에 앉는 바람에 젊은 사람들은 더 이상 학연에 의지하기 어렵게 되었습니다.

그러나 오랜 습관은 쉽게 사라지지 않는 모양입니다. 지원서에 최종 학력만 기입하는 게 아니라 초·중·고등학교까지 기입해서 어느 지역에서 자랐는가를 밝혀야 하는 경우가 아직도 흔합니다. 부모의 이름과 주소지와 직업, 학력을 기입해서 혈연을 밝혀야 하는 어처구니없는 상황도 흔합니다.

대다수의 초·중·고등학교는 아직 국내 스탠더드를 고수하고 있는 것 같습니다. 어차피 학생들은 인근 지역에서 들어오고, 졸업생들은 인근 학교로 진학하니까요. 그래서 학교가 글로벌 스탠더드로 운영되어 글로벌 인재상을 도입하고 글로벌 시대가 요구하는 실력을 갖춘 인재를 양성해 내는 데에 어려움을 느끼는 것 같습니다.

글로벌 시대가 원하는 지식인의 3가지 실력

글로벌 시대에는 네트워크 시대이니 3연도 중요한 네트워크의 형태로 반드시 지속될 것입니다. 농경 시대 대가족 제도 속에 정립되었던 학연, 지연, 혈연의 형태가 아니고 새롭게 해설되는 3연이 나올 것입니다. 특히 부각되어야 할 것은 지연(知緣)일 것입니다. 정보 네트워크와 지식인 네트워크가 상대적으로 더 중요해진다는 말입니다. 저는 글로벌 시대가 요구하는 지식인의 실력을 크게 세 가지로 요약합니다.

첫 번째 실력은 **전문성**입니다. 의학, 공학, IT, NT, 문학, 사회학, 심리학…… 어떤 학과를 졸업했든 간에 중요한 것은 그 분야의 전문가로서 깊은 기본 지식이 있어야겠지요. 하지만 새로운 전문 지식과 정보가 매일 홍수같이 쏟아져 나오는 정보화 사회, 지식 기반화 사회에서 전문가가 될 수 있는 방법은 오로지 관심 있는 분야를 평생 동안 공부하는 길밖에 없습니다. 따라서 정보 홍수 시대의 전문성이란 평생학습을 추구할 수 있는 능력을 뜻합니다.

조퇴, 명퇴로 인해 평생 스스로 여러 번 변신해야 살아갈 수 있는 새 시대를 두고 평생교육 시대라고 합니다. 즉, 구시대가 '고3까지만 죽어라' 공부하는 시대라면, 이제는 '죽을 때까지' 공부해야 하는 시대입니다. 평생교육 시대가 요구하는 인재는 스스로 배움을 추구하는 사람이지요.

이런 시대의 교육이란, 두뇌라는 그릇을 가득 채우는 게 아니라 그릇 그 자체를 크게 만드는 것이어야 합니다.

두 번째 실력은 **창의성**입니다. 주어진 일을 주어진 방법 그대로 착실하게 하는 사람은 글로벌 인재가 아닙니다. 그런다는 건 무척 따분한 일이지요. 뿐만 아니라 시키는 일을 시키는 대로만 할 때는 그 일이 곧 기계로 대처되어 조기 퇴직을 당하게 되어 있습니다.

글로벌 인재는 새로운 일을 개척하거나, 같은 일이라도 새로운 방법으로 풀어나갈 줄 아는 사람이지요. 결국 창의성은 남의 뒤를 따라가는 기술자가 아니라 '앞서 가는 전문가'가 되기 위해서는 필수적인 것입니다. 그래서 창의성을 리더십의 핵심으로 보기도 합니다.

세 번째 실력은 **인성**입니다. 포용성, 자발성, 이해심, 열린 마음과 베푸는 마음 등을 포함한 인성이 무슨 '실력'이냐, 인성은 성격, 교양, 습관 아니냐고 할 분도 많겠지요. 그러나 저는 인성을 실력의 범주에 포함합니다.

요즘은 사회가 고도로 발전하고 복잡해서 혼자 해결할 수 있는 문제가 별로 없습니다. 따라서 다양한 능력이 있는 사람들이 함께 팀워크와 네트워크를 이루어 일을 해야 합니다. 그렇기 때문에 일을 하고 싶으면 우선 남들이 자기와 함께 '일을 함께하고 싶다'라는 느낌을 갖게 해야 합니다.

즉, 인성은 '남과 더불어 일할 수 있는 능력'을 뜻합니다. 인성은 머리로 안다고 되는 것도 아니고 하루아침에 만들어지는 것도 아닙니다. 오랜 학습의 결과입니다. 따라서 인성도 실력인 것입니다.

인성의 여러 요소 중에서 진실성은 특히 전문가의 도덕성(professionalism)과 건설적 창의성으로 연결되므로 인성의 핵심이라고 볼 수 있습니다. 인성은 오랜 학습의 결과입니다. 우리는 오랜 학습의 결과를 실력이라고 합니다. 따라서 인성도 실력입니다.

> **조벽 교수의 혁신 메시지**
>
> 인성은 오랜 학습의 결과입니다. 우리는 오랜 학습의 결과를 실력이라고 합니다. 따라서 인성도 실력입니다.

글로벌 시대의 인재는 천지인이다

하루하루 되풀이되는 일과에 매달리다 보면 우리가 지금 누굴 가르치는지 모르게 되기 쉽습니다. 비록 학생들을 가르치고 있지만 그 학생들은 영원히 초·중·고등학교에 다닐 어린아이들이 아닙니다. 그래서 우리가 가장 먼저 해야 할 일은 조금 멀리 내다보는 것입니다.

우리가 가르치는 학생들이 성인이 되어 일을 하게 될 때 과연 어떤 능력이 가장 필요하게 될까요? 우리는 21세기가 요구하는 인재의 능력과 특성을 정확히 알아야 합니다.

저는 글로벌 시대가 요구하는 인재의 특성인 전문성·창의성·인성을 우리 고유의 가치관인 '천지인(天地人)'으로 풀이합니다. 전문성이란 땅(地)같이 단단한 전문적 기반을 뜻하고, 창의성이란 하늘(天)같이 활짝 열린 사고력을 뜻하며, 인성이란 남과 함께 더불어 사는 능력입니다. 우리는 이제 '천지인'을 배출해야 하겠습니다.

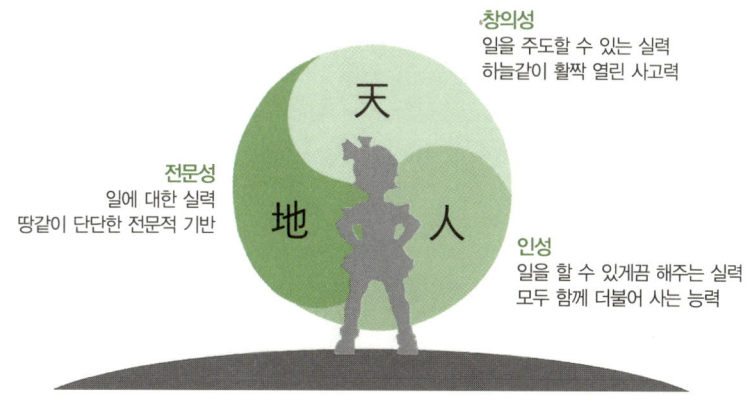

| 5장 |

학생들의 가능성을 관찰하고 기다려주어라

교사가 학생이던 시절을 생각하지 마라

　교육의 목표(글로벌 시대가 요구하는 인재 길러내기)가 설정되면 교육자는 그 목표를 달성하기 위한 최고의 방법(교과과정과 교수법)을 선택하고 실천해야 합니다. 그러나 가장 효과적인 방법은 현재 상태와 환경을 정확하게 파악하고 고려하는 것입니다. 그래서 '학생의 현재 모습'을 이해해야 합니다.

　'내가 가르치는 학생은 누구인가? 지적 발달 단계의 어디에 있는가? 어떤 학생 유형이 존재하고 어느 정도의 다양성을 지니는가? 각 유형의 특성은 무엇인가? 과연 내가 생각하는 학생의 모습이 나의 편견인가, 아니면 객관적 사실인가? 이런 질문에 대한 연구 결과가 있는가? 그런 사실을 고려할 때 아이들을 어떻게 대해야 하는가? 어떤 교수법이 있고, 어떤 방법이 가장 효과적이고 효율적일까?'

　이러한 질문에 대해 진지하게 대답해 보는 태도가 유능한 교육자의 핵심 특성인 '학생들을 위한 배려'라는 요소를 구체적으로 실현하는 것입니다.

　그러나 흔히 우리는 "내가 학생이었을 때는……"이라는 말로 우리의 기억을 더듬는 경우가 흔합니다. 물론 학생의 처지를 고려해 주기 위해서라는 것을 잘 압니다. 하지만 학생들이 모두 교사가 될 정도의 우등생이 아니라는 점도 고려해야 합니다. 뿐만 아니라 심지어 학교를 감옥에 비유하는 학생도 있다는 사실을 알아야 합니다.

아이와 어른의 관계

흔히 아이를 어른과 비교해서 육체적인 면에서는 작고, 지적인 면에서는 깊이가 없고 생각의 폭이 좁은, 어른의 축소판으로 인식하는 경우가 많습니다. 어른에 비해 시각적으로 작기 때문이지요(물론 요즘에는 초등학생마저 어른만 한 경우도 흔해졌지만요). 그러나 이건 잘못된 시각입니다.

아이가 크면 어른이 되지만 아이는 어른과 근본적으로 다릅니다. 그저 두뇌력이 상대적으로 부족한 게 아니라 사고 패턴이 상당히 다릅니다. 실은 두뇌 자체가 다르게 구성되어 있습니다. 올챙이가 크면 개구리가 되지만 이 둘은 모습만 다른 게 아니라 생태 패턴도 완전히 다르듯이 말입니다.

그래서 우리는 흔히 "인마, 앞일 좀 생각하고 행동해야지", "좀 열심히 해야 되지 않겠어?"라고 다그칩니다. 이런 말은 마치 개구리가 올챙이한테 "녀석아, 물에서만 놀지 말고 뭍으로 올라와 봐!", "좀 더 열심히 하면 돼"라는 식으로 말하는 것과 같습니다.

'개구리 올챙이 적 생각 못 한다'라는 속담이 괜히 있는 게 아닙니다. 정말로 모릅니다. 사고 패턴이 달라졌기 때문에 예전 사고방식을 기억해 낸다는 게 쉬운 일이 아니기 때문입니다.

조벽 교수의 혁신 메시지

아이를 어른의 축소판으로 여기지 말고 어른과 다른 '종(種)'으로 여기십시오.

인생의 성공은 학교에서의 성공과 다르다

　교사가 된 올챙이는 물에서 가장 잘 적응하고 가장 빠르게 헤엄치는 방법을 터득했고 헤엄을 가장 잘 치는 올챙이였습니다. 물속에서 성공한 올챙이가 개구리가 된 후에도 계속 물속에 남아 올챙이들과 함께 어울리면서 헤엄치는 방법을 가르치고 있습니다. 그러나 물속에서 이룬 성공이 뭍에서도 성공으로 이어진다는 보장은 없습니다.

　양서류 전문가는 올챙이만 보고 나중에 황소개구리가 될지 청개구리가 될지, 맹꽁이가 될지 잘 구분할 수 있겠지만 일반인들은 아마 모두 그놈이 그놈으로 보이지 않을까 싶습니다.

　그렇듯이 어린아이들을 보고 누가 학교에서 성공할 것인지 어느 정도 느낌으로 알 수 있다고 해도, 나중에 그 아이들이 어떤 일을 하고 얼마만큼 성공하거나 행복하게 살 것인지는 알 수 없을 것입니다. 학교에서의 성공이 사회와 인생에서의 성공으로 이어진다는 보장이 없기 때문입니다.

　실은 '학교에서의 성공'과 '인생에서의 성공'에 대한 상관관계를 조사한 방대한 연구 결과가 있습니다. 1920년대에 미국 캘리포니아 주에 살던 영재 1,528명을 선정하여 그들이 죽을 때까지 장기 추적 조사한 터먼 연구가 바로 그것입니다. 이 연구는 교육계에 무척 많은 깨달음을 주었습니다. 그중에서 다음 세 가지를 언급하고자 합니다.

　　첫째, IQ는 학교에서의 성공과는 연관이 있다.
　　둘째, IQ는 인생의 성공과는 무관
　　셋째, 장기적 성패는 정의(情意)적 요인에 달렸다.

학교에서 성공하는 아이들은 주로 IQ가 높습니다. 하지만 그렇다고 인생에서 반드시 성공하지는 않았다는 것입니다. 1940년대 하버드 대학생을 대상으로 68년간 지속 된 '그랜트 연구(The Grant Study)'도 같은 결론에 도달했습니다.

IQ는 이미 100년도 더 지난 옛날에 개발된 지능 개념입니다. 최근에 첨단 기구의 발전으로 인간의 두뇌를 상세하게 측정할 수 있게 되어 두뇌와 지능에 대한 연구가 무척 활발하게 진행되고 있고, 다양한 능력을 지능으로 인정해 주는 방향으로 발전했습니다.

현재 지능으로 인정되는 능력은 아홉 가지나 되는데, 논리, 언어, 음악, 운동감각, 공간, 대인관계(interpersonal), 자아 관리(intrapersonal), 자연 친화(naturalistic), 영적·실존주의적 요소(existential)가 그것입니다. 앞으로 더 많은 능력이 지능으로 인정될 것입니다.

IQ는 두뇌력의 일부일 뿐이며, 영재성은 아동 3명 중 1명꼴로 발견될 수 있다고 봅니다. 이런 경우에 해당되는 영재를 '잠재적 영재'라고 합니다. 교육의 역할은 아이의 잠재된 우수성을 발견해 주고 가장 잘 되도록 돕는 것입니다.

특히 장기적 성공을 위해서는 현재 인정되고 있는 아홉 가지 지능 중에 대인관계, 자아 관리, 자연 친화, 영적·실존주의적 지능과 직결된 정의적 영역에 좀 더 많은 관심을 두어야 합니다.

조벽 교수의 혁신 메시지

교육이란 어린이를 평가해서 등급을 매기는 게 아니라 그들의 잠재된 우수성을 발견해 주고 가장 잘 발휘되도록 돕는 것입니다.

학생을 바라보는 올바른 눈

한 살배기 아기가 보이는 지적 능력과 육체적 능력은 집에서 키우는 강아지보다 못한 면이 많습니다. 그렇다고 해서 우리가 아기를 강아지보다 못한 존재로 여기지 않을 뿐더러 아기가 앞으로 영원히 그런 수준에 머물 것이라 판정을 내리지도 않습니다.

잠재적 가능성을 믿고 기다려주고 조금만 더 보살펴주면 거의 모든 면에서 강아지보다 훨씬 우월한 존재가 될 것이라고 믿습니다.

물론 우리가 의심치 않는 타당한 이유가 있습니다. 대소변을 가리지도 못하고 시도 때도 없이 울어대던 아기가 시간이 지나면 의젓한 어른이 되는 것을 무수히 봐왔으니까요.

하지만 우리 주변엔 분명히 "개보다 못한 인간"이라는 말을 들어도 싼 사람이 분명히 있습니다. 어떤 아기는 그렇게 좋지 않게 발전할 가능성이 없지 않습니다. 그럼에도 우리는 어느 아기나 모두 다 잘 자랄 것이라고 확고하게 믿습니다. 그렇게 믿어주는 게 진정한 양육자의 태도이지요.

하지만 학교에서는 다른 양상이 나타납니다. 초등학생 2학년생의 수학 실력이 형편없으면 마치 그 아이가 영원히 수학을 잘하지 못할 것이라고 판정하는 경우가 종종 있습니다. 확률적으로 맞을지 몰라도 진정한 교육자가 학생을 대하는 자세는 아닙니다. 진정한 교육자는 가능성에 희망을 걸고 적극적으로 개입하는 존재이기 때문입니다.

사람들은 자기가 보고 싶어 하는 것만 볼 때가 많습니다. 편견, 선입견, 인지적 왜곡, 선택적 인지 등이 우리의 눈을 가립니다. 우리가 학생들을 대할 때도 그럴 경우가 있습니다.

발명왕 토머스 에디슨은 학교를 단 석 달만 다녔습니다. 수업 시간에 주의를 집중하지 못한다고 야단맞기 일쑤였기 때문입니다. 그러나 에디슨이 수업 때 딴 짓을 한 이유가 구구단을 외울 수 있는 두뇌력이 없어서는 아니었을 것입니다. 단지 구구단을 외우는 게 지루하고 지겨웠을 수 있습니다.

사실 에디슨은 청각장애자였습니다. 당연히 선생님 말씀이 귀에 잘 들리지 않았고 그래서 '딴청'을 피웠을 것입니다. 그런데 선생님은 수업에 열중하지 못하는 에디슨을 "썩은 달걀"이라고 했습니다. 즉, 에디슨의 겉모습만 보고 '싹이 노랗다'고 단정 지은 것입니다.

왜 우리는 눈에 보이는 것을 제대로 인지하지 못할까요? 이것을 전문 용어로는 인지적 왜곡이라고 하는데 ① 지나친 일반화를 하거나, ② 단정적으로 이름을 붙이거나, ③ 선택적으로 여과하거나, ④ 사고방식이 극단적이거나, ⑤ 지나친 자기 비난과 자책감에 빠지거나, ⑥ 매사를 자신과 연관 짓거나, ⑦ 지레짐작을 하거나, ⑧ 통제 오류에 빠지거나, ⑨ 감성을 지성으로 혼동할 때 일어나지요.

우리가 학생을 대할 때에 혹시 이러한 인지적 왜곡이 작용하고 있지 않은가 유심히 살펴야 합니다.

조벽 교수의 혁신 메시지

학교가 옥석을 가려내거나 걸러내는 곳이 되어서는 안 되고, 돌 안에 들어 있는 옥을 발견하고 빛을 낼 수 있도록 다듬어주는 곳이 되어야 합니다.

HOPE 학생 유형을 파악하기

학생 한 명 한 명은 사실 다들 특성이 있고 나름대로 유일한 존재들입니다. 그러나 특출하다고 생각되는 학생들만 우리 눈에 들어옵니다. 그래서 학생들의 모습을 제대로 보는 것이 중요한 것입니다. 이렇게 제대로 보는 태도가 교육자의 기본입니다. 학생들의 유형을 한번 살펴봅시다.

H(High achiever, 성취)형 : 공부할 능력과 노력을 겸비한 학생입니다. 성적이 우수하고 태도가 성실하기 때문에 흔히 모범생이라고 하는 유형입니다. 이들은 목표를 이루려는 성취 동기가 강하기 때문에 누가 시키지 않아도 스스로 알아서 공부하는 편입니다.

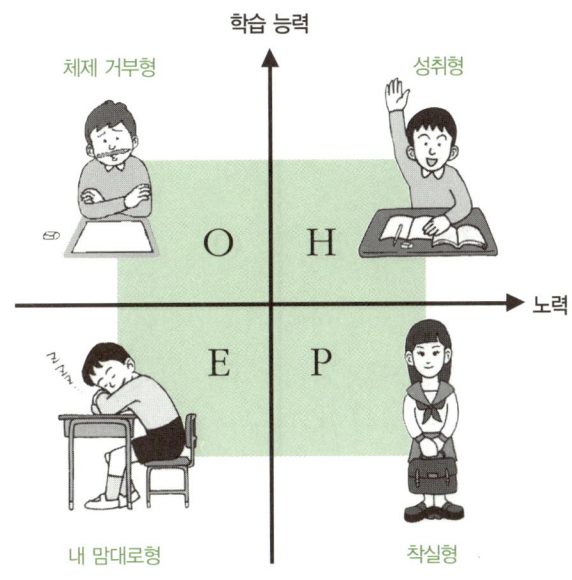

5장 학생들의 가능성을 관찰하고 기다려주어라

O(Outsider, 체제 거부)형 : 학습 능력은 있으나 노력을 안 하는 학생입니다. 공부는 나중에 하고 싶을 때 하면 잘할 거라고 장담하는가 하면, 아예 노골적으로 공부와 담을 쌓기도 해서 부모님의 속을 태웁니다. 좋아하는 일에는 의욕과 열의를 보이지만 문제는 그것이 학교 공부와 무관하다는 점입니다.

P(Pleaser, 착실)형 : 꾸준히 노력은 하지만 성적이 좀처럼 오르지 않는 학생입니다. 부모님의 말씀을 잘 듣고 학교 생활도 성실하고 얌전해서 나무랄 데가 없지만 개성이나 특성이 별로 두드러지지 않아 학교에서는 존재감이 미미한 경우가 많습니다. 남의 기준에 맞추려고 애쓰지만 정작 자신이 원하는 것이 무엇인지 잘 모르는 경우가 많습니다.

E(Easy-going, 내 맘대로)형 : 노력도 하지 않고 공부할 기본 능력도 갖추지 않은 학생입니다. 될 대로 되라는 식으로 매사를 쉽게 생각하거나 쉽게 포기하기 때문에 의욕도 없고 태도도 불성실해 보입니다. 학교 성적은 하위권이고 태도가 불량해서 학교에서 가장 괄시를 받는 학생들입니다. 학교, 성적, 시험 따위에 개의치 않고 때로는 부모님의 기대와는 정반대되는 행동도 서슴지 않습니다. 학교 안보다 밖에서 활개를 치고 다니며 비슷한 부류와 어울리기를 좋아합니다.

성취형 학생들에게는 선생님이 그다지 필요하지 않습니다. 이들은 선생님이 안 계셔도 자신들이 가야 할 길을 스스로 잘 알아서 갑니다. 정말로 선생님이 필요한 학생들은 나머지 유형의 학생들입니다.

창의력이 중요한 시대에는 기존 체제의 틀을 거부 하는 체제 거부형이 큰 역할을 할 수 있겠지요. 서비스 산업 시대에는 착실형이 안성맞춤일 수도 있습니다. 서비스와 마케팅에는 남을 배려하는 마음과 상대의 처지에서 사물을 볼 수 있는 능력이 필요합니다. 한류 열풍은 내 맘대로형이 만들어나가고 있는지 건지도 모릅니다. 내 맘대로형은 우리가 관심을 기울이고 지도해 주면 인재가 될 잠재력을 갖추고 있습니다.

그래서 저는 학생의 유형을 H, O, P, E형으로 나눈 것입니다. 이 글자를 합치면 '희망'이라는 영어 단어인 'HOPE'가 됩니다. 이것은 방대한 연구 결과가 뒷받침해 주는 결론입니다.

앞서 언급한 영재들을 90년간 지속적으로 살펴본 터먼 연구, 하버드 대학 학생을 68년간 분석한 그랜트 연구를 비롯하여 다중지능과 성공적 지능에 대한 연구, 뇌과학과 심장과학에 대한 연구 등 최첨단 연구도 이러한 결론에 신뢰성과 타당성을 입증해 주고 있습니다.

다양화, 특성화, 자율화가 패러다임인 새 시대에는 누구에게나 희망이 있습니다. 우리는 학생들에게 희망을 주고자 교육자가 되었습니다.

학생들에게 희망을 베푸십시오. 새 시대에는 누구에게나 희망이 있습니다. 또 희망을 보아야 발전할 기회를 찾게 됩니다.

이 유형 구분에서 주의해야 할 것이 있습니다. 학생의 유형을 구분할 때는 동서남북으로 구분하는 것처럼 해야 합니다. 방향은 꼭 네 가지만 있지 않고 동북, 남서 등 중간도 있고, 남남동, 동북동 등을 비롯하여 360도로 각각 표기할 수도 있습니다. 각 도에 분과 초를 나누어 수만 갈래의 방향이 있습니다. 하지만 기본적인 방향으로 동서남북을 염두에 두면 길을 찾는 데에 상당히 편리합니다.

따라서 학생의 유형이 HOPE라는 네 유형만 있는 것이 절대 아닙니다. 학생 한 명 한 명이 모두 개성과 특성과 능력과 역사와 미래가 있는 유일한 존재입니다. 다만, 기본적으로 HOPE 유형을 염두에 두면 학생을 이해하고 지도하는 데에 편리할 수 있다는 것입니다.

예를 들어, 체제 거부형 학생들은 꿈과 열정을 현실로 성취해 낼 수 있도록 격려해 주고 환경을 조성해 주는 것이 필요합니다. 착실형과 내 맘대로형은 정말 하고 싶은 일이 무엇인지를 찾아주는 것이 시급합니다.

무엇을 해야 하는가뿐 아니라 어떻게 하는가도 중요합니다. 체제 거부형 학생이 원하는 것을 무조건 허락하고 지지하라는 말은 아닙니다. 아이는 판단력이 미성숙합니다. 그래서 아이들이 지닌 꿈이 허황된 환상으로 시작하고 끝나지 않도록 어른의 지도가 필요합니다.

바람직한 지도는 경청에서 시작합니다. 아이가 진정으로 무엇을 원하는지를 열린 마음으로 듣고 난 후에 타당성을 검토해야 합니다. 만약 대안이 필요하다면, 어른이 찾아주고 앞장서는 게 아니라 스스로 찾을 수 있도록 옆에서 도와야 합니다.

아이의 잠재적 능력을 발견하고 지지해 주는 일은 가장 먼저 아이의 부모가 해야 할 일입니다. 하지만 문제는 현재 우리나라에 아이들 주변에 어른이 별로 없다는 것입니다. 맞벌이 부부, 이혼 가정, 조손 가정을 비롯하여 이런저런 이유로 아이가 혼자 있거나 아이들끼리 있는 시간이 압도적으로 많습니다. 그래서 어렵지만 교사가 조금 더 나서주어야 합니다.

학생을 제대로 잘 관찰하는 법

학생을 제대로 잘 관찰하기 위해서는 세 가지를 할 수 있어야 합니다.

첫째, 마음을 열어야 합니다. 열린 교육은 선생님들의 열린 마음에서 비롯합니다. 수상한 사람이 보이면 대문을 걸어 잠그고 반가운 사람이 오면 대문을 활짝 열듯이, 학생을 소중히 여길 때 우리 마음의 문을 활짝 열고 학생을 마음으로 받아줄 준비를 할 수 있습니다.

둘째, 배우는 자세를 지녀야 합니다. 배우는 자세는 순수함과 진지함과 겸손함을 포함합니다. 내가 남보다 우월하다는 생각이 드는 순간 배우는 자세는 없어집니다. 그래서 가르치는 사람이 자신을 낮추고 배우는 자세를 지닌다는 게 쉽지 않습니다. 또한 순수함과 진지함이 없는 겸손함은 애교나 아부일 뿐이지요. 수업 평가를 잘 받기 위해서만 교육자가 자세를 낮추고 학생 앞에서 온갖 아양을 떠는 일은 없어야겠습니다. 배우는 자세란 새로움에 대한 호기심과 그것을 발견하는 즐거움을 느끼는 긍정적 마음가짐에서 비롯합니다.

셋째, 풍부한 자료에 기반을 두어야 합니다. 편견이 아니고 보편적인 지식과 객관적인 정보에 의존해야 합니다. 자신의 경험에만 의존한 정보와 지식은 자신도 모르는 사이에 한쪽으로 치우치기 쉽습니다. 남의 생각, 첨단 정보, 검증된 지식을 두루 접해서 생각의 중심을 유지해야 합니다.

조벽 교수의 혁신 메시지

훌륭한 시각은 두 눈을 부릅뜨고 보는 게 아니라 마음을 열고 배움의 자세로 대하는 것입니다.

| 6장 |

소중한 것을 선택하라

중요한 것은 교사와 학생의 관계다

앞 장에서 유능한 교육자의 모습과 현재 우리 학생들의 모습을 알아보았습니다. 하지만 그것만으로는 부족합니다. 한국을 알고 일본을 안다고 한일 양국 사이의 관계를 알 수 없듯이, 또 남편을 알고 부인을 안다고 그 부부 사이의 묘하고 복잡한 관계를 알 수 없듯이, 교사와 학생에 대해 알았다고 교육을 알 수 없습니다.

두 존재 사이의 관계는 둘의 연장선도 아니고, 둘의 합도 아니고, 둘의 평균도 아닙니다. 마치 음양이 함께하면 태극을 이루듯이 또 하나의 새로운 존재로 나타납니다(그래서 인간(人間)이라는 한자가 생겨나지 않았나 싶습니다. 인간은 두 사람이 함께 의지하고 있는 인(人) 자 하나로만 완성되지 않고 두 사람 사이에 존재하는 그 무언가를 나타내는 간(間)이 있음을 강조하는 것 같습니다).

이제 교사와 학생 간에 존재하는 관계를 알아야 합니다. '부부'라는 단어에 분명히 남자가 있고 여자가 따로 존재하지만 각자의 입장만 생각할 때에 부부싸움이 일어나듯이, '교육'이라는 단어에 분명히 교사가 있고 학생이 따로 존재하지만 각자의 입장만을 추구하면 교육은 망가집니다.

부부가 '남'과 '여'와 더불어 '남녀 관계'로 이루어져 있듯이 교육 또한 교사와 학생과 더불어 교사-학생 관계로 이루어졌습니다. 그러나 안타깝게도 교육을 논하면서 교사와 학생이 분리된 상황에서 각자의 입장을 논하는 경우가 흔해졌습니다. 그 와중에 교사와 학생 사이의 관계가 망가지고 있는데도 말입니다.

그래서 저는 교사의 입장만 챙기는 사람이나 학생의 입장만 챙기는 사람들에게 "It's the relationship, stupid!"(중요한 것은 관계예요, 정말이에요!)라고 외치고 싶습니다〔1992년 대선 때 재선에 도전하는 부시 대통령을 한 방에 날려 보낸 클린턴 후보의 구호였던 "It's the economy, stupid!"(직역하면 '문제는 경제야, 바보야!'라는 뜻이고 의역하면 '중요한 것은 경제요, 알겠지요!'라고 할 수 있다)를 풍자하였습니다. 여기서 'stupid'란 꼭 '바보'라는 욕설이 아니라 외교 대신 경제가 중요하다는 점을 강조하기 위한 웅변적 테크닉에 불과합니다. 저 역시 다른 의견을 지닌 분들을 경멸하거나 욕을 하는 게 아니라 그저 관계의 중요성을 부각시키고자 이렇게 말하는 것입니다〕.

정신적으로 힘들어하는 사람을 치료하기 위한 심리분석과 심리상담은 초기에는 개인 치료였습니다. 하지만 프로이트 때부터 100년 이상 개인 상담을 해왔지만 그다지 효과적이지 못했습니다. 어릴 때 어땠고 자라면서 어땠고, 성격이 이렇고 성질이 저렇고, 자아와 원초아(原初我)를 아무리 분석하고 또 분석해도 현재 안고 있는 문제의 해결책은 쉽게 찾을 수 없었습니다.

그래서 이제는 심리상담이 점차 관계 치료 쪽으로 발전하고 있습니다. 사람의 문제는 그 사람 한 명에 국한된 게 아니라 다른 사람과의 관계에서 비롯하기 때문이지요. 사람은 인(人)이 아니라 인간(人間)이라고 하였지요. 교육 문제도 교사와 학생 사이의 관계 문제로 풀어나가야 할 것입니다.

조벽 교수의 혁신 메시지
교육은 교사와 학생 사이의 관계에서 시작됩니다.

일과 생활의 조화를 이루어라

2장에서 유능하고 행복한 사람들의 공통점 세 가지 중 첫 번째를 소개했습니다. 그들은 자신이 하는 일에 의미가 있음을 확신한다고 했고, '의미'는 자신만을 위해서가 아니라 좀 더 크고 넓은 차원에서 찾아야 한다고 했습니다.

교사는 그 의미를 학생들과의 관계에서 찾아야 하는 것이지요. "안정적인 직업을 찾다 보니 교사가 되었다"라고 하는 것은 교사 자신에게만 의미가 있는 것입니다.

그러나 "학생이 20~30년 후에도 인생에서 크나큰 도움을 받았다며 고마워하는 편지를 보내오는 선생님이 되고 싶다"라고 한다면 학생과의 관계를 수업 당시만이 아니라 매우 장기간에 걸쳐 맺어지는 관계로 인식하는 것입니다.

이제 두 번째 공통점을 소개하고자 합니다. 유능하고 행복한 사람들은 '일과 사생활 사이에 조화를 이루고 있다'고 합니다.

이 결론은 매우 깊은 의미를 담고 있습니다. 그저 일에 파묻혀 사는 일중독자가 되지 말고 집안일에도 신경을 써서 균형을 이루라고 하는 정도의 조언이 아닙니다.

같이 생각해 볼까요? 우리 주변에는 "바쁘다, 바빠"라는 말을 입에 달고 사는 사람들이 많습니다. 그런 사람들은 피하십시오. 인생에 별 도움이 되는 사람들이 아닙니다.

여기서 피해야 되는 사람은 바쁘게 사는 사람이 아니라 "바쁘다"라는 말을 습관처럼 내뱉는 사람을 뜻합니다. 후자를 관찰하면 정말로 바쁘게 많은 일을 합니다. 하지만 이 일 저 일을 정신없이 많이 하는 이유는 무엇이 진정으로 소중한지 모르기 때문입니다.

소중한 게 무엇인지 아는 사람들은 우선 소중한 그 일부터 합니다. 나머지는 하나마나 크게 문제 되지 않기 때문에 비록 많은 일을 하더라도 마음에 여유가 있습니다.

그래서 자신의 일에만 매달리지 않고 자신의 주변을 돌아보고 다른 사람과의 관계를 헤아릴 수 있는 여지를 만들어냅니다.

저는 '여유'라는 것을, 인생에서 무엇이 진정으로 소중한가를 깨닫고 그 일을 선택해서 우선적으로 할 때 나타나는 정신적 개념이라고 여깁니다.

나중에 15장에서 상세하게 설명하겠지만, 현명한 선택은 아무나 하는 게 아니라 인지적 발달의 최고 단계까지 도달한 성숙한 사람이 할 수 있는 능력입니다. 따라서 유능하고 행복한 사람은 결국 성숙한 '어른'이라는 말이기도 합니다.

유능하고 행복한 사람들은 매우 열심히 삽니다. 시간을 낭비하지 않고 바쁘게 삽니다. 하지만 "바쁘다, 바빠"라는 말을 입에 달지 않습니다. 그 말은 어린애가 어리광을 부리거나 투정을 부리는 것과 다를 바 없습니다. "나 열심히 하는 것 좀 칭찬해 줘", "나 힘들어하는 거 좀 알아봐 줘" 등과 같은 심리가 발동하는 것이지요.

성숙한 어른은 자신이 선택한 일을 책임집니다. 남의 눈치를 보거나 남의 평가 때문에 움직이는 것이 아니고, 그 일이 자신에게 의미가 있고 소중하기 때문에 할 따름입니다.

자신한테만 의미 있는 일을 하면 마치 취미 생활처럼 자신의 범위를 넘어설 수 없지만 남과 의미를 공유할 수 있는 일을 하면 성숙한 사회인으로서 가치 있는 존재가 되는 것입니다.

성숙한 사람이 성숙한 가정을 꾸리고 성숙한 사회를 만들어갑니다. 수신제가치국평천하(修身齊家治國平天下). 여기에 어울리는 말이지요.

조벽 교수의 혁신 메시지

여유는 시공간적 개념만이 아니라 정신적 개념이기도 합니다.

여유가 생기기를 기다리지 말고 만들어라

3장에서 유능한 교육자의 핵심 특성 여덟 가지 중 하나가 학생들에게 충분한 시간을 할애하는 것이라고 했습니다. 그러나 우리 교육자의 현실을 보면 학생들을 위한 시간은커녕 자신을 위한 시간마저 없습니다. 그러니 유능한 교육자가 되긴 이미 그른 것일까요?

여기에 갈등이 있습니다. 이것도 하고 싶고, 저것도 해야 하는데, 시간 여유가 도무지 없기 때문입니다. 낮에는 수업, 연구, 잡무, 회의 등 정해진 스케줄에 따라 질질 끌려다니다가, 저녁 시간마저 그다지 보람 없는 일에 잡혀 있다 보면 자신이 관리할 수 있는 시간은 거의 없어 보입니다. 그렇다면 학생들에게 시간을 할애하기 위해서 다른 활동을 줄여야 할까요?

이럴 때 두 가지를 생각해야 합니다. 첫째, 앞서 강조했듯이, 여유는 우연히 생기는 게 아니라 의식적으로 만드는 것입니다. 무엇이 소중한가를 알고 그 일을 선택한다는 것은 바로 그 일에 시간과 정신력을 모은다는 뜻이지요. 소중한 일에 시간을 우선적으로 할애한 사람은 소중한 인생을 사는 것입니다. 잡일 위주로 일하는 사람은 결국 잡스런 인생을 사는 것입니다.

둘째, 시간을 더 효율적으로 쓰는 방법이 있습니다. 우리는 시간 관리를 해야 합니다. 하루 24시간, 일주일 7일을 꼼꼼히 따져보고 자신이 어느 부분에서 시간을 허비하고 있는가 살펴보고 일과를 수정하십시오. 시간을 낭비하는 것은 결국 인생을 낭비하는 것이니까요.

조벽 교수의 혁신 메시지

여유는 생기는 게 아니라 만드는 것입니다.

해야 할 일과 하고 싶은 일을 잘 선택하라

세 종류의 교육자가 있습니다. 첫째, 교직을 직업으로 보는 사람이지요. 이들에게 일이란 고된 것으로 즐거움을 주는 놀이와 완전히 분리합니다. 이들에게 소중한 것은 즐거움을 얻게 해주는 돈입니다. 일은 그저 돈을 벌기 위한 수단일 뿐입니다.

둘째, 교직을 전문직으로 인식하는 사람입니다. 이들은 책임감이 강하고 시간을 투자의 개념으로 이해합니다. 이들은 남들에게서 인정받고 성공(승진)하고자 열심히 일합니다. 이들은 일을 할 때 인센티브(외적 동기)를 먼저 따집니다. 이들에게 소중한 것은 자신의 성취입니다. 이들에게 학생은 그저 자신이 맡은 책임일 뿐입니다.

셋째, 교직이 타고난 팔자라고 받아들이는 사람입니다. 이들은 일을 언제 시작하고 언제 끝내는지 알지 못합니다. 구태여 구분하려 하지 않습니다. 자신이 일을 얼마나 열심히 하는지 알아주는 사람이 없어도 그리 섭섭해하지 않습니다. 이들은 일 자체에 즐거움을 느끼기 때문입니다. 즉, 내적 동기가 강하게 작용하는 경우입니다. 이들에게 소중한 것은 학생입니다.

어떤 교육자가 될 것인가는 상당 부분 마음먹기에 달렸습니다. 아무리 팔자라고 해도 '훈장'이라는 표시를 달고 태어난 교육자는 없습니다. 지금부터라도 새로이 마음먹으면 가능한 일입니다.

조벽 교수의 혁신 메시지

어떤 교육자가 될 것인가는 상당 부분 마음먹기에 달렸습니다. 지금부터라도 마음먹으면 해낼 수 있습니다.

교육의 양과 질을 제대로 뒷받침하라

물건이 귀할 때는 보잘것없는 것도 서로 갖겠다고 아우성을 칩니다. 그러나 물건이 흔할 때는 아무리 싸도 어느 누구도 거들떠보지 않습니다. 비싸도 품질이 좋아야 사람들의 관심을 끌 수 있는 세상이 되었습니다.

한때 '양'은 대량 생산에 저렴한 가격으로, '질'은 소량 생산에 고가로 제공되는 것으로 여겼습니다. 하지만 지금은 대량 생산된 물건도 저가를 유지하면서 최고의 품질을 보증해야 합니다. 대량 생산 시스템 속에서도 물건의 디자인을 약간 달리해서 다양한 모델을 생산해 내어야 경쟁력을 갖추게 됩니다. 이렇게 양과 질은 이제 이전과는 다른 관계를 형성하고 있습니다.

교육도 마찬가지입니다. 제가 학생이었던 시절에는 초등학생 10명 중 1명만 대학으로 진학했습니다. 참으로 교육 기회가 희소한 시절이었습니다. 그래서 교육 품질이 아무리 낮아도 그 기회를 얻는 것만으로도 감지덕지했지요.

지금은 초등학생 10명 중 1명만 대학에 진학하지 않는 정반대의 세상이 되었습니다. 거의 모든 학생이 초·중·고등학교를 다니고 대학의 정원이 입학생 수보다 더 많습니다. 교육받을 기회의 양이 넘쳐 나는 세상이 되었습니다. 그런 만큼 교육의 질에 대한 비판 또한 넘쳐 나고 있습니다.

결국 교육을 거부하는 학생들이 나오기 시작했습니다. 초·중·고등학교 학생 3명 중 1명이 학교를 떠나고 싶어 한다는 연구 결과가 충격을 주고 있습니다. 교육의 양과 질이 문제인 것이지요.

학생이 학교를 떠나고 싶어 하는 이유가 무엇일까요? 교육의 양과 질은 무엇일까요? 저는 '양'이 단지 학교의 수나 정원으로 나타나고 '질'은 학생 대 교원 비율이나 OECD 학력 비교 등수로 환산된다고 생각하지 않습니다.

학생의 처지에서 보면 '양과 질'의 의미를 잘 알 수 있습니다. 학교가 맘에 들지 않아 다른 학교로 전학을 가도 다를 바 없습니다. 그게 그 학교인 것이지요. 학생에게는 학교나 학원이나 마찬가지로 학생들을 하루 종일 한자리에 앉혀놓고 뭔가 잔뜩 외우게 하고 비슷한 문제를 골백번 반복적으로 푸는 연습을 시키는 곳입니다. 기계나 있을 법한 공장 같은 곳이라고 합니다. 심지어는 감옥이라고 하기도 합니다.

한국에서 절실히 필요한 교육의 '양'은 다양한 교육 모델의 '수'로 나타나야 합니다. 물론 외고, 과학고를 비롯해서 영재고까지 있지만 분야의 특성을 살려 선발하는 것이 아니라 성적순으로 입학이 정해지니 대다수의 학생들에게는 그림의 떡인 곳입니다. 특성화고 역시 학생들의 관심사가 아니라 학생의 성적 기록(史)을 따지는 성적사(史)로 정해지고 있습니다.

교육의 '질'이란 학생들에게 다양한 교육 모델을 제공해 주어 각자의 선호도와 성취도에 맞게 학교를 선택할 수 있도록 하는 것입니다. 그래야 아이들의 숨통이 트일 것이며, 미래에 대한 희망을 품을 수 있게 됩니다.

조벽 교수의 혁신 메시지

교육 시스템은 학생이 성적사(史)가 아니라 관심사로 선택할 수 있는 다양한 학교 모델을 마련해 주어야 합니다.

유능하고 행복한 교육자가 되는 길

교육의 핵심은 교사와 학생 간의 관계라고 했습니다. 그러나 6장의 마무리는 교육자에 초점을 맞추고 싶습니다.

앞서 은퇴하는 날을 상상해 보라고 권했습니다. 단지 선견지명을 요구하는 말이 아닙니다. 고상한 실존철학적 발언도 아닙니다. 매우 현실적이고 구체적인 생존 기법에 대한 노하우를 전하는 말입니다.

평균수명이 지금보다 짧았던 예전에는 은퇴한 후의 시간이 그리 많지 않았습니다. 그래서 평생직장을 얻어 열심히 일하고 은퇴하면 한 인생이 그런대로 잘 마무리되었습니다. 하지만 이제 100세 시대가 되어 인생 삼모작(三毛作)이라는 말까지 등장했습니다. 은퇴는 겨우 인생 절반에 도달한 시기에 오는 셈입니다.

우리는 다들 곁에 큰 바구니를 끼고 매일 소중한 것을 주워 담고 있지요. 그런데 만약 은퇴하는 날 그 꽉 찬 바구니를 들여다보니 그게 다 쓰레기였다면 얼마나 허무할까요? 하고 싶지 않은 일을 억지로 하면서 인생의 전반부를 보냈거나, 은퇴하는 날까지만 쓸모 있는 것을 주워 담기에 바빠서 인생 삼모작에 소중한 것을 챙기지 못했다면 뒤늦게 깨닫고 후회한들 돌이킬 수 없는 게 세월 아니겠습니까?

문제는 인생 중반에 은퇴해 인생의 허무함을 절절히 느끼는 분들은 인생 후반을 건강하고 행복하게 살기 어려울 것이라는 무서운 사실입니다. 인생의 초반부는 시간의 절반이 아니고 젊음의 모든 것임을 알아야 합니다. 젊음을 쓸데없는 일에 다 불태우고, 타고 남은 재로 인생 후반부를 지탱해 나갈 수는 없기 때문입니다.

젊음의 열정과 여유, 호기심과 모험심, 긍정성과 미래 지향성은 소중한 것을 얻는 데에 써야 합니다. 그래야 인생 후반부를 힘차게 살 수 있는 기반을 마련하게 됩니다.

우리 교육자는 은퇴하는 날 무엇이 소중하다고 깨닫게 될까요? 이 질문에 대한 답은 한두 사람의 경험보다 수많은 사람들의 경험을 통해서 얻는 게 현명하겠지요. 마침 많은 사람의 경험을 축적하고 공통점을 발견하고 요약해 놓은 연구 결과가 있습니다. 수많은 연구 중에 제 입맛에 맞는 연구 결과가 아니라 최고 석학들의 연구를 소개해 드리고자 합니다. 다음과 같은 내용입니다.

유능한 교육자는 학생들에게 많은 시간을 할애한다. ― K. A. 펠드먼
행복한 사람은 급한 것보다 소중한 것에 많은 시간을 할애한다.
― 마틴 셀리그먼

저는 이 두 연구 결과에서 너무나 간단하고 당연한 결론을 얻었습니다. '유능하고 행복한 교육자가 되는 길은 학생들을 소중하게 여기는 것이다.'

모든 게 그렇듯이 진실은 이토록 자명하고 모두 이미 알고 있는 흔한 내용입니다. 실천이 남았을 뿐입니다.

조벽 교수의 혁신 메시지
인생의 초반부는 시간의 절반이 아니라 젊음의 모든 것입니다.

2부

수업은 어떻게 해야 하는가

교수법은 크게 마이크로 교수법과 매크로 교수법으로 나눌 수 있습니다. 마이크로 교수법은 교수자가 하는 행동에 초점을 맞춘 구체적인 기법 차원의 교수법입니다. 그러나 훌륭한 수업이라는 것은 눈에 보이는 행동만으로 평가할 수 있는 것은 아닙니다. 교수자가 지닌 교사관, 가치관, 교육철학 등을 포함합니다. 이것이 바로 매크로 교수법입니다. 이 둘을 완벽히 터득하면 오히려 기법이라는 틀에서 자유로워지고 시시각각 변하는 교실 상황에 맞게 학생들에게 그때그때 적절한 교육을 원활하게 해나갈 수 있습니다.

| 7장 |

수업의 본 얼굴을 보여주는 마이크로 티칭

하버드 대학교 교수의 교수법

"교수님들은 스스로 멋진 목소리로 효과적으로 강의한다고 생각하시지요? 강의 모습을 비디오로 촬영해서 보세요. 비디오는 거짓말을 하지 않습니다." 20일 오후 4시 이화여대 대강당. 500여 명의 이대 교수들에게 '명강의를 하는 법'을 가르치기 위해 강단에 선 조벽 미시간 공대 기계공학과 교수는……."

2001년 2월 21일자 《조선일보》에 실린 기사 내용입니다. 저는 예전부터 비디오 피드백을 이용해 교수자 자신의 수업을 분석하는 방법을 최고의 교수법으로 여겼고 이것을 한국의 대학에 적극적으로 전파해 '교수를 가르치는 교수'로 알려지게 되었습니다.

제가 '마이크로 티칭'이라는 비디오 피드백 교수법을 단연 최고라고 믿는 이유가 있습니다. 한 20년 전의 일입니다. 하버드 대학교의 홈페이지에서 어느 교수가 매해 200명 이상 이 방법을 사용하고 있다고 자랑하는 내용을 접했습니다.

왜 하버드 대학교 교수가 그런 방법을 사용할까? 저는 도저히 이해가 되지 않았습니다. 자신의 녹음된 목소리를 들어본 적이 있습니까? 들어보면 좀 이상하게 들리고 기분도 좋지 않습니다. 자신의 목소리가 아닌 것 같아 이상하고, 자신의 목소리임을 확인하는 순간 듣기 거북해집니다. 자신의 목소리가 상상했던 것과 달리 왜 그리 빈약하고 멋없게 들리는지 하는 생각에 듣기 싫어집니다.

수업도 마찬가지지요. 저는 아직 자신의 강의가 평균 이하라고 생각하는 교수를 만나본 적이 없습니다. 분명 평균 이상이 절반 정도이고 평균 이하가 나머지 절반인 게 사실일 텐데, 평균 이하라고 여기는 교수는 단 한 명도 없다고 합니다. 결국 교수의 절반은 환상에 젖어 있는 것입니다.

교수가 강의하는 모습을 비디오로 찍어보면 있는 그대로 보여줍니다. 그래서 대부분의 교수는 비디오를 보다가 그만 고개를 돌립니다. 어쩌면 그렇게 자기가 학생 시절에 그토록 미워했던 교수의 모습을 그대로 빼닮았는지 무척 고통스럽기 때문입니다.

그러한 '비참한' 경험을 왜 하버드대 교수는 자청한 걸까요? 이유를 찾다가 문득 깨닫게 되었습니다. "정말 바보 같은 질문이었구나. 그들이 왜 그렇게 하는가를 물을 게 아니다. 그렇게 하니까 세계 최고구나!"

최고는 그냥 되는 게 아닙니다. 세상에 비결은 없습니다. 최고는 모두가 알고 있는 것을 아는 데서 그치는 것이 아니라 실천할 뿐입니다.

저는 이대 강연 이후 근 10년이 지난 2010년 겨울에 교사를 대상으로 '마이크로 티칭'의 위력을 방송을 통해 소개하였습니다(국내 방송사상 최초로 모든 방송 대상을 휩쓴 EBS 다큐멘터리 〈우리 선생님이 달라졌어요〉).

여러 가지 이유로 학교 생활을 힘들어하는 선생님 다섯 분을 모시고 세 번의 연수(마이크로 티칭, 감정 코칭, 교육철학)를 통해 그들을 변화시켜 나갔습니다.

어느 하나도 빠지면 안 되는 중요한 연수지만 그 첫 번째 순서가 마이크로 티칭이었습니다.

조벽 교수의 혁신 메시지

남다른 비법이 있어서가 아니라, 좋은 줄 모두 알지만 실천하지 않는 것을 하기 때문에 최고가 되는 것입니다.

수업의 거울, 비디오 피드백

마이크로 티칭이 첫 번째가 되어야 하는 이유가 있습니다. 만일 제가 단 10일만이라도 거울을 보지 않고 지낸다면 상당히 흉한 몰골이 되어 있을 것입니다.

이에 고춧가루가 끼었는지, 입가에 뭐가 묻었는지, 눈에 눈곱이 끼었는지도 모르고 돌아다니겠지요. 남들은 뒤에서 수군거릴 뿐 어느 누구도 제게 직접 눈곱이 끼었다고 말해 주거나 닦아주는 사람이 없습니다.

그래서 우리는 매일 아침 거울을 봅니다. 하루에 한 번만이 아니라 수시로 봅니다.

하지만 우리는 매일 하는 수업을 10년, 20년이 지나도 단 한 번도 거울 보듯 본 적이 없습니다. 학생들이 수군대는 말은 그저 잡음으로 여기고, 교장 선생님은 수업이 심하게 망가져 피를 철철 흘린 후에야 비로소 한마디 합니다.

그 말 한마디도 피를 멈추게 하는 게 아니라 상처를 더 후벼 파는 말인 경우가 많습니다. 깨끗한 거울이 되어주는 게 아니라 차가운 겨울같이 다가옵니다.

저를 찾은 다섯 분의 선생님은 절박한 상황이었습니다. "내가 이런 모습으로 아이들을 계속 가르친다면 차라리 진짜 그만두는 게 더 낫겠다", "돈(월급)을 받으려고 이걸 하는 거면 진짜 선생님 그만두고 싶다"라고 울면서 말할 정도로 심한 정신적 스트레스를 호소했습니다.

그분들의 '통증'이 지켜보는 저에게도 그대로 전해지는 듯 했습니다. 또한 동시에 이 다섯 분의 고민에서 자유로울 수 있는 교사가 이 땅에서 과연 얼마나 될까 하는 깊은 고민이 일었습니다.

그래서 가장 먼저 한 것이 '거울'을 보는 것이었습니다. 비디오 피드백은 우리의 모습을 있는 그대로 보게 해주는 거울과 같은 도구입니다.

그걸 본 선생님은 말합니다. "저 스스로 나도 정말 좋은 선생님, 진짜 중간 이상의 선생님일 거라고 생각했는데······."

그렇습니다. 환상에서 깨어나는 순간입니다. 보기 민망하고 힘든 경험입니다. 비디오를 보고 나서 "좀 처절하고 울컥했죠"라고도 합니다. 세상에 환상의 죽음보다 더 슬픈 것은 없다는 소설가 케스틀러의 명언이 딱 들어맞는 순간입니다.

그래서 많은 학교에서 수업을 비디오로 촬영하고 있습니다만 촬영한 후 비디오 CD나 DVD를 서랍이나 창고에 보관만 해놓고, 그것을 분석을 한다거나 자기 발전에 이용하지 않는 모양입니다. 수업하는 자신의 모습을 보는 것이 '처절'할 수 있기 때문입니다.

그러니 수업 촬영은 그저 보고서용 잡무가 하나 더 늘어난 것 외에는 하등의 가치 없는 일입니다.

비디오 피드백이 제대로 실행되면 거울을 보는 것 이상의 효과를 발휘합니다. 비디오 피드백을 몇 차례 하다 보면 굳이 비디오로 촬영해서 보고 분석하지 않아도 자신의 모습이 눈에 보입니다. 마치 눈이 하나 더 생겨 몸 밖에서 자신을 관찰하는 듯합니다. 흔히 종교에서 말하는 '제3의 눈'이 생긴 것 같습니다.

"가장 큰 발전을 한 게 하나 있어요. 수업을 학생의 눈으로 판단하는 기준이 생겼어요." 수업 시간에 노래를 불렀던 선생님이 자신의 달라진 모습을 보고 가장 먼저 나온 말입니다. 놀랍게도 그 선생님에 대해 학생들은 "수업 시간에 딴 얘기를 너무 많이 하세요"라고 불평을 했었지만,

그런 점을 전혀 의식하지 못하던 선생님이었습니다.

    비디오를 보고 나서 처음에는 자신을 의식하게 되니 불편해집니다. 하지만 모든 변화는 의식함(깨달음)에서 시작하지요. 그러다가 차츰 변화된 모습이 완전히 자리를 잡게 될 즈음, 그런 의식은 사라지고 새로운 모습만 남습니다. 완벽히 변신하면 맘이 편해집니다.

조벽 교수의 혁신 메시지

비디오 피드백은 우리의 모습을 있는 그대로 보게 해주는 거울과 같은 도구입니다.

장점은 지적하고 단점은 질문한다

저는 촬영된 비디오를 미리 보고 세세하게 분석합니다. 수업 전 준비하기, 수업 시작하기, 목소리, 몸동작과 교실 공간 사용하기, 표정과 자세 관리하기, 칠판과 도구 사용하기, 수업 구성과 시간 관리하기, 수업 진행하기, 설명하기, 질문하고 토론하기, 교실에서 학생들과의 관계 만들기, 수업 끝내기, 교실 밖에서 학생들과 관계 형성하기 등을 관찰합니다. 그러고는 선생님과 함께 비디오를 다시 보면서 대화를 나눕니다.

선생님의 장점은 제가 지적합니다. 선생님이 스스로 자신의 장점을 지적하지는 않을 것이기 때문입니다.

"(선생님 수업에) 열정도 있고, 웃음도 있고, 유머도 있고, 에너지도 많고, 밝고 명랑하고……." 카리스마 있게 수업을 진행한 어느 과학 선생님에게 한 말이었습니다.

"선생님의 최대 강점은 미소와 웃음을 잃지 않는다는 것입니다. 교실에서 어떤 상황이 벌어져도 그것을 잃지 않으세요." 학생들이 상담을 잘해주고 친절해서 좋다고 말한 국어 선생님에 대한 평이었습니다.

단점은 선생님 스스로 보고 알아차릴 것이기 때문에 구태여 제가 지적하지 않아도 됩니다. 선생님이 간과하는 부분이 있으면 혹시 제가 잘못 이해했는지 알기 위해 묻습니다. "이렇게 하셨는데 어떤 이유가 있습니까?" 이 정도만 해도 선생님들은 쉽게 깨닫습니다.

몸동작 & 도구 사용하기 체크 항목

비디오 피드백에 대한 세부 설명은 여기서는 간단히 소개합니다. 다음은 비디오 피드백에서 점검해야 할 사항입니다.

몸동작 관리

- ☐ 몸동작이 의도적이고 적절하다.
- ☐ 서 있는 자세가 곧다.
- ☐ 학생들에게 시선을 주고 있다.
- ☐ 모든 학생들에게 시선을 준다.
- ☐ 손놀림이 자유롭다.
- ☐ 서 있는 자리를 옮겨준다.
- ☐ 강의실 공간을 크게 활용한다.

표정/자세 관리하기

- ☐ 열의를 보인다.
- ☐ 호기심을 보인다.
- ☐ 유머를 보인다.
- ☐ 신뢰감이 느껴지게 한다.
- ☐ 찡그리지 않고 편안한 얼굴 표정을 짓는다.
- ☐ 얼굴 표정을 자연스럽게 한다.

수업 전에 준비하기

- ☐ 수업 시간 전에 강의실에 들어간다.
- ☐ 수업 시작 전에 학생들과 어울린다(interact).
- ☐ 수업 준비를 모두 끝낸다.
- ☐ 출석을 부를 때 학생들을 보면서 부른다.
- ☐ 자신감을 보인다.

칠판 / 프로젝터 사용하기

- ☐ 미리 조정하거나 준비한다.
- ☐ 글씨, 그림 크기가 적당하다.
- ☐ 뒤에 앉은 학생도 잘 보이도록 한다.
- ☐ 글씨를 흐리게 쓰거나 흘려 쓰지 않고 정확히 쓴다.
- ☐ 짜임새가 있다.
- ☐ 내용이 적당히 들어가 있다.
- ☐ 말하는 내용을 중복하지 않고 보완한다.
- ☐ 악센트, 포커스, 세부 사항, 개념 지도 등을 보여준다.
- ☐ 충분한 시간 동안 내용이 보이도록 한다.
- ☐ 칠판이나 스크린을 가로막지 않아서 학생들이 쉽게 볼 수 있다.
- ☐ 칠판이나 스크린 공간을 최대한으로 활용한다.
- ☐ 타이밍이 적절하다.

가르치는 사람의 균형감각이 필요하다

　3장에서 언급했던 유능한 교육자의 핵심 특성 8가지와 3영역(전문 지식, 교수 기술, 마음가짐)을 염두에 두면 비디오 분석이 훨씬 수월해집니다.

　예를 들어, 출연자 중 한 분은 학생들과 매우 좋은 관계를 유지해서 학생들이 좋아하고 따르는 선생님이었습니다. 그러나 교수 기술에 문제가 있었지요. 학생들은 "선생님 목소리가 너무 나긋나긋해서 졸려요", "재미없어요. 지루해서 잠만 와요" 하며 불만스러워했습니다.

　교수 기술의 문제는 매우 쉽게 해결될 수 있습니다. 판서와 도구 사용하기 등을 개선하고, 선생님의 걸음 동선을 교단 앞이 아니라 교실 전체로 넓히자 학생들은 단박에 그 차이를 느꼈습니다. "전에는 몇몇 애들만 이끌고 가셨거든요. 그런데 요새는 반 전체를 다 이끌고 가시니까 그게 정말 좋아요"라는 평이 금방 나왔습니다.

　이와 정반대의 경우도 있었습니다. 교수 기술이 단연 돋보이는 선생님이었습니다. 가히 설명의 달인이라 해도 좋을 정도로 짜임새 있는 수업 내용에, 설명은 학생들 머릿속에 쏙쏙 들어가게 했습니다.

　하지만 수업 내용에 치중한 나머지 학생들과의 관계는 망가지고 있었습니다. 학생들이 "막 떨려요. 손발이 오그라들어요"라는 말을 할 정도로 선생님은 학생들을 과도하게 압도했습니다. 진정한 카리스마는 학생들이 따르게 하는 매력이지 학생들을 떨게 하는 마력이 아닙니다.

마이크로 티칭 심화하기

전문가의 컨설팅이 필요한 이유

앞 장에서 목소리, 몸동작, 도구 사용하기, 세 가지 비디오 분석 분야를 다루었습니다. 그 다음 세 가지 분야로 수업 진행, 수업 구성, 그리고 학생들과의 관계라는 분야를 살펴봅시다. 앞서 말한 세 가지와 이 세 가지는 다른 면이 둘 있습니다.

첫째, 목소리, 몸동작, 도구 사용하기에 대한 장단점은 자기 스스로도 충분히 발견할 수 있습니다. 그러나 다음 세 가지는 자기 스스로 발견하기가 쉽지 않습니다. 평소에 수업 잘하기로 소문난 선생님, 또는 가장 존경하는 선생님 한 분을 모셔놓고 함께 관찰하고 피드백을 받는 게 좋습니다.

둘째, 목소리, 몸동작, 도구 사용하기는 구체적이고 서로 독립적인 행동이기 때문에 개별적으로 관찰·분석하고 평가할 수 있습니다. 그러나 나머지 세 분야는 서로 많이 연계되어 있기 때문에 분석이 깔끔하게 요약되지 않습니다.

수업 구성과 진행은 계획과 실행의 관계와 유사합니다. 아무리 계획이 잘 되었다고 해도 실행 단계에서 부족하면 계획마저 잘못된 것처럼 보입니다.

특히 선생님들이 학생들과 어떠한 관계를 맺고 유지하면서 수업을 하는가에 대한 분석은 상당히 복잡할 수 있습니다. 관계의 단서는 목소리와 몸동작에서도 찾을 수 있고, 수업 구성과 진행 부분에서도 찾을 수 있습니다. 굳이 따로 항목을 만들 필요가 없을 정도로 광범위하게 퍼져 있습니다. 오히려 너무 많아서 단서가 일관되는 것과 대치되는 것이 혼재되어 나타납니다. 그래서 전문가의 개입이 필요할 수 있습니다.

관계 분석은 신중하게 접근한다

앞에서 학생들과의 관계 부분은 혼자 분석하기도 어렵고 동료가 해주기도 어려워서 전문가의 개입이 필요할 수 있다고 했습니다. 그것이 어려운 이유는 단서가 모든 비디오 피드백 분야에 걸쳐 존재하기 때문이라고 했습니다. 하지만 더 큰 이유가 있습니다.

목소리, 몸동작, 도구 사용하기, 수업 구성과 진행 등 기술과 테크닉에 관한 이야기는 동료끼리 대화를 나누고 논의할 수 있습니다.

그러나 학생들과의 관계 부분은 교사의 행동에서 교사의 마음가짐과 태도(가치관과 철학)로 연결시켜야 하는 것입니다. 매우 민감할 수밖에 없는 부분일 뿐더러 100퍼센트 확실한 근거가 아니라 비디오에 보이는 행동으로 남의 머릿속과 마음속을 추측하는 일종의 어설픈 보외법(외삽법)이 동원되는 분석이기에 쉽게 논쟁으로 이어집니다. 그렇게 될 바에야 비디오 피드백을 하지 않는 게 더 낫습니다.

관찰해야 하는 부분이 학생과의 관계인데 카메라는 주로 교사 쪽으로 향하고 비디오에는 교사의 행동만 녹화되어 있습니다. 관계의 상호작용에 대한 분석을 하는데 한쪽만 관찰해서는 올바른 결론을 내리기 어렵습니다. 비록 학생의 모습이 동시에 카메라에 잡혔다 해도 그 학생의 '역사'와 '배경'을 잘 모르면서 교사의 구체적인 행동을 지적하기란 쉽지 않지요.

이러한 이유로 '자칭 교수법 전문가'라고 하는 분들 중에도 학생들과의 관계까지 제대로 분석하는 분들은 소수일 것입니다. 하지만 이 부분을 피한 비디오 분석은 단팥이 빠진 찐빵에 불과합니다. 핵심이 빠진 분석이기 때문입니다.

학생들과의 관계를 어렵게 하는 두 가지

학생들과의 관계가 원하는 대로 잘 이루어지지 않는 이유는 관계마다 달라서 각양각색일 테지만 크게 두 가지로 구분할 수 있습니다. 선생님의 잘못된 교육관과 학생관 때문입니다.

여기에 학생에게 해당하는 이유는 쏙 빠져 있습니다. 그래서 "아니, 어째서 모두 선생님 탓이야!" 하고 항의할 수도 있습니다. 관계가 상호작용임을 알지만 저는 "아이는 어른이 하기 나름이다"라는 기본을 전제로 하기 때문에 더 큰 영향력은 선생님 쪽에 있다고 믿습니다. 즉, 학생과 선생님 둘 중 더 큰 존재는 선생님이란 뜻입니다.

마침 EBS 다큐멘터리에 학생과의 관계 부분에서 두 가지가 모두 부각되었습니다. 앞에서 잠시 소개했던 '설명의 달인'인 선생님은 교육관이 잘못된 경우입니다. 선생님은 교육을 지식 전달에 국한했습니다. 그래서 학생들의 시험 성적을 올리기 위해 학생을 심하게 꾸짖기도 하고 심지어 놀리기도 했습니다.

학생들은 언제 선생님한테서 공격을 받고 놀림을 당할지 모르니 신경을 바짝 세우고 공부를 했지만 선생님에 대한 신뢰와 존경심은 없었습니다. 그러나 선생님이 학생들한테서 진정 원했던 것은 사랑이었습니다.

다른 한 분은 정말 좋은 선생님이 되고자 교원 연수를 열심히 받으면서 다양한 교수법을 확보해 놓았습니다. 학기가 시작하면서 이상적인 수업을 할 수 있을 거라는 기대에 부풀었지만 막상 교실 분위기는 상상 밖이었습니다. 선생님의 말을 듣지 않는 학생들이 뜻밖에 많았습니다. 이른바 '문제아'가 많았습니다. 그래서 이상과 현실 사이의 괴리에 실망을 느끼고 당혹감과 좌절감에 기운을 잃고 있었습니다.

선생님이 준비해 왔던 수업은 '천사' 같은 학생들을 전제로 한 것이었습니다. 그렇지 않은 학생은 '학생도 아니다!'라는 잘못된 학생관을 지녔던 것입니다. 그러니 많은 학생들이 선생님의 마음을 알아주지 않으니 밉고 야속하게 여겨진 것입니다.

잘못된 교육관과 학생관은 학생과의 관계를 비정상적으로 만들어버립니다. 믿음, 사랑, 이해, 용서, 배려, 고마움이 없는 인간관계는 병든 관계입니다. 병든 관계에서 훌륭한 결실이 맺어질 것을 기대할 수는 없습니다. 그래서 선생님들의 교수 기법 도구 상자에 '감정 코칭'이라는 도구가 필요했고 마이크로 티칭 연수에 이어서 감정 코칭 연수를 하게 된 것입니다.

눈에 보이는 말하기, 몸동작, 도구 사용하기 등이 집 안의 가구에 해당된다면 학생과의 관계는 눈에 안 보이는 상하수도에 해당됩니다. 헌 가구를 내다 버리고 새 가구를 들여오는 것은 낡은 상하수도를 교체하는 것에 비하면 식은 죽 먹기지요. 감정 코칭은 인간관계의 상하수도 교체하는 작업과 유사합니다. 각자의 마음 깊은 곳에 숨겨놓은 감정의 찌꺼기를 처리해야 마무리되는 작업입니다(16장 참조).

학생과의 관계가 좋았지만 교수 기술이 좀 부족했던 선생님의 수업이 가장 빨리 개선되었고, 수업 기술은 훌륭했지만 학생과의 관계에서 모자람이 있던 선생님의 수업이 가장 늦게 개선된 것은 결코 우연이 아닙니다.

조벽 교수의 혁신 메시지

믿음, 사랑, 이해, 용서, 배려, 고마움이 없는 병든 인간관계에서 훌륭한 교육의 결실이 맺어지리라 기대할 수는 없습니다.

수업 구성과 진행 점검하기

여기서는 전문가의 손길이 필요한 마이크로 티칭 분야인 수업 구성과 진행을 파악하기 위한 항목을 소개하겠습니다.

시작하기

- ☐ 수업을 정시에 시작한다.
- ☐ 수업 시작을 확실하게 알린다.
- ☐ 학생들의 주의력을 자신에게로 모은다.
- ☐ 수업 주제를 알려준다.
- ☐ 수업 '교육 목표'를 알려준다.
- ☐ 지난 수업 내용의 핵심을 요약한다.
- ☐ 지난 수업 내용과의 연관성을 말한다.
- ☐ 수업 소제목을 나열하여 강의의 윤곽(큰 그림)을 알린다.

끝내기

- ☐ 다음 수업에 대한 예고(preview)를 한다.
- ☐ 수업을 자연스럽게 끝맺는다(끝나가고 있다는 것을 느낄 수 있다).
- ☐ 중요한 점을 요약한다.
- ☐ 요구 사항(숙제, 시험 등)을 명확히 전달한다.
- ☐ 수업을 정시에 끝낸다.
- ☐ 수업이 끝난 후 학생들에게 시간을 할애한다.

수업 구성과 시간 관리

☐ 각 단락이 분명하다(구두로 표시되었다).

☐ 주기적으로 각 단락을 요약한다.

☐ 소제목을 모두 충분히 다룬다.

☐ 학생들이 숨 돌릴(생각할) 여유를 준다.

☐ 허둥대지 않고, 끝까지 같은 페이스로 진행한다.

설명하기

☐ 중요한 단어나 개념을 설명한다.

☐ 각 단락의 목적을 전달한다.

☐ 각 단락이 서로 어떻게 연관되는지 보여준다.

☐ 이 수업이 더 큰 교과과정의 어떤 부분에 해당되는지 관련성을 보여준다.

☐ 예를 들어 설명한다.

☐ 최근 연구 결과를 곁들인다.

☐ 수업 내용을 현실적 상황에 연관시킨다.

☐ 결론만 보여주지 않고 배경과 사고 과정을 설명한다.

☐ 복잡하거나 어려운 내용을 반복하거나 추가해 설명한다.

☐ 가장 중요한 내용을 반복하거나 강조한다.

수업 진행

☐ 지속적으로 학생들의 주의력을 끈다.

☐ 호기심을 유발한다.

☐ 학생들이 강의 내용을 이해하는지 관찰한다.

☐ 다양한 교수법을 동원한다(학생들 입장에서 볼 때).

☐ 말 듣기.

☐ 쓰기.

☐ 그림 보기.

☐ 실물 보기.

☐ 행동하기.

학생들과의 관계 점검하기

교사와 학생 간의 관계를 알아보기 위한 점검 항목을 소개합니다.

학생들과의 관계

☐ 학생들을 개개인으로 인식한다.

☐ 학생들의 이름을 안다.

☐ 학생들의 의사를 존중한다.

☐ 학생들이 참여할 기회를 준다.

☐ 학생들이 잘했을 때 알맞게 칭찬한다.

☐ 학생들이 못했을 때 격려해 준다.

☐ 개별적 필요성을 고려한다.

☐ 학생들을 공평하게 대한다.

질문하고 토론하기

☐ 질문을 한다.

☐ 알맞은 수준의 질문을 한다.

☐ 질문한 후 대답을 기다린다.

☐ 학생의 말을 끝까지 듣는다.

☐ 학생의 말(질문이나 대답)이 다른 학생들에게 들리도록 한다.

☐ 대답하지 않는 학생들도 참여하도록 유도한다.

☐ 한두 학생이 반응을 독점하는 것을 막는다.

☐ 학생의 질문에 대답할 경우, 모든 학생에게 대답한다.

☐ 학생의 참여(옳고 그름을 떠나서) 그 자체를 높이 평가한다.

| 9장 |

효과적인 수업 컨설팅을 위한 상담 원칙

'선무당이 사람 잡는다'

　EBS 특집 〈우리 선생님이 달라졌어요〉가 폭발적인 인기를 얻자 비디오 분석을 이용한 수업 컨설팅에 대한 관심이 덩달아 높아졌습니다. 비디오 피드백을 최고의 교수법이라 여겨온 저로서는 여간 기쁜 일이 아닙니다. 하지만 동시에 매우 걱정스럽습니다.
　수업 분석을 쉽게 생각하고 교사를 도와주겠다며 〈우리 선생님이 달라졌어요〉 방송에 잠시 소개된 피드백 과정을 흉내 내면 큰일이다 싶습니다.
　방송에서는 수업에서 발견된 문제점을 지적하는 장면들이 나옵니다. 하지만 그 모습은 피드백 과정의 지극히 작은 일부였습니다. 방송용으로 부각시킬 만한 훌륭한 장면이었을지는 몰라도 비디오 피드백의 핵심이 아니라 꼭 필요할 때 적절하게 사용되었던 양념 같은 요소였습니다. 훨씬 많은 피드백은 선생님의 장점에 대한 이야기였습니다.
　자신의 수업을 비디오로 녹화해서 남에게 보여주는 것만도 큰 용기가 필요합니다. 몸을 다 드러낸 상태로 있는 취약한 대상에게 수술을 해준답시고 예리한 칼을 휘둘러대서는 안 됩니다. 몸과 마음에 큰 상처만 남길 것입니다. '선무당이 사람 잡는다'는 말도 있지요.
　만약 비디오 피드백을 사용하는 수업 컨설팅 도구를 도입하겠다면 『조벽 교수의 수업 컨설팅』을 참고하시길 바랍니다. 〈우리 선생님이 달라졌어요〉는 빙산의 일각이었음을 알게 될 것입니다. 여기서는 수업 컨설팅의 핵심을 소개하겠습니다.

수업 평가와 교사 평가를 구분하자

　수업 컨설팅은 말 그대로 수업에 대한 컨설팅입니다. 처음부터 끝까지 수업에 초점을 맞추어야 합니다. 수업의 핵심은 선생님과 학생의 관계라고 했는데, 컨설팅을 할 때도 선생님과 학생의 모습에 대해서 유난히 많은 대화가 오가게 됩니다. 따라서 수업 컨설팅이 '교사에 대한 컨설팅'으로 쉽게 변질될 수 있습니다.

　아무리 교사가 학교에서 보내는 시간이 많다고는 하나 수업이 교사가 하는 일의 전부는 아닙니다. 중·고등학교의 경우, 수업 시간으로 따지자면 절반 정도입니다. 나머지 시간은 수업 준비를 비롯해서 위원회 활동, 다양한 학교 사업과 관련된 업무와 학생 지도 등 여러 활동을 합니다. 수업 시간 하나만 보고 그 모습이 선생님 모습의 전부 또는 대표적인 모습이라고 여기지 않도록 조심해야 합니다.

　힘없는 선생님의 수업을 보고 "선생님은 열정이 없다"라고 단정하거나 수업을 재미있게 하기 위해 장난치는 모습을 보고 "선생님은 코미디언이다"라고 말하는 것은 부적절합니다. 순간의 모습을 보고 전부인 양 평가하는 것은 컨설턴트가 저지르지 말아야 할 가장 큰 오류입니다.

　제가 아무리 '최고의 교수'로 많은 상을 받았어도 제 수업 시간에도 조는 학생은 있습니다. 그 장면이 비디오에 잡히고 부각되면 저는 영락없이 지겨운 수업을 하는 실력 없는 교수로 낙인이 찍혀도 할 말이 없는 억울한 처지에 놓이게 되겠지요.

　유난히 많은 판서를 하는 날도 있습니다. 그렇다고 해서 제가 다른 수업 도구를 사용하지 못하거나 게을러서 사용하지 않는다고 판단하는 것도 오류일 것입니다.

학생들한테서 아무 질문도 받지 않고 일방적으로 강의만 하는 수업 시간도 있습니다. 그 장면이 비디오에 잡히면 저는 학생의 참여를 이끌어 내지 못하는 따분한 교수라고 평가받을 수도 있습니다.

수업 컨설팅은 지극히 작은 정보에 의존하면서 상대방의 자존심을 가장 크게 자극하는 평가를 하는 일입니다. 컨설턴트는 '내가 잘못 판단할 수 있다'라는 생각을 항상 염두에 두어야 합니다. 그래서 단점을 지적할 때는 노골적으로 지적하지 않고 질문으로 유도해야 합니다.

EBS 다큐멘터리의 예를 들어보겠습니다. 선생님이 수업 시간에 수업과 전혀 관계없는 노래를 부르는 것은 좀 이상하지요. 하지만 저는 문제라고 확정하기 전에 그 선생님에게 먼저 물었습니다. "질문을 하나 할게요. 노래는 왜 부르셨어요?" 정말 알고 싶어서 물었습니다.

선생님이 학생에게 가볍게 거짓 약속을 하고, 그걸 믿었던 학생에게 "늙었다"고 말했을 때 그 학생이 실망하는 모습이 화면에 잡혔습니다. 제 눈에만 학생의 불신 어린 표정이 보인 것일 수도 있습니다. 그래서 물었습니다. "혹시 그것을 의식하고 계세요?" "선생님께서는 어떻게 보셨어요?" 선생님이 모르고 있었으리라고 단정하지 않았습니다.

학생과 눈을 마주치지 않는 장면을 여러 차례 보여주어도 전혀 무엇이 잘못되었는지 인지하지 못하는 선생님에게는 이렇게 말했습니다. "선생님하고 학생과의 어떤 대화가 전혀 없는 상황이에요." "그 수업에 학생이 빠져 있어요."

관찰한 '상황'을 언급했고 '그' 수업에서는 그렇게 보였다고 했지 그게 선생님의 일반적인 모습이거나 다른 수업에서도 그럴 것이라는 식으로 일반화하지 않았습니다. "선생님의 눈에는 학생이 안 보이는 모양이네요" 또는 "선생님은 학생과 전혀 대화를 하지 않네요"라고 선생님을 평가하는 식과 매우 다릅니다.

선생님이 계속해서 책임을 회피하는 말을 하자, 저는 "제가 선생님에게 들은 이야기는, (선생님이) 다 이 상황 탓을 하는 것이에요"라고 했습니다. 제가 선생님의 설명을 잘못 들었을 가능성을 열어두고 있다는 것이었습니다.

"저희가 도와드릴 것이 없어요." 저는 최후 판단을 하고 그렇게 결정을 했습니다. '선생님은 구제불능'이라고 한 게 아니라 제 한계에 도달했다는 뜻입니다. 구제불능이었다면 "아무도 도와드릴 수 없어요"라고 말했겠지요. 저 아닌 다른 컨설턴트가 도와줄 수 있는 여지는 남겼습니다.

"어떻게 할까요?", "어떻게 하시겠어요?" 이 역시 저는 더 이상 새로운 아이디어가 없지만 선생님의 의견이 있으면 제안해 달라는 요청입니다.

위에 나온 구절들은 한 시간 분량인 다큐멘터리에서 선생님의 단점을 지적할 때 제가 한 여러 말들 중에 몇 가지를 고른 게 아니라 전부였습니다. 제가 한 말은 처음부터 끝까지 "내가 컨설턴트이니 당신보다 우월하고 내 평이 절대적으로 맞으니 내 말대로 하라, 아니면 말고" 식이 아닙니다.

처음부터 끝까지 선생님에 대한 존중과 배려를 잃지 않고, 논의는 관찰된 내용에 초점을 맞추고, 의견을 정중하게 제안해야 합니다. 물론 컨설턴트가 성자가 아닌 이상 실수를 하겠지만 그 실수 역시 권위자가 보이는 추태는 아니어야 합니다. 컨설턴트는 말 한마디도 조심스럽게, 의식적으로, 의도를 가지고 해야 합니다.

수업 상담의 두 방법

수업 피드백에는 흔히 두 가지 방식을 사용합니다. 이 방식들에 대한 용어가 약간 혼용되고 있지만 용어에 크게 신경 쓰지 않아도 됩니다.

마이크로 티칭은 소수의 교사가 함께 모여 돌아가며 모의 수업을 합니다. 교사 역할을 맡지 않은 교사는 학생 역할을 맡습니다. 각자 50분씩 하는 것이 아니라 훨씬 짧게(마이크로하게), 10분 또는 15분 정도 하고 난 후 곧바로 동료 교사에게서 피드백을 받는 것입니다. 이때 수업을 비디오로 녹화해서 즉시 다시 보기를 하면서 피드백을 받을 수도 있습니다.

또다른 방식은 흔히 '비디오 피드백'이라고 하지만 마이크로 티칭에도 비디오 피드백 절차가 포함되기 때문에 두 용어가 혼용되기도 합니다.

이 방법은 개별적 과정으로 정상 수업 전체를 비디오로 녹화한 후에 전문가(또는 동료 교사)와 단 둘이서 비디오를 시청합니다. 곧바로 피드백을 받는 게 아니라 며칠 후에 받습니다. 그동안 전문가는 당일 수업을 들은 학생들을 대상으로 인터뷰를 하거나 질문지를 통해 피드백을 받습니다.

두 가지 방법에는 각각 장단점이 있습니다(120쪽 도표 참조). 어느 방법을 택하든 참여하는 교사는 자신의 수업을 남에게 공개해 지적을 받게 되고 자신의 수업에 대한 환상이 무참히 깨지는 순간을 경험하기 때문에 큰 부담을 느끼게 됩니다. 그래서 상담자는 다음 항목으로 나오는 '새 시대 교수법' 상담의 열두 가지 원칙을 반드시 고수해야 합니다.

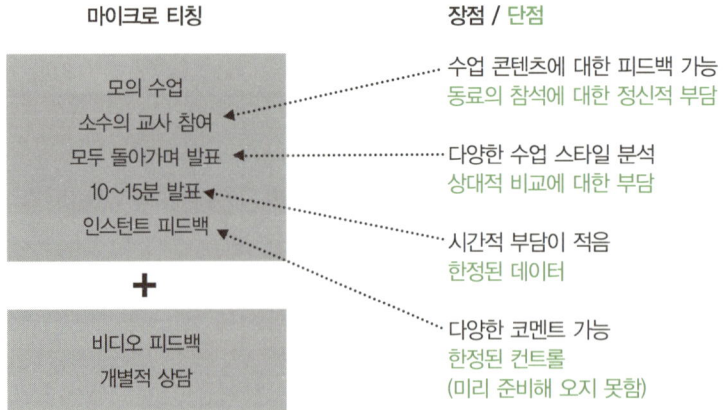

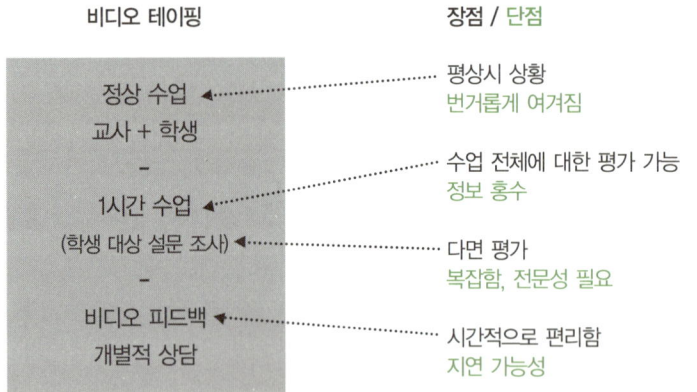

수업 상담의 4가지 핵심

자발적 참여

수업에 문제가 드러나 컨설팅을 받아야 하기 때문이라면 그 효과가 가장 없는 경우입니다. 예방 차원에서 하고 싶은 선생님 위주로 참여하는 기회를 주는 것이 가장 좋습니다.

중립적 관찰

'새 시대 교수법' 상담은 비디오 피드백이라는 시각적 도구를 사용합니다. '백문이 불여일견'이라는 말이 있듯이 눈으로 직접 보고 확인할 수 있는 엄청난 위력을 발휘하는 도구입니다. 그러니 상담을 할 때는 다른 말이 그다지 필요하지 않습니다. 관찰할 때 상담자는 중립을 지키는 것이 좋습니다.

자가 진단

상담자가 해야 하는 일은 교사 스스로 자신이 발전해야 하는 부분을 진단하도록 유도하는 것입니다. 남이 들추어낸 자신의 단점을 인정하기 싫은 것이 사람 마음이지요. 하지만 자신이 발견한 단점은 마음 깊이 아프게 파고들 것이며, 고쳐야겠다는 마음 다짐은 곧 행동으로 나타나게 됩니다.

긍정적 경험

'새 시대 교수법' 상담이 최대한 효력을 발휘하려면 피상담자가 상담 경험을 좋았다고 긍정적으로 느껴야 합니다.

일반적으로 사람들은 남의 단점을 잘 발견합니다. 이와 반대로 남의 장점을 찾는 데는 인색하거나 힘들어합니다. 특히 교육자에게 이런 성향이 두드러집니다. 타고난 기질의 문제가 아니라 교육자로서 생활을 하다 보면 단점에 초점을 맞추는 습관이 몸에 배기 때문이지요.

시험 답지를 채점할 때 틀린 곳을 애써 찾아내야 하고, 보고서와 논문을 읽을 때는 오타는 물론이고 앞뒤가 맞지 않는 문맥, 논리가 잘못된 인용 등을 잡아내야 하지 않습니까?

그리고 가르친다는 행위가 지식의 부족함(단점)을 충족시키는 것으로 오랫동안 인식되어 왔기 때문이기도 합니다. 이런 인식이 구시대에는 적합했을지 몰라도 정보화와 지식 창출 시대라고 하는 새 시대에는 걸맞지 않습니다.

'상담을 신청한 이유는 강의에 문제가 있거나 뭔가 더 발전하기 위한 것이다. 그러므로 상담자의 역할은 교사의 '단점'을 발견해 주고 발전 방법과 테크닉을 알려주는 것이다'라고 생각하는 것은 구시대적 발상입니다.

'상담을 신청한 이유는 강의에 문제가 있거나 뭔가 더 발전하기 위한 것이다. 그러므로 상담자의 역할은 교사의 '장점'을 발견해 주어 스스로 발전할 수 있는 힘과 희망을 주는 것이다.' 이것이 새 시대적 발상입니다.

수업 컨설팅의 궁극적 역할은 교사가 새로운 자원을 찾아 더 발전할 수 있도록 가능성을 열어주는 것입니다. 단점을 찾아서 보안하면 평균 수준으로 발전하는 것이고, 장점을 발견해서 더 발전시켜 나가면 그 부분의 '달인'이 되는 것입니다.

수업 상담의 4가지 금기 사항

상담자가 상담할 때 설교, 논쟁, 충고와 협박은 마치 독을 피하듯이 피해야 합니다. 순간적으로 잘못 뱉은 충고로 인해 상담은 썰렁한 분위기가 되어버리기도 합니다. 도와준답시고 한 말 한마디가 논쟁으로 번질 수도 있습니다.

상담자가 고의적으로 설교나 충고, 협박을 하지는 않겠지요. 문제는 상담을 하다 보면 자기도 모르는 사이에 그렇게 되기 쉽다는 것입니다. 또한 상담자는 절대로 그러지 않았다고 생각해도 피상담자는 다르게 느낄 수 있습니다. 피상담자가 상담자의 말을 들을 때 입안이 씁쓸해지거나 기분이 언짢아진다면 그 느낌은, 설교라든지 협박이 아니라 해도 그에 해당되는 결과를 초래합니다.

듣는 사람이 설교를 기대했을 경우, 설교는 위력을 발휘합니다. 이와 반대로 기대하지 않았는데 설교를 듣게 되면 일단 기분이 상합니다. 설교는 자기가 존경하는 사람에게 들어야 소화해 낼 수 있습니다.

설교와 충고는 엇비슷합니다. 둘 다 듣는 사람에게 약이 되는 말이라는 점에서는 같습니다. 굳이 구분하자면 설교가 달콤하게 조제된 알약이라면 충고는 따끔한 주사 정도 되겠지요. 논쟁이란 꼭 두 사람이 언성을 높이고 서로 옳다고 자기주장을 하는 모습을 일컫는 것만은 아닙니다. 잠자코 듣고만 있는 사람이 입을 다물고 있을 뿐이지 마음속으로 말대꾸를 하고 있다면 논쟁을 하고 있다고 볼 수 있습니다.

협박의 구조는 '윈-루즈'로 되어 있습니다. 내 말을 따르면 '윈'이요, 따르지 않으면 '루즈'가 됩니다. 결국, 스트레스가 쌓이게 됩니다.

수업 상담의 4가지 실천 사항

상담에서 피해야 할 네 가지는 상담자가 하지 말아야 하는 행위입니다. 그럼 상담자는 무엇을 어떻게 해야 할까요? 그 방법에도 네 가지가 있습니다.

첫째, 내용은 화려하게 설교하는 식이 아니라 순수하게 전달해야 합니다.

둘째, 피상담자에게 직설적으로 충고하기보다는 여러 안을 제의해야 합니다.

셋째, 상담이 대립적인 논쟁으로 번져서는 안 되고, 우호적으로 논의해야 합니다.

넷째, 상담자의 어투에서 협박의 기미가 느껴져서는 안 되고 처음부터 끝까지 합의를 추구해야 합니다.

상담에서 피해야 할 네 가지와 실천해야 할 네 가지 원칙을 따를 때 비디오 피드백 경험은 긍정적일 것입니다.

긍정적 경험은 분석한 내용을 전달하고, 새로운 방법을 제안하고, 상대의 의견을 경청하고, 대화를 나누듯 진행해야 얻을 수 있습니다.

상담자와 피상담자는 수직적 관계가 아니라 동료로서 서로 돕는다는 의식을 공유해야 합니다.

정형화된 상담법에 갇히지 마라

가장 고난도 기술은 지금까지 나온 열두 가지 원칙과 상담 테크닉을 다 잊어버리는 것입니다. 피해야 할 네 가지를 어기는 것이고, 상담 방법 네 가지를 지키지 않는 것입니다. 그리고 상담 테크닉에 나온 절차와 세세한 사항을 따르지 않는 것입니다. 고난도 기술이란 결국 상담 가이드라인을 완전히 벗어나는 것입니다.

가이드라인을 벗어나야 피상담자를 별개의 개인으로 대할 수 있고 상황마다 새로운 눈으로 보게 됩니다. 그래야 개별적인 상담을 할 수 있습니다. 개별적 상담의 차원에 이르려면 지식을 갖추는 것만으로는 부족합니다. 책에 나오는 정형화된 형식지(形式知)의 한계를 넘어, 말이나 글로 표현되지 않지만 체험으로 익힐 수밖에 없는 암묵지(暗默知)의 차원으로 넘어가야 합니다.

그러므로 고난도 기술은 한 2년 정도 상담 가이드라인을 철저히 따르고 난 후에 시도해야 합니다. 2년 후에는 상담 가이드라인을 한꺼번에 다 깨지 않고 하나씩 테스트해 보면서 자신에게 적합한 스타일을 만들어 나가야 합니다.

그 전에 상담을 하고자 하는 분은 비디오 피드백 과정을 경험해야 합니다. 자신의 수업을 녹화하고 남에게 공개하고 그들에게 분석과 평가, 조언을 받아야 합니다. 그래야 피상담자의 마음을 이해할 수 있습니다.

고난도 기술은 자유로워지는 것이지만 '새 시대 교수법' 상담자가 끝까지 지켜야 할 원칙이 하나 있습니다. '새 시대 교수법은 희망을 주는 것입니다.'

| 10장 |

새 시대에 필요한
응급 교수법

보이는 게 다가 아니다

저는 교수법을 구분할 때 경제학 분류법을 응용하여 '마이크로 교수법'과 '매크로 교수법'으로 나눕니다. 물론 완벽하게 구분되는 영역은 아닙니다만 편의상 이렇게 구분해 봅니다.

마이크로 교수법은 교수자가 하는 행동에 초점이 맞추어져 있고, 구체적인 기술적 요소, 이를테면 기법 차원을 뜻합니다. 비디오 판독과 피드백에 용이한 요소입니다.

하지만 훌륭한 수업이라는 것은 눈에 보이는 게 다가 아니라는 것을 우리 모두 잘 압니다. 눈에 보이는 행동 저변에는 그 행동을 유발하는 원동력이 있다는 것도 잘 압니다. 동력의 결과는 눈에 나타나지만 동력 그 자체는 손에 잡히지 않고 눈에 보이지 않습니다. 그 후자에 초점을 맞춘 것을 저는 매크로 교수법이라고 말합니다.

매크로 교수법은 교수자의 교사관, 가치관, 교육철학 등을 포함합니다. 눈에 보이지 않는 추상적인 개념들이지만 이들이 눈에 보이는 구체적인 행동을 좌우합니다.

눈에 보이는 마이크로 교수법은 빙산의 일각이고, 해수면 밑에 숨겨진 훨씬 더 큰 덩어리가 매크로 교수법이라고 생각합니다. 빙산 덩어리가 빙산의 일각을 떠받들고 있듯이 매크로 교수법이 마이크로 교수법을 지탱하고 있는 구조입니다.

앞 장에서는 마이크로 교수법에 대해 무척 많은 이야기를 나눴으니 이제 매크로 교수법을 논해 볼까요?

"아니, 교육철학이야 대학에 다니면서 수없이 듣고 배우고 달달 암기

했었는데 지금 와서 또 무슨 놈의 교육철학?"

"철학이 아무리 훌륭해도 현장에서는 아무짝에도 쓸모없더라!"

"귀에 걸면 귀걸이, 코에 걸면 코걸이 같은 개똥 철학, 말은 그럴싸하지만……."

공감합니다. 세상에 떠돌아다니는 수없이 많은 생각, 모두 다 한마디씩 거들고 싶은 이야기, 혜성같이 나타났다가 어느새 사라지는 유행어…… 나름대로 다 현명하고 지혜로운 척하는 개똥 철학임이 분명합니다. 이런 말은 듣는 순간 기분을 자극할지는 몰라도 돌아서면 곧바로 잊게 되지요.

그렇다고 해서 우리 모두 마음으로 받아들여야 할 교육철학이 존재하지 않는다고 할 수는 없습니다. 엄연히 존재합니다. 이런 교수법은 우리에게 큰 깨우침을 주고 마음에 긴 여운을 남깁니다.

철학이란 머리로 아는 게 아니라 온몸으로 받아들이는 것입니다. 마음이 이미 다 알고 있던 것을 '철학'이라는 이름으로 깨달아 깨치게 합니다. 이미 마음이 직감적으로 알았던 것을 논리적·합리적으로 보편성과 일관성을 갖추어 머리가 이해하도록 만듭니다. 그래서 내 마음과 몸이 일치되어 갈등에서 벗어나게 해주고 성숙한 행동을 이행할 수 있게 도와줍니다.

우리는 자주 고민에 빠집니다. 어떻게 해야 하는지는 알 것 같은데 몸이 따라주지 않는 경우도 있고, 무언가를 하고는 있는데 뭔가 아닌 것 같은 생각에 얼마나 자주 갈등을 느낍니까?

모두 철학의 빈곤에서 오는 현상입니다. 그래서 우리는 이제 교육철학을 논해야 합니다.

교육철학과 교수법

저는 교육학자가 아니라 교육학자가 이룬 연구 결과를 응용하는 교육자입니다. 교육학 교수분들이 저를 받아들이는 열린 마음 덕분에 여러 교육대학과 사범대학에 초청을 받아 교수법 강의를 해왔지만 교육철학을 남에게 가르칠 학문적 토대를 갖추지는 못했습니다. 그래서 이 책에서 교육철학을 논하지 않겠습니다.

그러나 교육철학과 교수법 사이에 존재하는 '준(準)철학' 정도는 언급해도 될 듯싶습니다. '준철학'이란 여러 기법을 좀 더 높은 차원에서 아우를 수 있는 추상적 개념들을 설명하는 중간 단계라고 생각합니다.

이 정도 선에서만이라도 매크로 교수법을 말해야 하는 이유가 있습니다. 교수 기법에 대한 논의는 해도 해도 끝이 없기 때문입니다. 모든 교수자의 스타일이 있고, 가르치는 과목의 교육 목표가 있고, 그날 그 수업에 수업 목표가 있고, 학생들이 다양하고, 교실 환경이 다르고, 학교 자원이 다릅니다. 오만 가지 상황적 변수가 존재합니다.

교수 기법(도구)은 이 모두와 무관하게 독립적으로 존재하지만 어떤 도구가 유용하고 효과가 있을지는 상황을 고려해야 됩니다.

도구는 상황에 맞추어 적절할 때 적당하게 사용해야 효과가 있습니다. 그래서 도구 상자에 다양한 도구가 많으면 많을수록 좋습니다. 그러나 꼭 많아야 하는 것은 아닙니다.

망치만 들고 있는 목공은 모든 것을 망치로 내려칩니다. 훌륭한 목공이라고 할 수 없겠지요. 이와 반대로 아무리 비싸고 화려한 도구가 많아도 왜 있는지 모른다면 전혀 쓸모없습니다. 목공이 큰 도구 상자를 들고

만 있다고 해서 명장이라 할 수 없겠지요.

　명장은 많은 도구를 지녔지만 핵심 도구 몇 가지만 가지고도 요리조리 잘 사용하기도 합니다. 그러다가 필요할 때 새로운 도구를 직접 만들어 내기도 합니다. 목공은 일이 그릇되면 도구를 탓하지만 명장은 부족한 혼과 마음을 언급합니다.

　목공은 도구를 지니고 사용하는 사람이요, 명장은 그 이상의 무엇으로 몸과 마음이 일치되어 행합니다. 철학이 목공과 명장을 구분하는 것이지요.

　목공과 명장의 비유를 교사에게도 적용할 수 있겠습니다. 수십 년 써오던 교수법만 가지고 항상 해오던 대로 수업하는 선생님과 교육철학에 입각해서 필요에 따라 새로운 교수법을 연구하고 도입하는 선생님 사이에는 큰 차이가 있습니다.

　교수자가 마이크로 교수법(기법)을 훤하게 알고 자유자재로 사용할 줄 알아야 하지만 기법에 얽매이지 않고 자유로워지기 위해서는 매크로 교수법을 터득해야 합니다. 그래야 시시각각 변하는 교실과 학생들에게 그때그때 적절한 교육을 편하게 해나갈 수 있기 때문입니다.

　여기서 다섯 가지 '준철학'을 제시하고 싶습니다. 저는 이 다섯을 '응급교수법'이라고 합니다. 새로운 시대를 맞이하여 모두에게 적용되고 가장 시급하게 고려해 볼 만한 교수법이기 때문입니다.

조벽 교수의 혁신 메시지

최고의 교수법이 아니라 최적의 교수법만 있습니다.

첫째, 지식 중간도매상에서 지연(緣) 컨설턴트로

한때 교육이란 선생님이 알고 있는 내용을 학생들에게 전달해 주는 것이었습니다. 그러나 정보화 시대에 학생들은 선생님이 알고 있는 것보다 훨씬 더 많은 첨단 정보를 맘껏 접할 수 있는 세상이 되었습니다.

교과서에도 이미 다 나와 있는 내용을 학생들에게 조금씩 전달해 주는 '지식 중간도매상' 역할로는 더 이상 선생님은 존경받지 못하게 되어버렸습니다.

정보화는 학생들이 선행 학습을 할 기회를 활짝 열어준 셈입니다. 학원만이 아니라 정부도 온라인 과외 학습을 적극 권장하고 있습니다. 그래서 교실은 점점 이원화되어 가는 듯합니다.

한쪽에선 선행 학습으로 교과 내용을 이미 끝내고 온 학생들이 수업을 따분해합니다. 다른 쪽에선 정반대로, 이전 학년의 기초 실력마저 갖추지 못한 학생이 이해할 수 없는 수업을 지겨워합니다. 이런 상황에서 교과과정 내용을 전달하는 수업은 어차피 모두에게 시간 낭비가 될 게 뻔합니다.

이제 교수자는 지식 중간도매상이 아니라 지식과 학생 간의 중매자 노릇을 해야 합니다. 그래서 지연 컨설턴트라는 말을 고안해 보았습니다. 4장에서 인재가 구축해야 할 네트워크는 학연, 혈연, 지(地)연의 3연이 아니라 지(知)연이라고 한 말과 일맥상통합니다.

"지식 중간도매상에서 지연 컨설턴트…… 한마디로 나보고 중매쟁이나 되라는 소리군. 요즘 결혼 중매쟁이를 결혼 컨설턴트라 하지 않던가. 허 참, 이제 별소리를 다 듣는군!"

못마땅하다는 소리가 귀에 들려옵니다. 촉매자, 중매자, 중계사, 안내자…… 이 모두는 다 '쟁이'들이자, 전문성을 지닌 '장이(장인)'지요.

여기서 전문성은 두 이질적인 개체의 만남을 주선하고 함께할 수 있게 해주는 능력을 뜻합니다. 그렇다면 학생과 지식과 지혜의 만남을 주선하고 이들이 하나로 합하게 돕는 교육자는 융합의 전문가라고 해야 하겠습니다. 가히 소통의 달인이고 통섭의 리더라 할 수 있겠습니다. 이렇게 보면 별로 기분 상할 이유는 없어 보입니다.

조벽 교수의 혁신 메시지

학생의 머리는 지식을 채워놓는 창고(倉庫)가 아니라 사회와 세계와 우주를 접하고 통하는 창구(窓口)가 되어야 합니다.

둘째, '알고 있다'에서 '할 수 있다'로

매일 자고 나면 새로운 지식과 정보가 해일같이 밀려오는 정보의 홍수 시대를 맞이하고 있습니다. 학생들이 지식을 배워 안다고 해도 얼마나 알겠습니까? 이런 세상에서는 '알고 있다'가 아니라 '할 수 있다'가 중요합니다. "교육의 가장 큰 목표는 지식이 아니라 행동이다"라는 허버트 스펜서의 명언이 다시 한 번 가슴에 와 닿습니다.

지식과 정보를 달달 암기해서 머릿속에 저장해 두는 게 아니라, 어떤 정보가 필요한지 분별하고 판단하는 실력과, 정보와 지식을 종합하고 융합해 낼 수 있는 실력, 그리고 여러 정보와 지식을 연결해 새로운 의미와 가치를 창출해 낼 실력이 필요합니다(대학생의 경우, 두 번째 능력이 매우

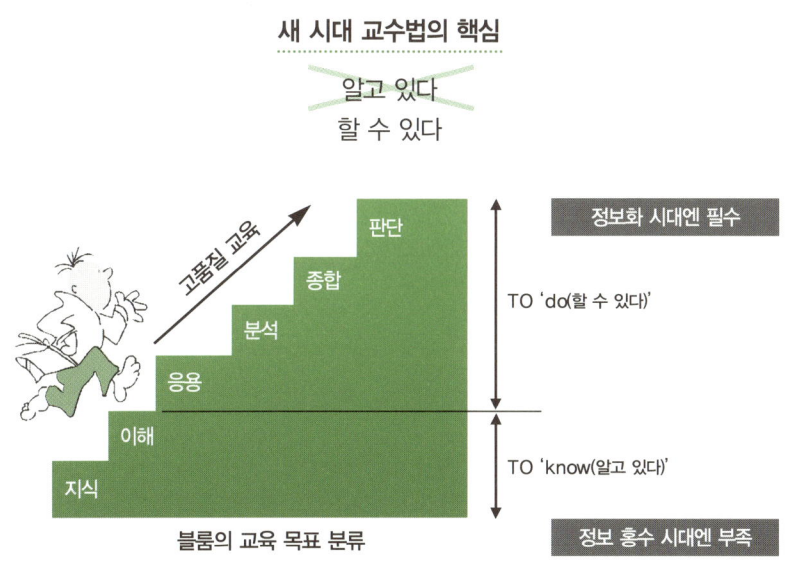

잘 발달되어 있습니다. 학생들이 제출한 보고서를 보면 인터넷상에 돌아다니는 자료를 그럴싸하게 짜깁기해서 제출하는 경우가 매우 흔합니다! 그래서 새로운 의미와 가치를 창출해 내는 세 번째 능력이 필수적으로 계발되어야 하고 요구됩니다).

수업의 목표는 알게 하는 게 아니라 할 수 있게 하는 것이라 했습니다. 물론 학생들은 기본적으로 읽고 쓰고 셈도 할 수 있게 가르쳐야 합니다. 이 밖에도 수백 가지를 할 수 있는 능력을 갖추게 해야겠지요. 그래서 '국영수사과' 외에 수능 시험 과목 수가 무려 36가지나 되는 모양입니다.

이 많은 수업 내용을 한국 학생들은 마치 자신과 무관하게 존재하는 절대적이고 독립적인 것으로 인식하며 머리로만 배우고 있습니다. 학생에게 생각해 보라고 내주는 모든 문제는 객관적 차원에서만 생각해야 하고, 정답이 하나만 존재합니다.

참으로 아쉽습니다. 왜냐하면 지식은 독립적으로 존재하지만 그것을 우리 자신에게 연계할 때 비로소 생명을 얻기 때문입니다. 지식이 주관적인 사고 과정을 통해 온몸으로 녹아들어 갈 때 비로소 의미 있는 경험이 됩니다. 지혜는 경험을 많이 한 사람에게 생기는, 삶에서 가장 중요한 혁신의 원동력입니다.

학생들이 배움을 통해 갖추어야 할 가장 중요한 것은 자신을 새롭게 창조할 수 있는 능력입니다. 학교에서 배운 지식을 바탕으로 주관적으로 분석하고 평가하고 판단할 수 있도록 교육받는 핀란드 학생이 부럽습니다.

조벽 교수의 혁신 메시지

훌륭한 수업은 머리에 쏙쏙 들어가게 해주는 게 아니라 머리가 싹싹 돌아가게 해주는 것입니다.

셋째, 학습 동기를 부여하라

　수업의 목표가 '알게 하는 것'이 아니라 '할 수 있게 하는 것'이라고 할 때 우리가 수업을 준비하면서 고려해야 할 부분이 있습니다. 수업 지도안에 '내가 무엇을 할까?' 대신 '학생들로 하여금 무엇을 하게끔 할까?'에 대한 전략이 담겨야 합니다. 수업마다 말입니다.

　제 강의록에는 어떻게 하면 학생들로 하여금 출석하게 하고, 지각하지 않게 하고, 예습해 오게 하고, 주의를 집중하게 하고, 질문에 답하게 하고, 질문하게 하고, 수업에 참여하게 하고, 생각하게 할까에 대한 전략이 세세히 적혀 있습니다. 이러한 전략을 미리 세워놓았기에 제 수업에서 학생들은 그렇게 합니다.

　그러나 이것이 최고의 교수법이라고 하더라도 그림의 떡일 수 있습니다. 아무리 그렇게 하고 싶어도 여덟 가지나 되는 전략을 수업마다 고려할 때 시간이 절대적으로 부족하기 때문입니다. 그래서 저는 차선책을 선택하게 되었습니다. 차선이지만 최적의 교수법이라고 하겠습니다.

　저는 강의에 쏟는 시간의 절반을 여덟 가지가 아니라 단 한 가지에 투자했습니다. 그랬더니 학생들이 출석하고 예습을 해 오고 집중하고 질문도 하더군요. 그 한 가지는 '어떻게 하면 학생들이 그 수업에서 배우고 싶은 마음이 들게 할까'였습니다. 즉, 학습 동기를 부여하는 일이었습니다.

　'학습 동기'라는 것은 말은 쉽지만 어려운 문제였습니다. 그래서 학습 동기에 대해서는 따로 많은 지면을 할애해서 설명하고자 합니다.

넷째, 구시대 교수법에서 첨단 교수법으로

수업 준비에 들어가는 시간 중 절반이나 투자하는 '동기 부여'는 한두 가지 교수 기법으로 이루어낼 수 있는 게 아니라 한 학기 내내 다양한 교수법이 동원되어야 합니다.

그래서 교수법을 배워야 합니다. 이왕 배울 바엔 첨단 교수법을 배우길 권합니다.

첨단 교수법이란 컴퓨터와 전자 칠판과 영상 자료 등 첨단 기자재를 사용하는 것을 뜻한다기보다 첨단 연구 결과에 의한 교수법을 뜻합니다.

특히 두뇌 연구가 활발해지면서 교육학 교과서마저 생물학 교과서처럼 두뇌 그림과 사진으로 꽉 찰 정도로 교육학에 큰 영향을 미치고 있습니다.

첨단 기자재를 사용하지 말라는 뜻은 아닙니다. ICT(information and

새 시대 교수법의 핵심

~~구시대 교수법~~
첨단 교수법을 구사한다

communications technology) 도구를 사용할 줄은 알아야 합니다. 그러나 학생들에게 보여주고 싶고 재미있는 유익한 영상물이 아무리 많아도 수업에 적당히 도입해야지 전적으로 의존하는 것은 바람직하지 않습니다.

교사와 학생이 수업의 중심에 있어야 하는데 ICT가 과도하게 사용된 수업에서는 교사가 도구를 사용하는 기사가 되어 수업의 중심이 아니라 변두리에 놓이게 됩니다.

학생들이 선생님에게 바라는 것은 완성된 생각을 보는 게 아니라 생각이 완성되어 가는 과정을 보고 싶은 것입니다. 학생들이 배워야 하는 것은 남의 생각(교과 내용)인 동시에 스스로 생각하는 방법입니다. 완성된 생각은 이미 교과서에 있지만 완성되어 가는 과정은 직접 참여함으로써 가장 쉽고 확실하게 배우게 됩니다.

교과서에 실리는 뇌과학에 대한 연구 결과는 이미 40년 전부터 시작된 연구의 결실입니다.

그럼 40년 후에 교과서에 실릴 연구는 지금 진행되고 있을 것입니다. 가장 앞서 가는 교육자는 지금 진행되는 연구에도 관심을 두겠지요.

> **조벽 교수의 혁신 메시지**
>
> 수업이란 완성된 생각을 보여주는 게 아니라 생각이 완성되어 가는 과정을 보여주는 것입니다.

다섯째, 교수법에 의지하지 않는다

바로 앞에서는 교수법을 배워라, 그리고 이왕 배울 바에 예전에 다 배운 교수법만 아니라 최근에 나온 첨단 교수법을 배우라고 권하였습니다. 그러나 바로 이어서 교수법에 의지하지 말라는 조언이 나오니 앞뒤가 맞지 않는 말 같을 것입니다.

그러나 잘 생각해 보면 이런 식의 모순되는 조언은 이미 9장 마이크로티칭 상담법에도 나왔었지요. 열두 가지 원칙을 어김없이 지키라고 해놓고는 마지막에 고난도 기술에서는 그 원칙들을 다 잊고 심지어 어기라고 했습니다.

제가 교수법과 상담법에 똑같은 식의 모순되는 조언을 하게 된 이유는 둘 사이에 유사성이 있기 때문입니다. 교수법과 상담법은 둘 다 핵심적인 면에서 인간관계가 작용합니다. 인간관계에 원칙이 없으면 결국 남이야 어떻게 되든 자기 편한 대로 행동하게 되고, 반대로 원칙에 매달리다 보면 상대가 불편하게 되지요.

'원칙'이란 확고하고 배타적이어야 합니다. 이래도 되고 저래도 되는 것은 원칙을 지키는 게 아니지요. 원칙이란 여러 상황에서 나타나는 산발적·일시적인 특정적 요소를 배제하고 모든 상황에 일관되게 적용되어야 가치를 발휘하게 됩니다. 그러나 원칙의 의미를 상실하고 극단으로 치우치는 것은 일종의 게으른 행위입니다. 매 상황에 생각하기를 귀찮아하거나 생각할 능력이 없을 때에 흑백논리를 내세우는 것과 마찬가지라고 생각합니다. 원칙만을 내세우는 사람은 불편합니다.

실용이란 중도를 택하는 것입니다. 그러나 자신의 이득을 위한 무원칙은 그저 실용이라는 탈을 쓴 아욕(我慾)일 뿐이며, 남을 위해 상황에 따라 관용을 베푸는 너그러움이 묻어나야 진실한 실용입니다. 실용을 내세우는 사람을 두 눈 부릅뜨고 지켜봐야 합니다. 과연 누구를 위해 원칙에서 잠시 벗어나고자 하는지를 말입니다.

실용은 아무나 할 수 있는 것이 아닙니다. 수년간 원칙을 지켜온 사람만이, 원칙이 기본적으로 몸에 밴 후라야만 할 수 있는 것입니다. 실용은 줏대(원칙) 없는 행위가 아닙니다. 주어진 상황을 심사숙고해 판단하고 습성과도 같은 원칙을 스스로 깰 수 있는 지혜와 용기를 발휘하는 행위입니다.

세상에는 지혜와 용기가 생각만큼 흔하지 않습니다. 그래서 진정한 실용 역시 흔하지 않습니다. 문명비평가인 라인홀트 니부어의 명언이 있습니다. "오, 신이여. 제게 바꿀 수 없는 것을 평온하게 받아들일 수 있는 은총을, 바꿀 수 있는 것을 바꾸는 용기를, 그리고 바꿀 수 있는 것과 없는 것을 분별하는 지혜를 주소서."(제가 가장 좋아하는 명언 중의 하나입니다.)

실용은 중도라고 했습니다. 그저 중간(mean)이 아니라 중도(Golden Mean)입니다. 그러니 '실용'은 동양이나 서양이나 모두 추구했던 '최고의 원칙'이라는 또 하나의 모순 같은 결론에 도달하게 됩니다.

교수법의 원칙만을 지키는 그 자체가 중요한 것이 아닙니다. 교수법이 본래 누구를 위해 개발되었는가를 인식하는 대 원칙을 의식하는 게 중요합니다. 교수법은 학생을 위함이라는 대원칙에 충실하면 모두가 자유로워집니다.

| 11장 |

학생들의 주의력 장악하기

조는 학생들, 누구의 탓일까

　2부는 교수법에 대한 내용을 다루고 있습니다. 목소리와 몸동작같이 상당히 초보적인 교수법부터 좀 더 추상적이며 방향성을 제시해 주는 응급법(준 매크로 교수법) 등 매우 다양한 교수법이 제시되고 있습니다. 그 많은 교수법 중에 '주의력 장악하기'라는 매우 구체적인 교수법 노하우가 여기서 특별히 부각되었습니다. 거기엔 이유가 있습니다.

　주의력 장악하기는 수업의 전제 조건입니다. '훌륭한 수업'을 하기 위한 조건이 아니라 수업의 기본적인 조건입니다. 학생들의 주의력을 장악하지 못한 채 진행되는 수업은 아예 수업이 아니라는 뜻입니다. 분명 선생님은 수업을 한다고 믿겠지만요.

　설악산으로 드라이브 여행을 갔는데 차 안에서 내내 잠만 잤다면 여행을 했다고 할 수 없겠지요. 여행의 의도와 시도만 있었을 뿐입니다. 그와 마찬가지로 교사는 뭔가를 주었다고 하지만 학생이 받지 않았다면 전달한 게 없는 것입니다. 전달 의도와 시도만 있었을 뿐입니다. 전달에 실패한 책임은 누구에게 있는 걸까요?

　우리는 우리가 해야 할 일(가르침)을 했으나 학생이 해야 할 일(배움)을 하지 않았으니 당연히 학생에게 책임을 묻겠지요. 그래서 수업 시간에 한눈파는 학생을 지적하고 꾸짖고 벌줍니다. 그러나 우리는 잘 압니다. 그런 학생에게 아무리 야단치고 훈계해도 그 학생은 다음 날 또 한눈을 팝니다. 달라진 게 없습니다.

　저도 처음 교직을 시작했을 때 수업 중에 조는 학생이 무척 미웠습니다. 곧게 앉아서 조는 학생들은 그런대로 보기 애처로워 참을 만했지만 책상 위에 노골적으로 엎드려 자는 학생들에겐 분노가 일었습니다. '어떻게 저런 것들이 대학생이라고……', '도대체 날 얼마나 우습게 봤기에……', '그 따위로 행동하다니, 너 두고 봐라. 다음 시험에 조금이라도 틀리면 국물도 없다!'

분노는 정당했습니다. 학생들을 위한답시고 밤을 새우며 강의 준비를 했는데 그 노고를 생각해서라도 최소한 듣는 척이라도 해야 하지 않겠습니까? '세상에 이런 버르장머리 없고 남 생각은 쥐꼬리만큼도 안 하는 학생이 나중에 사회에 나가면 어떻게 되겠나.' 학생의 조는 모습에 그들의 미래가 훤히 내다보이는 것 같았습니다.

이렇게 생각이 꼬리를 물고 이어져 길어질수록 짜증과 반감이 더 커졌습니다. 덩달아 제 혈압이 올라갔지요.

문제는 한번 올라간 혈압은 쉽게 내려가지 않는다는 사실입니다. 그러니 학생을 야단쳐서 제 스트레스만 더 심해진 꼴이 되었던 겁니다.

그렇게 첫해를 보내고는 걱정되었습니다. '내가 이 짓을 앞으로 수십 년은 더 해야 하는데 이토록 수업마다 스트레스를 받고 혈압이 오르면 내 명대로 살지 못하지.' 저는 오래 건강하고 행복하게 살고 싶었습니다. 그래서 첫해가 지난 후에 비로소 처음으로 교육학과 교수법을 '독학'하기 시작했습니다.

어렴풋이나마 느꼈던 것이 명료해졌고, 미처 생각하지 못했던 것을 깨달았으며, 저게 꼭 맞는 방법을 창안하는 데에 필요한 생각의 틀과 아이디어를 얻을 수 있었습니다.

학생의 주의력 빼앗기 경쟁에서 이겨야

교육학을 독학하면서 접했던 주의력에 대한 내용 가운데 두 가지가 아직도 선명하게 떠오릅니다.

첫째, 사람은 어디선가 소리가 나거나 움직이거나 반짝거리면 '자동적'으로 그쪽으로 주의를 집중하게 되어 있다는 뇌과학 연구 결과였습니다. 밤거리에서는 온갖 네온 사인과 호객 행위가 길 가는 사람의 눈과 귀를 서로 장악하겠다고 주의력 쟁탈전을 벌이는 모양이라는 생각이 들더군요.

그때 '아하! 만일 수업 시간에 어느 학생이 나(교사)와 수업에 주의를

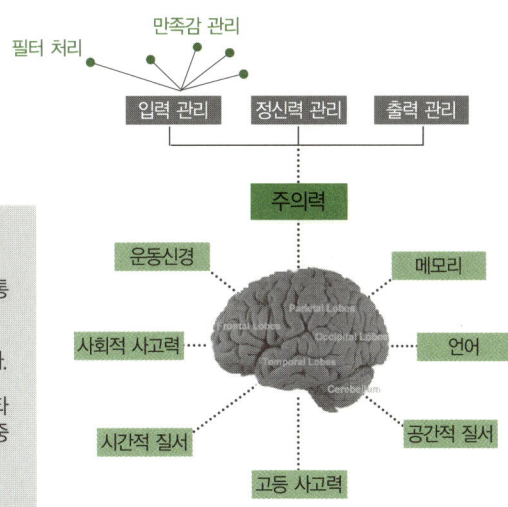

주의력의 성질
- 주의력의 역할은 감각기관을 통해 들어온 정보를 처리한다.
- 주의력의 용량에는 한계가 있다.
- 주의력은 보다 큰 자극이 나타나면 항상 그곳으로 주의 집중의 대상을 바꾼다.

Mel Levine, *A Mind at a Time*, Simon&Schuster, 2002.

주의력의 성질

집중하지 않으면 사실상 학생 주변에서 여러 요소들이 서로 그 학생의 주의력을 빼앗으려고 쟁탈전을 벌이는 셈이고 거기서 내가 진 것이로구나!'라는 깨달음을 얻었습니다. 학생을 탓하기 전에 먼저 다음 수업 시간에 내가 무엇을 어떻게 다르게 하면 그 학생의 주의력을 장악할 수 있을까를 생각해야 한다는 깨달음이었습니다. 내가 변하면 학생이 변할 확률이 높아진다는 깨달음이었습니다.

교수법은 우리 교육자들이 오래 건강하고 행복하게 살게 하는 방법이라는 깨달음도 얻었습니다. 앞에서 스트레스란 '내가 어찌할 수 없다'라는 절망감에서 비롯한다고 했습니다. 그러니 야단을 쳐도 전혀 달라지지 않는 학생한테서 스트레스를 받는 게 당연하지요. 그러나 교수법은 교실에서 벌어지는 많은 상황을 교수자의 지배 아래 둘 수 있게 합니다. 그래서 교수법은 스트레스를 없애주는 방법이며, 따라서 교육자의 건강법이기도 합니다.

둘째는, 이런 깨달음에 결정타를 날린 우스갯소리입니다.

교수가 조는 학생을 발견하고 옆에 있는 학생에게 지시했습니다. "학생, 옆에 조는 친구 좀 깨우게나." 그랬더니 돌아온 답이 걸작이었습니다. "재운 사람이 깨우세요."

저는 학생이 졸면 이 생각을 합니다. 그리고 제 탓으로 돌립니다. 그러나 학생이 첫날부터 수업에 들어오자마자 엎드려 자면 여태껏 그 학생을 가르쳤던 많은 교육자를 탓합니다. 수업이 얼마나 재미없고 의미 없고 쓸데없었으면 학생이 수업에 그토록 절망하고 미리 포기할까요? 조는 학생이 미워도 미워할 수 없는 이유입니다.

학생에게 먼저 주의력을 집중하라

주의력을 집중시키는 구체적인 방법은 이미 『나는 대한민국의 교사다』와 『조벽 교수의 명강의 노하우&노와이』에 설명하였습니다. 여기에서는 가장 핵심되는 '원칙'을 소개하고자 합니다. 아마 '원칙'을 알면 교수자 스스로 다양한 방법들을 고안해 낼 수 있으리라 생각합니다.

우리는 자기를 좋아하는 사람, 자기에게 관심을 베푸는 사람에게 관심이 쏠립니다. 사람은 인(人)인 동시 인간(人間)이기 때문에 관계 속에서 한 사람이 어떻게 행동하는가에 따라 상대방의 반응이 달라집니다.

이 원칙이 스키너의 행동심리학에 나오는 자극과 반응이라는 단순한 관계를 뜻하는 것은 아닙니다. 물론 인간도 스키너의 개나 실험 쥐 같은 동물적 반응을 보이는 면이 분명히 있지요. 그러나 교수자와 학생의 상호관계는 이런 식의 원시적인 상태의 관계보다 훨씬 더 복잡하다는 사실은 우리 모두 알고 있습니다. 또한 자극과 반응도 일방적이지 않고 쌍방적일 수 있다는 사실도 잘 알고 있습니다.

실제로 이러한 상황이 교실에서 벌어지고 있습니다. 떠드는 학생에게 선생님이 화를 내면서 조용히 하라고 야단을 칩니다. 이때 학생들은 조용해집니다. 그러나 일부 학생들은 조용해지더라도 속으로는 쾌재를 부릅니다. 어떤 학생은 애초에 선생님의 화를 유도하기 위해 떠들었으니까요. 누가 누구의 자극을 받아 반응을 보이는지……. 참으로 복잡합니다.

'학생이 선생님에게 주의를 집중하길 원하면 먼저 선생님이 학생에게 주의 집중하라.' 이 원칙은 그저 마음만 따뜻하게 만드는 격언이 아닙니다. 최근에 심리학 분야의 대세이며 인간을 이해하는 연구 방향으로 주목받는 긍정심리학의 핵심 중의 핵심입니다.

모든 원칙이 그렇듯이 이 원칙 역시 말은 쉬워도 실천하기란 그리 쉽지 않습니다. 그래서 두 가지 구체적인 실천 방안을 소개하겠습니다.

첫째는, '학생들에게 시선을 보낸다'입니다. 이 기술은 마이크로 티칭에서 이미 언급된 중요한 테크닉입니다. 학생들에게 시선을 보낸다는 것은 선생님의 주의력을 학생에게 집중한다는 뜻입니다.

둘째는, '학생들에게 다가가는 대화를 한다'입니다. 선생님이 다가가는 대화를 해야 학생들이 선생님에게 다가올 것입니다. '다가가는 대화'란 대화법의 선구자인 존 가트맨이 분류한 대화법 가운데 하나입니다. 가트맨은 모든 대화를 세 종류로 구분했습니다. 다가가는 대화, 멀어지는 대화, 그리고 원수가 되는 대화입니다.

방대한 연구 결과에 따르면, 원수가 되는 대화는 비판, 비난, 경멸로 가득 찬 대화로서 듣는 즉시 분노와 불쾌감, 모멸감 등 격한 부정적 감정을 일으켜 쉽게 소화해 내지도 용서하지도 못하여 앙심을 품게 한다는 것입니다. 멀어지는 대화는 방어적 발언과 무반응(담쌓기)을 보이는 경우입니다.

'다가가는 대화'는 상호 호감과 존중을 보이는 대화로서 모든 건강한 인간관계의 기초를 이루고 있음을 밝혀냈습니다.

첫째 방안은 다음 페이지에 소개할 것이고, 둘째 방안은 범위가 넓기 때문에 3부 전체를 아우르면서 소개할 것입니다.

> **조벽 교수의 혁신 메시지**
> 학생이 선생님에게 주의를 집중하길 원한다면 먼저 선생님부터 학생에게 주의를 집중하십시오.

학생에게 시선 보내기

학생들에게 시선 보내기는 생각만큼 쉽지 않습니다. 비디오 피드백을 받아보면 어이없게도 선생님이 학생들에게 등을 돌리고 있는 모습이 의외로 많이 보입니다. 판서하기 위해서, 컴퓨터 화면을 보기 위해서, 노트를 보기 위해서, 준비물을 정리하기 위해서 등 수많은 '타당한' 이유 때문에 학생들을 쳐다보지 않는 시간이 많습니다. 어느 선생님의 경우, 수업 시간의 절반 이상을 학생들에게 등을 돌리고 수업을 합니다.

학생들은 좋아할지도 모르지요. 선생님의 눈을 피해서 '딴짓'을 할 수 있는 기회를 얻는 것일 테니까요. 한동안 인터넷에 '선생님 몰래 춤추기'라는 동영상이 돌아다녔습니다. 선생님이 뒤돌아서서 판서하는 동안에 학생들이 다 함께 율동하고, 일부 학생은 일어서서 '시건방진 춤'을 추는 등 온갖 이상한 짓을 하는 동영상이 인기를 끌자 유사한 동영상이 인터넷을 도배한 적이 있습니다.

동영상에서는 세 가지가 확실해 보였습니다. 첫째, 선생님은 등을 돌린 채 수업을 했기에 학생들이 무엇을 했는지 오랫동안 눈치채지 못했습니다. 둘째, 학생들이 맘 놓고 하고 싶은 짓을 하면서 수업의 무료함을 달랬습니다. 셋째, 학생은 학생대로, 선생님은 선생님대로 무언가 열심히 하긴 했지만 수업 시간에 '수업'은 없었습니다.

뒤늦게 눈치챈 선생님이 학생들을 한두 명씩 '잡아내어' 교실 뒤에 벌을 세우기 시작했습니다. 급기야 반장 한 명만 남고 학급 전체가 다 벌을 서게 되자 선생님은 "반장! 너 말고는 정상이 없어. 비정상들……. 똑바로 안 해!" 하고 화를 냈습니다. 그러나 실은 반장도 춤을 췄습니다. 단지 선생님에게 반장만큼은 그러지 않았으리라는 선입견이 작용한 것이지요. 무척 우스우면서 허탈함이 느껴지는 장면이었습니다.

학생에게 시선을 보내야 하는 주요한 이유는 단지 학생들이 '딴짓'하는 것을 예방하기 위해서가 아닙니다. 선생님이 학생들을 보지 않고 수업할 때 학생들이 받는 비구어적 메시지가 그다지 좋지 않습니다. '난 학생들에게 신경 쓰고 싶지 않아'라는 메시지도 전달됩니다. 의도하지 않은 더 심한 메시지가 전달될 가능성도 있습니다. '어휴, 지긋지긋하다. 이젠 너희들 꼴도 보기 싫다.'

한번 생각해 볼까요? 사람 사이에 누가 등을 돌리나요? 원수 사이나 그러지 않겠습니까? 그러나 우리가 정말로 좋아하는 사람을 만날 때는 서로 마주 보고 시선을 떼지 않습니다. 주로 상대의 얼굴을 뚫어지도록 바라봅니다. 얼굴 중에서도 특히 상대의 눈에 모든 주의력을 집중합니다. 그게 마음이 전달되는 최고의 길이기 때문일 것입니다.

선생님이 수업 내내 학생에게 시선을 보내면 '난 너를 위해 수업을 하고 있다'는 마음이 학생에게 고스란히 전달됩니다. 학생들은 그 마음을 (무의식이나마) 느끼게 되고 긍정적 반응을 보이게 됩니다. 자기에게 관심을 가져주고 좋아한다는 비구어적 메시지를 던져주는 사람을 '나 몰라라' 하며 엎드려 자지는 않을 것입니다. 그렇게 한 번을 했다고 달라지지는 않겠지요. 선생님이 꾸준히 하다 보면 학생들의 마음이 움직일 것입니다. 시선을 보낸다는 말은 마음을 담아 보낸다는 뜻입니다.

> **조벽 교수의 혁신 메시지**
>
> 학생에게 시선을 보내는 이유는 학생의 모습을 보기 위해서가 아니라 학생에게 마음을 보이기 위해서입니다.

모든 학생에게 시선을 보내라

　학생들을 볼 때 교실 한쪽에 몰려 있는 몇몇 학생에게만 계속 시선을 보내는 선생님이 무척 많습니다. 다른 학생을 보더라도 시선이 머물지 않고 훑고 지나가버립니다. 거의 건성인 것처럼 보입니다. 그러지 말아야지 하면서도, 모두에게 신경을 써야지 하면서도 잘 되지 않습니다.

　소수 학생에게 눈이 가게 되어 있는 것은 사실인 듯합니다. 그 학생들이 꼭 예뻐서도 아니고, 꼭 후덕해 보여서도 아니고, 꼭 공부를 잘해서도 아닌데, 제 눈은 그 학생 쪽으로 눈이 갑니다. 사람이 여럿 모여 있으면 어떤 이유인지는 몰라도 확실히 마음을 편하게 해주는 사람이 있습니다. 우리는 그 사람에게 좀 더 다가갑니다.

　선생님은 아무 의도 없이 하는 행동일지라도 학생 눈에는 선생님이 학생을 편애한다고 생각하겠지요. 학생들이 "아이, 상관없어요. 신경 안 써요"라고 말한다고 해도 마음은 섭섭하고 짜증도 날 것입니다. 소외된 기분만큼 불쾌한 기분도 없을 것입니다. 아이들은 '별것'도 아닌 것으로 시기하고 서로 갖겠다고 싸우지 않습니까? 하물며 선생님의 관심은 어떻겠습니까?

　현명한 부모가 자식을 편애하지 않고 사랑을 골고루 베풀듯이 우리도 의도적으로 모든 학생에게 시선을 골고루 나눠주어야 합니다. 시선은 선생님이 학생에게 쉽게, 그리고 고루 베풀 수 있는 유일한 선물이기도 합니다.

　그러나 시선을 피하고 싶은 아이들도 있습니다. 애써 선생님의 눈을 피하려고 하는 학생, 틈만 나면 장난치려는 학생, 공부를 힘들어하는 학생, 노골적으로 입을 크게 벌리고 하품하는 학생……. 이런 학생이 우리 눈에 들어오면 기운이 쭉 빠지지요. 선생님 마음을 편하게 해주는 학생을 보면 기운이 솟는데, 이런 볼썽사나운 아이들은 기를 다 빼앗아 가는 것 같습니다. 그래서 시선을 자연스럽게 피하게 되지만 이런 학생들에게 좀 더 자주 시선을 베풀어야 합니다. 그 학생들에게는 우리가 절실히 필요하기 때문입니다.

시선을 골고루 줘야 하는 압박감 때문에 수업 시간 내내 시선을 심란하게 왔다 갔다 하지는 마십시오. 시선은 잠시나마 머물러야 의미가 있습니다.

긴 시간이 필요한 건 아닙니다. 단 1초만이라도 '나는 너를 보고 있다'는 느낌을 전하고 학생 또한 '저도 선생님을 보고 있습니다'라는 마음이 통하는 시간이면 족합니다. 그 짧은 1초 동안 그 학생에게 마치 교실에 그 학생만 있는 것 같은 마음으로 대하십시오. 혼신을 다해 자기를 위해 수업하는 선생님에게 대들고 반항하고 거부하는 학생은 없을 것입니다.

시선을 학생에게 베풀자면 전제 조건이 하나 만족되어야 합니다. 수업 준비를 철저히 하고, 수업 내용을 처음부터 끝까지 다 머릿속에 정리해두어서 학생에게 전달하고자 하는 지식과 정보가 마치 녹음기를 틀듯 무의식 상태에서 나올 수 있어야 합니다.

그럴 때에 우리의 의식은 학생을 관찰하면서 학생이 수업 내용을 잘 이해하고 있는지 헤매고 있는지 즉각적인 피드백을 얻을 수 있습니다. 힘들어하면 수업 속도를 조금 낮추고, 지루해하면 전달 방식에 변화를 주고, 다 이해했다 싶으면 다음 주제로 건너뛸 수도 있겠지요. 이런 다이내믹한 수업은 학생들에게 시선을 둘 때에 가능해집니다.

플랜 B를 준비하라

제갈공명은 적지 오나라에 간 유비를 귀환시키기 위해 장수 조운을 보내면서 비단 주머니 세 개를 꺼내주었지요. 비단 주머니 안에는 전략이 들어 있었습니다. "이럴 땐 이거, 저럴 땐 저거, 그리고 아무런 계책이 없을 땐 요것을 열어보아라"라고 하였습니다. 그 덕에 조운은 무사히 유비를 구했습니다. 제갈공명은 플랜 B만이 아니라 플랜 C까지 준비해 준 것입니다. 역시 천하의 전략가다운 모습이 아닙니까?

플랜 B란 최적이라고 세운 계획 A가 실패할 경우를 대비해 미리 세워둔 계획을 뜻하지요. 계획이 뜻대로 되지 않거나 난관에 봉착했을 때 다른 방안을 생각해 내려고 하면 이미 늦습니다. 우왕좌왕하기 일쑤지요.

학생들의 상태에 따라 매 순간 수업 내용과 진행 방식을 수정해 나가는 다이내믹한 수업을 하자면 수업 준비가 철저해야 합니다. 일반적으로 준비가 철저한 사람은 만일의 사태를 대비해 처음부터 플랜 B를 계획하지요.

저는 평소에 강의를 준비할 때 일단 최적의 강의 내용을 구상합니다. 그러고는 20퍼센트를 추가로 준비합니다. 진도를 더 나갈 준비가 아닙니다. 최적의 강의 내용에 대한 다른 예, 좀 더 쉬운 설명, 좀 더 깊이 있는 질문을 미리 준비하는 것입니다. 그래서 준비한 플랜 A에 학생들이 보이는 반응에 따라 적절히 가감하는 플랜 B를 강의록 여기저기에 복안처럼 심어놓습니다.

학생들의 주의력 장악하기는 결국 학생들의 마음을 사로잡는 것과 같습니다. 멀리 떠나려는 학생들의 마음을 수업으로 귀환시키기 위해 비단 주머니를 여러 개 준비해야겠습니다.

| 12장 |

명확하게 설명하기

목표와 동기가 있는 수업

우리는 참으로 많은 시간을 설명하면서 살고 있습니다. 교실에서만이 아니라 생활 속에서도 매일 수없이 설명합니다. 아이들을 키우면서 별 시시콜콜한 것을 다 설명하고, 길 가다가도 길을 묻는 사람에게 길을 설명해 주고, 컴퓨터를 사용할 줄 모르는 사람에게 사용법을 설명해 줍니다. 그래서 우리는 설명하기에 대해서는 달인의 경지에 도달했습니다.

그러나 이상하게도 그 설명이 교실에서는 명쾌한 설득이 아니라 마치 불쾌한 설교처럼 되어버리는 경우가 많습니다. 생활 속에서 설명할 땐 설명을 듣는 사람의 눈이 빤짝이지만 교실에서 아이들의 눈은 스르르 감기거나 멀뚱멀뚱합니다. 차이가 무엇일까요?

차이는 질문 여부입니다. 일상생활 속에서 설명할 때는 먼저 묻는 사람이 있습니다. 질문자는 알고자 하는 동기도 있고 알고자 하는 목표도 뚜렷합니다. 하지만 교실에서는 학생들이 먼저 묻지 않습니다. 동기도 없고 목표도 없습니다. 그저 다녀야 하는 학교에 다닐 뿐이고, 학습 목표도 선생님이 정한 것이지 학생이 알고 싶었던 주제가 아닙니다.

무엇을 왜 알아야 하는지 목표와 동기가 없으면 설명은 설교가 됩니다. 질문이 있고 없음이 이토록 중요합니다(22장에서 자세히 다루었습니다). 이러한 점에 유의하면서 매 수업마다 수업 목표를 설정하고 수업을 시작하는 동시에 그것을 학생들에게 확실하게 전달해야 합니다.

조벽 교수의 혁신 메시지

설명은 불쾌한 설교가 아니라 명쾌한 설득이어야 합니다.

학생을 중심에 둔 수업 목표 세우기

　명확하게 설명하기 위해서는 먼저 선생님이 학생 입장이 되어 질문을 해야 합니다. '질문한다' 함은 정답을 묻는 행위가 아니라 학생에게 이슈를 던져 호기심을 유발하게 하는 것입니다. 즉, 관심을 갖게 만드는 것입니다.

　호기심과 관심을 자극하면 학생들에게는 자연스럽게 질문이 생깁니다. 수업 시간에 손을 들고 질문을 하지 않아도 머릿속에서 질문을 하게 됩니다(발언을 하기 위해서는 용기가 필요하지요. 그러니 질문하지 않는다고 해서 생각마저 하지 않는 것은 아니지요. 용기가 부족했을 뿐입니다). 가고 싶은 곳이 생겨 길을 묻고 싶은 절실한 심정이 된 것과도 같습니다.

　내세에 전혀 관심 없는 사람에게 천당과 지옥 가는 길을 말해 준들 건성으로 들을 것입니다. 그러니 천당에 대한 친절하고 간곡한 설명이 그저 따분한 설교가 될 뿐이지요. 그러나 사후 세계에 대한 호기심이 있는 사람에게는 고마운 설명이 되겠지요. 그리고 일단 명확한 설명을 들은 후에는 계속 더 알고 싶어집니다.

　수업 목표를 세우는 것은 학생이 그 질문(이슈, 수업 주제)에 주인이 되도록 만드는 첫 단계입니다.

조벽 교수의 혁신 메시지
수업 목표는 학생들을 이끌고 가는 목적지로 여기는 교수자 중심 교수법이 아니고, 학생들에게 주인 의식을 심어주는 학습자 중심 교수법이어야 합니다.

수업 목표 세우기는 첨단 뇌과학

　시각, 후각, 청각 등 여러 감각 기관을 통해 머리로 들어오는 정보는 일단 시상(視床, thalamus)을 거치게 됩니다. 시상의 주요 기능 중에 하나는 들어오는 정보를 사고력, 분석력, 판단력 등 고등 행동을 담당하는 전두엽으로 중계하는 역할입니다. 전두엽은 행정 본부와 같은 기관입니다.

　그러나 시상이 모든 정보를 무차별적으로 전두엽으로 전달하지는 않습니다. 마치 비서실장이 일종의 문지기 노릇도 하면서 사장실로 보낼 것과 보내지 말 것을 구분하듯이 시상도 정보를 선별합니다. 또한 바로 보낼 것과 서서히 보낼 것도 구분합니다. 즉, 선정하기, 순위 정하기와 정돈하기를 수행하는 것이지요.

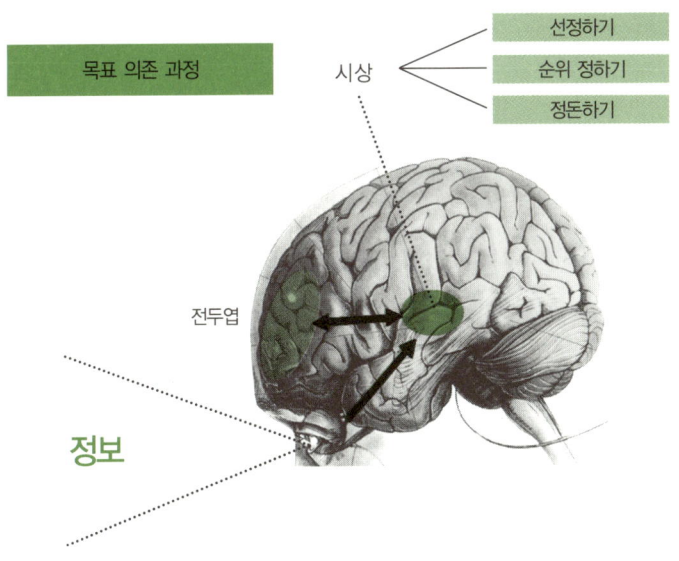

우리가 일의 순서를 정할 때도 무작위로 정하지 않습니다. 무작위로 한다면 매우 비효율적이고 비효과적이지요. 그 대신 판단 기준을 바탕으로 정합니다. 시상의 경우, 판단 기준이라고 할 수 있는 것이 바로 목표입니다. 그래서 시상의 정보 중계 과정을 흔히 목표 의존 과정(purpose dependent process) 또는 목표 지향성 행동이라고 합니다.

시내에서 운전할 때 엄청난 양의 정보가 우리의 눈과 귀와 몸을 통해 들어옵니다. 앞과 뒤, 옆을 지나는 수십 대의 차와 서로 뒤엉켜 있는 표지판과 신호등, 간판 수천 개 때문에 눈이 아플 지경입니다.

자동차 엔진 소리, 경적 울리는 소리, 빵빵대는 오토바이 소리, 차 안의 라디오 소리, 뒷자리에 탄 아이의 울음소리, 옆 좌석에 탄 사람의 잔소리……. 정말 많은 소리가 귀를 공격합니다. 길의 울퉁불퉁함은 엉덩이를 통해, 점점 탁해져 오는 실내 공기는 기도를 통해, 뜨거운 햇빛은 얼굴을 부딪쳐 들어옵니다. 운전사는 참으로 많은 정보에 노출됩니다.

만약 시상이 이 모든 정보를 무작위로, 들어오는 대로 다 전두엽에 전달한다면 우리는 '정보 홍수'에 빠져 허우적거리면서 운전을 제대로 할 수 없을 것입니다. 이토록 많은 시각, 청각, 촉감 정보에 만약 누가 차 안에서 방귀를 뀌어 심각한 후각 정보까지 합세한다면 평소에 온화하던 사람도 쉽게 폭발하고 말 것입니다.

하지만 시상은 고맙게도 바로 앞 차와 신호등과 차선에 대한 정보를 우선적으로 전달해 줍니다. 이런 상황에서 시상은 운전이라는 목표에 충실하니까요(운전 중에 핸드폰 벨이나 진동이 울리면 시상은 순간적으로 핸드폰으로 주의력을 옮깁니다. 운전에 대한 정보는 우선 순위에서 밀려납니다. 그래서 사고가 날 확률이 매우 높아지는 것이지요).

아무쪼록 수업에서는 학생들에게 확실한 목표가 제시되어야 합니다.

몰입의 즐거움을 선사하라

사춘기 아이가 삼국시대 세 태조 이름을 기억하지 못해도 무려 아홉 명이나 되는 '소녀시대'의 이름은 모두 기억하는 이유가 뭘까요? 조선의 왕 이름 '태정태세문단세……'는 노래 부르듯 부르게 해도 외우기 어려워 괴로워하지만 아이돌 스타들의 이름은 저절로 외워진다며 즐거워하는 이유는 뭘까요? 이 역시 뇌과학에서 비밀을 밝혀낼 수 있습니다.

시상이 정보의 교통정리만 하는 게 아닙니다. 시상은 해마(海馬, hippocampus)와 함께 두뇌의 변연계(邊緣系, limbic system)에 속해 있으며 서로 긴밀하게 연결되어 있는데, 해마는 기억력을 관장하기 때문에 학습에 핵심 구실을 합니다. 시상이 목표 지향적이듯 기억력 또한 목표에 따라 달라집니다.

이러한 뇌과학 연구 결과를 모르더라도 우리는 기억력이 얼마나 목표 지향적인가를 매우 잘 알고 있습니다. 운전할 때와 마찬가지로 우리는 하루 종일 온갖 지식과 정보를 접합니다.

정규 통신(신문, 텔레비전과 라디오 뉴스)과 '카더라' 통신(잡담과 대화), 책과 잡지 등을 통해 많은 정보를 접하지만 하루가 지나면 거의 다 잊습니다. 하지만 무언가 알고 싶어서 일부러 기사를 찾아 읽거나 인터넷을 검색해 본 정보는 오랫동안 기억합니다. 이렇듯 목표가 있고 없음에 따라 기억력마저 달라집니다.

물론 주로 중요한 것이 더 확실하게 기억되지만 '중요한'의 의미를 생각해 볼 필요가 있습니다. 모두에게 동일하게 중요한 것도 있지만 자기한테만 중요한 것도 있습니다. 그래서 다른 사람에게 매우 시시콜콜한 내용이어도 자신에게는 중요한 내용이라면 그 내용을 오래 기억하게 됩니다.

'중요한'이라는 말은 의식의 앞자리에 둔다는 뜻과 같습니다. 선생님이 학생들에게 수업 목표를 확실하게 제시하는 것은 주의를 집중해야 할 중요한 것을 분명히 보여주는 것입니다. 스스로 질문하지 못하는 학생들에게 무엇에 대해 어떻게 질문할 것인가를 알려주는 셈입니다.

질문을 염두에 두고 수업을 들으면 선생님의 설명이 귀에 쏙쏙 들어옵니다. 그저 따분하던 수업 내용에 의미가 생기고 가치가 생깁니다.

본래 절대적인 차원에서 의미 있고 학생이 배울 가치가 있는 내용이었지만 이제는 드디어 학생 개인 차원에서 의미와 가치가 인식됩니다. 지루하던 수업이 갑자기 재미있어집니다. 그러한 명확한 설명에 환희를 느끼는 것입니다.

학습의 즐거움이란 선생님이 유머와 입담과 몸 개그로 학생들의 말단 신경을 자극하는 원맨쇼의 결과가 아닙니다. 학생이 자신의 호기심을 만족시키고 더 깊은 호기심으로 빠져들어 가는 몰입과 무아지경의 황홀함을 맛보는 경험입니다. 삼류 드라마를 보는 수동적 즐거움(쾌락)이 아니라 함께 즐기는 축제 같은 능동적 즐거움입니다.

'명확하게 설명하기'는 학습의 즐거움을 느끼게 하는 최고의 교수법입니다.

> **조벽 교수의 혁신 메시지**
> 학생들이 느끼는 학습의 즐거움은 내용이 재미있고 즐거운 게 아니라 학습 목표를 달성해가고 있는다는 기쁨과 즐거움이어야 합니다.

수업 목표 세우는 방법

- 학생들이 수업을 통해 어떻게 변화될 것인가를 서술한다.
- 학생들이 학습 목표에 도달했음을 나타내는 방법을 제시한다.
- 학생들이 어떻게 평가를 받게 될 것인가를 표시한다.

선생님이 수업을 시작할 때 "오늘 수업은 뉴턴의 법칙에 대해서입니다"라고 말한다면 그 말은 교육 주제를 나타낸 것이지 '교육 목적'을 제시한 것은 아닙니다.

'교육 목적(educational objective)'은 벤저민 블룸이 제시한 용어로서 '학생들이 수업을 통해 어떻게 변화할 것인가'를 서술하는 문장을 뜻합니다. 학생들이 학습 목적에 도달했음을 나타내는 방법을 제시하는 문장이기도 합니다. 따라서 학생들이 어떻게 평가를 받게 될 것이며, 달성해야 하는 수준을 표시하는 것이라고 볼 수도 있습니다.

이토록 중요하지만 아직 대다수의 교수자는 수업 주제는 설정하더라도 수업 목표를 명확하게 명시하지는 않는 것 같습니다. 머릿속에만 담아두고 학생들과 공유하지 않는 경우가 많습니다. 아마 게을러서가 아니라 목표 공유의 중요성을 충분하게 깨닫지 못해서이기 때문일 것입니다.

그 때문에 저는 왜 수업 목표를 세워야 하는지에 대한 이유를 장황하게 설명했습니다. 우리 모두의 의식 맨 앞에 두기 위해서였습니다.

큰 그림을 보여주기

수업을 아이가 엄마를 따라 함께 간 박물관 구경에 비유해 볼 수 있습니다. 엄마는 큰 통로를 걷다가 중간에 소(小)전시관을 들락날락하지만 용케도 다시 큰 통로로 나옵니다. 하지만 아이는 엄마를 따라 소전시관으로 들어갔다가 헤맵니다. 만약 아이가 박물관 지도를 지니고 있었다면 스스로 큰 통로를 찾아 나올 수 있겠지요.

수업할 때도 '지도'가 유용합니다. 선생님은 주요 주제와 소주제 사이를 자유자재로 들락거립니다. 하지만 학생들은 헤맵니다. 학생이 순간적으로 한눈을 팔거나 선생님의 설명을 들으면서 혼자 생각에 잠길 수 있습니다. 하지만 자기 생각에서 벗어나면 선생님이 이미 새로운 주제를 설명하고 있습니다. 학생은 주제들이 서로 어떻게 연결되는지 모르고 뚝뚝 끊긴 설명을 듣게 됩니다.

그러나 학생이 '수업 지도'를 지니고 있다면 다시 선생님의 설명에 합류하게 됩니다. 수업 내용에 대한 지도를 'conceptual typology, concept map' 또는 'conceptual framework'라고 합니다. 저는 이 모든 것을 그냥 '큰 그림'이라고 합니다.

제가 말이 어눌하고 발음이 나빠도 학생들 사이에서 설명 잘하기로 소문난 이유는 바로 이러한 큰 그림을 매 수업마다 준비하기 때문입니다. 저의 말이 학생들의 귓속에 잘 들어오지 않아도 눈으로 잘 보이기 때문에 말주변이 없고 발음이 나빠도 다 극복할 수 있는 것입니다.

이런 큰 개념을 그릴 때도 생각나는 대로 그리는 게 아니라 이왕이면 두뇌 친화적인 방법을 사용하면 더 큰 효과를 낼 수 있습니다.

두뇌 친화적 설명

두뇌 친화적 설명에는 크게 네 가지 사실을 염두에 두면 좋습니다. 첫째, 두뇌에 단기 메모리가 있고 장기 메모리가 있습니다. 컴퓨터에 비유하자면 단기 메모리는 중앙처리장치(CPU)에 있는 캐시 메모리(cache memory)이고, 장기 메모리는 하드 디스크에 있는 저장 메모리(storage memory)로 볼 수 있습니다. 배우는 내용은 일단 단기 메모리를 통해서 장기 메모리에 저장됩니다.

문제를 풀 때, 문제를 읽으면서 접수되는 정보가 일단 단기 메모리에 입력(기억해 두기)됩니다. 그러면 우리는 장기 메모리에 저장되어 있는 많은 정보(지식) 중에 필요한 것들을 찾아 단기 메모리로 불러내고(기억해 내고), 이 모든 정보를 CPU가 논리에 의해 처리합니다.

공부를 잘하는 학생은 기억해 두기와 기억해 내기를 잘합니다. 기억력이 좋은 학생과 나쁜 학생의 차이는 메모리 용량의 차이가 아닌 것입니

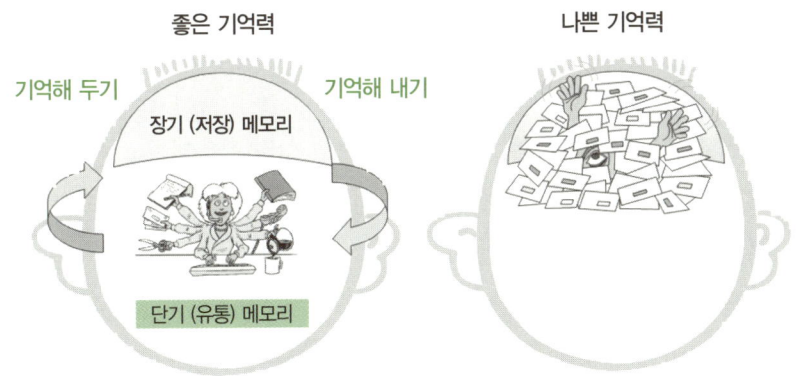

다. 실은 모든 사람의 메모리 용량은 필요 이상으로 큽니다. 살면서 본 것, 들은 것, 냄새 맡은 것, 만진 것, 모두 다 기억할 수 있을 정도로 큽니다. 그러나 배운 내용을 엉망으로 저장하면 필요할 때 찾지 못하게 됩니다.

둘째, 두뇌는 크게 네 가지 규칙으로 정보를 저장합니다. 짝을 지어주는 것, 분류하는 것, 순서에 의해 정리하는 것, 그리고 규칙에 따라 정돈하는 것입니다.

조선시대의 왕 이름을 우리가 아직도 다 외우고 있는 이유는 이름을 노래와 짝지어 놓으니까 잘 외운 것입니다. 공부를 잘하는 것도 이렇게 네 가지로 저장하는 법을 스스로 터득해서 잘하게 되는 것입니다.

선생님이 네 가지 방식을 염두에 두고 수업 내용을 정리해 준다면 학생들이 기억을 잘할 수 있도록 도와주는 것입니다.

셋째, 메모리에는 암묵지, 형식지, 에피소딕 메모리 등 크게 세 종류의 메모리가 존재합니다. 자전거 타는 법에 대한 기억이 암묵지이고, 법칙과 역사적 사실을 외운 것이 형식지이며, 자신의 경험을 기억하는 것을 에피소딕 메모리라고 합니다.

학교 공부를 잘하는 학생들은 형식지를 잘 흡수하고 소화해 낼 수 있는 학생입니다. 반에서 꼴찌인 학생은 형식지에 약하지만 에피소딕 메모리만큼은 대단합니다. 작년에 친구와 함께 먹은 음식, 색깔, 가격, 양념, 다 꿰뚫고 있지요. 단지 자기가 잘 소화해 내는 기억의 종류가 다를 뿐입니다.

선생님이 실용적 사례와 구체적 예를 들어 설명하면 에피소딕 메모리가 강한 학생들이 수업 내용을 훨씬 더 쉽게 이해하고 기억하게 될 것입니다.

넷째, 단기 메모리는 두 가지가 있습니다. 음운론적(phonological) 메모리는 의미를 소화해 내는 메모리이고, 시공간적(visual-spatial) 메모리는 시공간적인 정보를 처리하는 능력입니다.

학생에 따라서 선호도가 다릅니다. 언어적으로 뛰어난 학생이 있는가 하면 시각적으로 뛰어난 학생들이 있지요. 그러나 선생님은 주로 언어적인 능력이 뛰어나기 때문에 말로만 해도 정보를 잘 소화합니다. 하지만 많은 학생들은 오히려 시각적으로 훨씬 더 발달되어 있다는 것을 잊지 마십시오.

수업을 동시다발(멀티 프레젠테이션)로 할 수도 있습니다. 두 가지를 동시에 다 쓰면 이 두 종류의 학생을 모두 만족시킬 수 있는 것입니다.

특히 개념 지도(큰 그림)를 활용하면 여러 상황에서 매우 만족스러운 결과를 얻을 수 있습니다. 설명을 잘한다는 것은 정보 처리를 힘겨워하는 학생들을 도와주는 것입니다. 학생이 순간적으로 한눈을 팔고 실수하고 헤매더라도 곧바로 수업에 합류할 수 있도록 도와주는 것이 큰 그림입니다.

설명을 잘하기 위해서는 주의력을 끌고, 교육 목표를 세우고, 큰 그림을 보여주어 두뇌 능력을 최대로 발휘할 수 있도록 도와야 합니다.

또한 위에서 설명한 정보를 저장하는 네 가지 방법과 다섯 가지 메모리가 있다는 것도 염두에 두면, 사고 선호도가 다양한 학생들이 선생님의 설명을 쉽게 이해해 기억할 수 있을 것입니다.

수업의 큰 그림을 그리는 방법

- 다른 교과 과목들과의 연관성을 보여준다.
- 수업 내용의 주요 개념이나 주요 주제의 족보를 보여준다.
- 교과서 내용의 연관성을 다차원으로 정돈하여 보여준다.

사람이 음식 대신 건전지로 에너지를 충당한다면 하루를 살기 위해 건전지가 몇 개나 필요할까요?

사람들은 이 질문에 답을 못 합니다. 감으로 대답해 보라고 하면, 한 개에서 1억 개가 답으로 제시됩니다. 한마디로 전혀 감이 없다는 뜻입니다.

이상하지요. 왜냐면 우리는 매일 에너지를 섭취하고, 매일 건전지를 사용하고, 학교에 다니면서 에너지에 대해 많이 배웠는데도 그러니까요. 하지만 이 모든 지식이 머릿속에 별 의미 없이 개별적으로 여기저기 존재하고 있을 뿐입니다. 지식이란 것이 배울 때나 시험을 치르기까지만 유효했고 더 이상 쓸모 있는 것으로 여겨지지 않기 때문일 것입니다.

저는 수업마다 학생들에게 당일 배울 내용이 어떻게 이전 수업 시간에 배운 내용과 연계되는지, 어떻게 다음 수업에 배울 내용과 연계되는지, 어떻게 다른 수업과 연계되는지, 어떻게 실생활에 적용되는지를 보여줍니다. 장황하게 설명하지 않고 간단하게 큰 그림을 보여주는 정도로 합니다.

당일 수업 내용을 이미 머릿속에 들어 있는 다른 내용과 어느 선에서 연결해 주는 것입니다. 가냘픈 거미줄 하나는 약하지만 망을 치면 먹이를 잡는 데 쓸모가 있게 되듯, 지식도 서로 망을 칠 때 쓸모 있게 됩니다.

학생과 신뢰감 형성하기

명확하게 설명하기 위한 마지막 조건은 신뢰감 형성하기입니다. 신뢰감의 중요성은 이미 주의력 장악하기에서 충분히 설명했습니다. 아무리 수업 내용을 심혈을 기울여 준비해도 학생이 주의를 집중하지 않으면 다 헛수고입니다.

같은 맥락에서 우리가 아무리 좋은 말을 한다 해도 학생이 귀담아 듣지 않으면 이 역시 소용 없습니다. 학생을 우리에게 집중시키고 귀담아 듣게 하는 첫 단계가 신뢰감 형성하기입니다.

우리는 좋아하고 신뢰하는 사람한테 귀를 기울입니다. 자신과 무관한 사람에게는 신경을 쓰지 않고 마음을 닫아버립니다. 학생이 귀를 기울이지 않고 마음을 닫아버리면 더 이상 설명이 들어갈 틈이 없게 됩니다.

그러니 귀를 열기 위해선 일단 마음의 문을 열어야 합니다. 신뢰감을 확보해야 합니다.

신뢰감은 어떤 구체적인 행동이 아닙니다. 평소에 하는 행동에서 묻어나고 쌓여갑니다. 평소에 학생을 적으로 보고 부담을 느끼고 짐으로 여긴다면 마음의 문이 닫혀 있는 것입니다. 그러면 학생 역시 마음의 문을 열지 않을 것입니다. 신뢰감이란 쌍방향이 되어야 가장 쉽게 쌓이고 높게 쌓입니다.

조벽 교수의 혁신 메시지
명확하게 설명하기 위해서는 학생의 귀를 여는 것보다 학생의 마음을 열어야 합니다.

평균이 의미 없어진 다양성의 시대

아무리 주의력을 장악하고, 목표를 제시하고, 큰 그림을 그려주고, 신뢰감을 형성해도 한 반에 기초 실력이 극과 극으로 다른 학생들이 모여 있으면 선생님이 아무리 설명의 달인이어도 모두를 이해시키도록 설명하기란 거의 불가능할 것입니다. 이런 상황이 이제는 특별한 경우가 아니라 보편적인 상황이 되었습니다.

제가 학생이었을 때는 중학교, 고등학교, 대학교에 시험을 치르고 들어갔으니 반에 실력이 엇비슷한 학생들이 모여 있었습니다. 그래서 평균이라는 것이 의미가 있었고 선생님이 학생들 평균에 맞추어 수업을 진행할 수 있었습니다. 하지만 지금은 한 반에 극과 극이 존재합니다. 평균이라는 것은 의미가 없어졌습니다. 누구한테 맞춰서 설명을 해야 할지 고민할 수밖에 없습니다.

기초 실력만 다양한 것이 아닙니다. 다문화 가정의 자녀들, 조손 가정의 학생들, 외국에서 귀국한 학생들, 해외 동포의 자녀들……. 생활과 사고방식의 틀과 인지 선호도가 다른 학생들이 한 반에 모여 있습니다.

이런 다양성으로 인해 발생하는 문제는 여태껏 해오던 방식의 수업을 좀 더 열심히 준비하고 잘 수행한다고 해결되지 않습니다. 이제는 뭔가 다르게 해야 합니다.

조벽 교수의 혁신 메시지
교사는 설명의 달인이 아니라 설득의 달인이 되어야 합니다.

학습자 중심 교육으로 나아가라

여기에 필요한 개념이 '학습자 중심 교수법'입니다. 학생을 단체 여행에 데리고 가듯이 모두 함께 다니는 게 아니라 배낭여행을 보내듯이 각자의 수준에 맞춰 갈 수 있도록 도와주는 것입니다.

교사의 역할은 학생에게 도착점(교육 목표)을 확실히 알려주고, 지도(큰 그림)를 건네주고, 각자 알아서 가도록(자기 주도 학습) 하는 것입니다. 뒤처져 있는 학생이 헤매지 않게 도와주고, 앞서 가는 학생은 도착지보다 더 멀리 가게 하는 것이 아니라 각 중간 시점에서 조금 더 많은 것을 볼 수 있도록 도와주는 것입니다. 그래서 앞선 학생들이 급하게 전진해 가는 게 아니라 더 풍요로운 교육을 경험할 수 있도록 도와주는 것, 뒤처진 학생들이 포기하지 않도록 도와주는 것입니다.

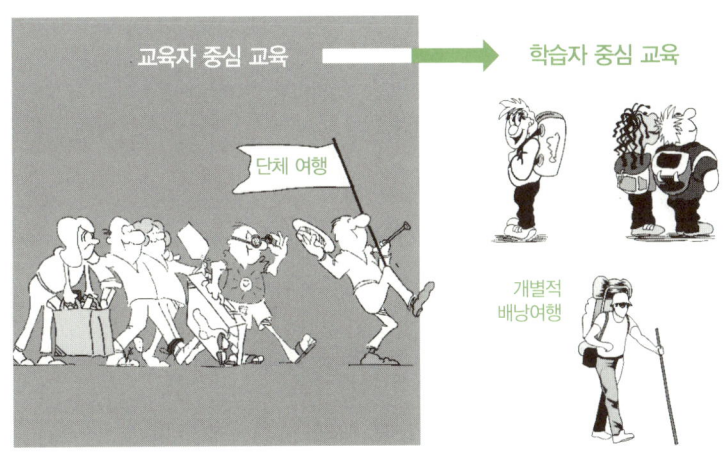

기초 능력이 다른 학생들이 스스로 배우도록 돕기

3부

학생과 한편이 되어라

오늘날 위기 상황에 놓인 학생들과 소통하며 그들을 돕고, 더 나아가 교실 붕괴 문제를 해결하려면 학생들을 감정의 세계에서 만나 그들과 한편이 되어야 합니다. 그리고 나서 그들을 이성의 세계로 인도해야 합니다. 여기에 필요한 코칭법으로 감정 코칭을 소개합니다. 감정 코칭은 과학적인 근거를 바탕으로 방대한 임상 실험을 통해 검증된 기술입니다.

| 13장 |

문제 행동은 있지만 문제아는 없다

위기에 처한 아이들

학생에 대한 이야기는 '문제아'에 대한 이야기로 시작하겠습니다. 교육의 가장 핵심적인 요소는 학생과 교사의 관계라고 누차 강조했는데, 그 관계에 가장 큰 갈등을 초래하는 경우가 바로 문제아와 관련되기 때문입니다. 문제아 한 명 때문에 교실이 어수선해져 수업에 방해되고 선생님도 집중력을 잃습니다. 그래서 문제아에 대한 이해가 가장 시급합니다.

문제아 중에는 술, 담배로 시작해서 인터넷 중독, 자살 시도 등 도피성 행위를 하는 학생이 있는가 하면, 심한 욕설과 폭행, 절도 등 남에게 공격적 행동을 일삼는 학생들도 있습니다.

문제 행동은 다양하지만 이 학생들은 모두 심한 스트레스를 받고 있다는 공통점이 있습니다. 스트레스는 흔히 불안감과 우울증을 유발합니다.

	공격적(외향적) 행위			도피성(내향적) 행위	
위기 행위	범죄 폭행 불순 폭언	가출 절도 비행 욕설	중퇴 왕따 학습부진 정서불안	자해 결석 도박 술·담배	자살 약물 복용 게임 중독
	스트레스 우울증 불안증				
위기 원인	인간관계 공부(성적) 트라우마	가정 폭력 부부 불화 결손 가정	빈곤 억압적 어른 다문화 가정	사춘기 ADHD	
	심리적	환경적		생물학적	

학교 부적응 행위의 원인과 종류

그러니 문제아는 결국 위기에 처한 아이들입니다.

학교는 위기 행동을 방지하기 위해 금연 프로그램, 중독 예방 프로그램, 폭력 퇴출 운동 등 여러 가지 프로그램을 운영하지만 문제 행동의 종류와 건수가 계속 증가하고 정도는 더 심해지고 있습니다.

증상을 다스린다고 해도 순간적 효과는 있겠지만 시간이 조금 지나면 또다시 반복됩니다. 문제 행동의 원인을 제거해야 합니다. 그렇다면 무엇이 학생들에게 그토록 많은 스트레스를 안겨주는가를 알아야 합니다.

위기의 학생들과 상담해 보면 원인을 크게 세 종류로 구분할 수 있습니다.

첫째, 죽음을 목격했거나 성폭행을 당한 데 따른 트라우마 같은 심리적인 면이 있습니다. 아이의 입장에서 정말 죽고 싶은 마음이 들 정도로 큰 트라우마입니다.

둘째, ADHD와 같이 두뇌에 이상이 생긴 경우로, 생물학적·육체적·신체적인 요소입니다(ADHD 증세를 보인다고 모두 ADHD는 아닙니다. 마치 속이 쓰리다고 위암이 아니듯 말입니다. 흔한 소화불량인데 증상이 위암과 유사하다고 독한 위암 약을 먹이지는 않습니다. 마찬가지로 아이가 단순히 가만히 앉아 있지 못하고 정신이 산란한 ADHD 증세를 보인다고 독한 정신과 약을 먹여서는 안 됩니다. ADHD 증상은 흔하지만 ADHD 병은 흔하지 않습니다).

하지만 압도적으로 흔한 경우가 가정 환경적 요소입니다. 여기서는 환경적 요소를 심도 있게 설명하고자 합니다.

조벽 교수의 혁신 메시지

문제 행동은 있지만 문제아는 없습니다.

위기 행동의 진원지는 붕괴된 가정

위기 행동의 가장 흔한 원인인 동시에, 가장 강력한 인과관계를 나타낸 원인은 부모 사이에 불화입니다. 아이의 입장에서 보면 자기를 보호해 주고 안정감을 갖게 해줘야 할 사람이 부모님이지요. 하지만 부모가 서로 원수같이 싸우고 심한 욕설은 물론이고 심지어는 폭행까지 한다면 아이의 마음이 얼마나 불안하겠습니까?

우리는 다 기억합니다. 어릴 적에 부모님의 언성이 조금이라도 높아지면 간이 콩알만 해지고 가슴이 두근거리고 공포에 사로잡히곤 했지요. 이런 상황이 비일비재하면 아이는 집에 들어가기조차 두려울 것이며 자기 마음을 의지할 곳이 없어질 겁니다. 아이는 절망에 가까운 심한 스트레스를 느끼게 됩니다.

특히 폭력을 당하거나 폭력을 수시로 보고 자란 아이들이 가장 큰 위기에 처하지요. 온전한 가정에서 자란 아이들보다 이혼으로 붕괴된 가정에서 자란 아이들의 위기도는 열 배나 더 높게 나타났습니다. 그러니 부부 불화와 가정 붕괴가 위기 행동의 진원지인 셈입니다.

안타깝게도 한국의 이혼율은 이미 급상승해서 세계 최고 수준이 되었습니다. 선진국의 사례를 볼 때, 이혼율은 한결같이 가파른 상승세에 이어 높은 수준을 계속 유지하고 있습니다. 만약에 우리가 지금 특단의 조치를 취하지 않으면 이 추세는 계속될 것입니다. 시간이 해결해 줄 거라고 마냥 기다릴 수 없습니다. 대가족 제도가 붕괴됐고 이제 핵가족 제도마저 붕괴된 이 시대에 자란 아이들이 앞으로 대거 학교에 들어오게 되고 사춘기를 맞이하게 됩니다. 특단의 조치가 필요한 이유입니다.

애착 미형성이 미성숙한 대인관계의 원인

아기와 어린이는 본래 부모의 돌봄이 필요한 존재입니다. 아기는 부모의 품에서 안정과 안전을 느끼고 맘껏 의존할 수 있을 때 정신적·육체적·사회적으로 건강하게 자랍니다. 꼭 부모가 아니어도 무조건적 사랑을 주는 어른과 애착이 형성되어야 튼튼한 자아를 형성하는 기반을 다질 수 있습니다.

그러나 애착이 형성되지 못한 아이들이 대거 학교에 들어오고 있습니다. 어릴 때부터 혼자 방치된 채로 자란 아이들은 부모와 애착이 제대로 형성되지 못합니다. 이런 아이는 분리불안증을 느끼고, 대인관계를 잘 맺지 못하고, 일반적으로 정서가 불안합니다. 나중에 학교에 들어가서는 학습 장애로 이어지기 쉽습니다. 학생으로서는 치명적인 장애입니다.

아이가 방치되는 이유는 다양하지만 열악한 경제·사회적 상황이 가장 흔합니다. 이혼이나 사별로 인하여, 또는 맞벌이를 해야 하는 형편인데 일하는 동안 아이를 돌봐줄 사람이 없는 경우이지요. 아이는 '카드 돌려막기' 식으로 급한 대로 이 사람 저 사람에게 맡겨집니다.

어른은 그럴 수밖에 없는 이유를 충분히 이성적으로 이해할 수 있지만 이성이 발달하지 않은 아이들은 이 모든 것을 불안감, 공포감, 분노, 두려움, 슬픔, 무가치함, 버려진 느낌 등의 감성으로 받아들입니다.

조벽 교수의 혁신 메시지
아이는 육체적 뿐만 아니라 정신적 돌봄도 필요한 존재입니다.

위기 행동을 낳는 부모의 억압과 폭력

위기 행동의 환경적 원인에 억압적인 어른이 포함됩니다. 두 부류의 억압적인 부모가 있습니다. "넌 나보다는 잘되어야지" 하며 아이를 달달 볶는 사회·경제적으로 중하층인 부모와 "네가 나보다 못되면 되겠냐?" 하며 아이를 윽박지르는 중상층 부모입니다. 의도는 좋습니다. 다 아이가 잘되라고 하는 마음이니까요.

부모는 아이를 위해서 허리띠를 졸라매는 희생을 감수합니다. 그러니 한국 성인의 행복도가 OECD 30개국 중에서 최하위권인 26등입니다. 그렇다면 아이들은 행복해야겠지요? 그러나 한국 학생들의 행복도는 세계 꼴찌입니다. 최소한 둘 중에 하나는 행복해야 되는 거 아닙니까? 둘 다 최고로 불행하다면 뭔가 잘못되어도 너무 잘못되었지요. 매우 비정상인 상황입니다.

학생에게 나타나는 위기 행동의 주요 원인이 되는 경우는 심각한 부부 갈등으로 인해 집안의 분위기가 '독'으로 가득 차 있는 경우, 해체된 가정으로 인하여 부모 자녀 간에 애착이 형성되지 못해 학생이 집 안에서 긍정적 영향을 받지 못할 뿐더러 오히려 집 밖으로 뛰쳐나가고 싶은 충동을 느끼게 하는 경우입니다. 또한 빈곤으로 인하여 자신의 꿈을 키워나가기 어렵고, 억압적 부모로 인하여 '주입된 꿈(악몽)'이 강요되거나, 왕따나 무관심으로 정체성이 왜곡되는 등 학생이 자신의 미래에 대한 희망을 느끼지 못하고 허무함과 무료함을 느끼는 경우입니다.

이 모두는 학생이 감내하기 어려운 상황입니다. '문제 행동은 있지만 문제아는 없다.' 항상 가슴에 새겨두어야 할 말입니다.

학생에게 나타나는 위기 행동과 원인의 연결 고리를 사례를 통해 설명하겠습니다. 다문화 가정의 자녀들이 학교에 잘 적응하지 못하고 있다는 신문 기사를 흔히 볼 수 있습니다. 실제로 다문화 가정 중학생의 17.5퍼센트나 중학교를 중퇴하고 있으며, 겨우 30퍼센트만 고등학교에 진학한다고 합니다.

하지만 학생들이 위기에 처하게 된 것은 단지 부모 중 한 사람이 해외에서 왔기 때문이 아닙니다. 거의 절반(47.8퍼센트)의 다문화 가정에서 가정 폭력이 발생합니다. 다문화 가정 아동 10명 중 2명이나 집단 따돌림을 당합니다. 이는 학생에게 심한 정서 불안을 가져오고, 심지어 PTSD(외상 후 스트레스 장애)를 겪게 하여 행동 장애로 이어지게 합니다.

이런 상황에서는 공부를 차분히 효과적으로 하기는 어려우며, 학습 부진으로 이어집니다. 학습 부진은 학교 부적응으로 이어지고, 결국 중퇴 또는 진학 포기로 이어집니다.

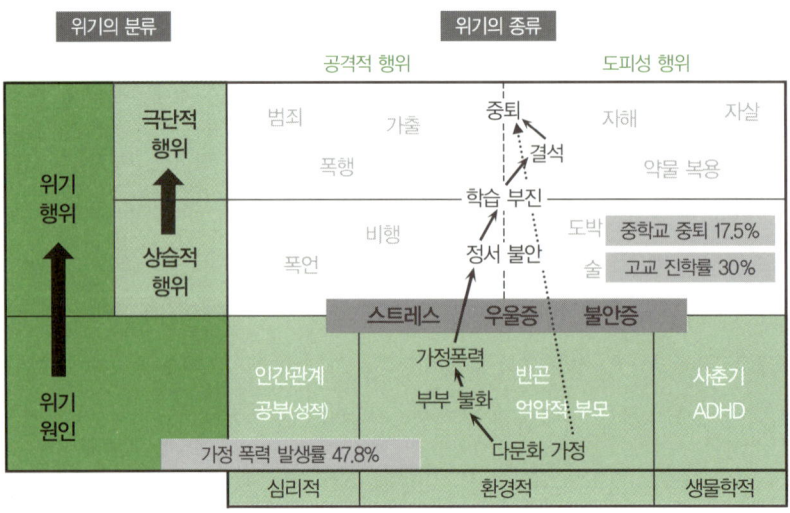

'위기의 학생'과 연결되는 이슈와 행위

문제 행동 신드롬

위기 학생들과 관련한 주요 연구 세 가지를 소개하겠습니다.

첫째, 초기의 문제 학생이 나중에 모두 심각한 문제 학생으로 발전하지는 않지만 거의 모든 심각한 문제 학생은 그 전에 조그만 문제 행동으로 시작합니다. 역으로 말하면 큰 문제를 일으킨 학생들은 몇 년 전에 다 그런 기미가 있었다는 말입니다. 그러니 한 가지의 자그마한 문제 행동을 목격했을 때 "사춘기 때는 다 그렇게 지나는 거야", "우리가 어렸을 때도 다 그랬어" 하면서 방관하고 그냥 지나치지 말아야 한다는 뜻입니다.

둘째, 한 가지 문제 행동을 보이는 학생은 동시에 여러 문제 행동을 일으키거나 추후에 다른 문제 행동을 일으킨다고 합니다. 하나의 문제를 봐주고 그냥 넘어가면 다양한 문제로 확산된다는 뜻입니다.

셋째, 학생의 문제 행동과 학습 부진은 불가분의 관계입니다. 연구에 의하면 학생들이 학습 부진 때문에 문제 행동을 일으키기도 하지만, 거꾸로 문제 행동 때문에 공부를 잘하지 못하기도 한다고 합니다.

아직 스트레스를 소화해 내는 능력을 갖추지 못한 학생에게 심한 공부 스트레스를 주면 학생은 위기 행위(정서 불안, 집중력 저하, 자신감 결여, 행동 장애 등)를 보이게 되고 결국 학습 수준 미달이라는 결과를 초래할 수 있습니다. 이와 반대로, 학습 부진으로 인하여 부모나 선생님의 기대치에 못 미쳐 정서 불안에 시달리면서 결국 술·담배, 게임 중독, 가출 등 다른 행동 장애로 이어지는 경우도 있습니다.

문제 행동과 학습 부진은 쌍생아같이 함께 다닙니다. 그러니 문제 해결을 위해서는 두 문제에 동시다발로 접근해야 합니다.

사춘기의 위기가 평생의 위기로 이어진다

1988년부터 미국에서는 위기에 놓인 학생에 대한 추적 조사가 무려 12년간 실시되었습니다. 2만 5,599명의 중2 학생들의 위기도를 측정하여 세 그룹으로 나눴습니다. 위기도가 매우 낮은 저위기 학생은 71퍼센트, 고위기 학생은 7.2퍼센트였으며, 중간 그룹은 21.9퍼센트로 나타났습니다.

4년 후 저위기 학생 중 94퍼센트가 고등학교를 무사히 졸업하고 81.4퍼센트가 대학에 진학했으나, 고위기 학생의 경우에는 66퍼센트만 고등학교를 졸업하고 겨우 44.7퍼센트만 대학에 입학했습니다.

8년 후, 저위기 학생 중 52.3퍼센트가 대학을 졸업했으나, 고위기 학생의 경우에는 21.2퍼센트만 졸업했습니다. 4년제 대학만 고려한다면, 고위기 학생은 15명 중 14명이나 대학을 졸업하지 못했습니다.

이 장기 추적 연구 결과로 보면, 중2 때 나타난 위기는 학업 미달, 중퇴, 진학 포기 등으로 이어질 가능성이 매우 높으며, 그 학생의 진로와 사회·경제적 성취에 지대한 악영향을 미친다는 것이 입증되었습니다.

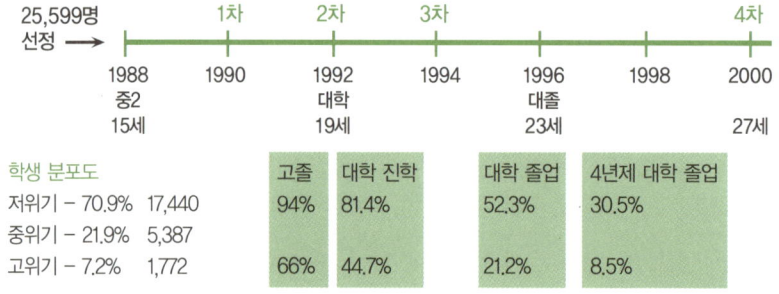

미국의 위기 학생에 대한 장기 추적 조사

위기 학생 문제는 대한민국의 위기

　위기에 처한 학생의 문제는 학교만의 문제가 아닙니다. 여러 차원에서 중요한 문제입니다.

　첫째, 학교 부적응 학생들이 훗날 사회 부적응 성인이 될 가능성이 크다고 할 때 이 문제는 우리 모두가 다 떠안고 가야 하는 어마어마한 사회 비용이 들어갈 문제입니다. 이 문제를 초기에 다스려야 합니다. 시간이 가면 갈수록 눈덩이같이 커질 것이기 때문입니다.

　둘째, 저출산 고령화 시대가 도래했습니다. 학생 한 명 한 명이 짊어지고 가야 할 사회적 책임과 부담은 예전보다 훨씬 더 커졌습니다. 학생 모두가 얼마큼 잘되는가에 우리나라의 미래가 달려 있기도 합니다. 이제 위기에 처해 있는 학생 문제를 더 이상 못 본 척하거나 한쪽 구석으로 몰아넣고 방치할 수 없는 상황입니다. 남이 나서서 해주겠지 하고 막연히 기다리고 있을 상황이 아닙니다. 모두가 나서서 해결해야 합니다.

　나서서 해결해야 하는데 우리가 나설 형편도 아니고 또 나설 방법마저 없다면 그러지 않아도 괜찮겠지요. 그러나 연구 결과를 보면 나서서 효과적으로 개입할 방법이 있습니다. 방법이 있는데도 나서지 않으면 직무 유기라고 할 수밖에 없지요.

　위기에 처한 학생들의 문제는 우리 교육자만의 문제가 아니고 우리만이 해결할 수 있는 문제도 아니지만 우리가 할 일을 해야 한다고 처음부터 여러 번 강조했습니다. 다시 한 번 강조합니다. 문제를 완벽하게 해결하지는 못하더라도 할 수 있는 일을 할 때 희망이 생깁니다. 희망을 선택하시기 바랍니다.

| 14장 |

단기적 동기 부여 도구, '상과 벌'

끝나지 않은 체벌 논쟁

학교에서는 인성 교육의 도구로서 '체벌'이 있어왔습니다. 인성 교육과 체벌에 대한 이슈가 더 이상 뒷전에 머물거나 은폐되지 않고 교육계의 최대 이슈로 떠오르게 된 점은 반갑습니다. 그러나 걱정되는 부분도 있습니다.

체벌은 학생과 교사의 관계를 형성하는 데에 가장 근본적으로 영향을 미치는 요소 중의 하나입니다. 학생 인권과 교권이 충돌하는 곳이기도 하기에 이에 대한 논의는 민감하고 감정적이고 대립적으로 발전되기 쉽습니다.

믿음과 신뢰로 형성되어야 할 교사와 학생의 우호적인 관계가 학생 인권과 교권이라는, 법률적인 차원에서 쟁취하거나 보존해야 하는 '권리'로 의식화되는 것이 안타깝습니다. 학생과 교사가 서로 한편이 아니라 대립적인 관계로 공식적으로 인식되는 계기가 되지는 않을까 걱정됩니다.

또한 입지 지옥과 사교육비에 대한 논의가 끝이 없어 보이고 이념적인 문제로까지 번지면서 격한 논쟁으로 발전하는 사례에 비추어 볼 때 인성 교육과 체벌에 대한 논쟁도 그렇게 될 가능성이 크다는 점이 염려됩니다.

이미 다양한 정책 제안이 제시되고 있으며, 서로 차이가 있거나 심지어 상반된 의견도 존재합니다. 하지만 상당한 공감대와 일치를 이룬 이슈도 있습니다. 체벌 금지와 관련된 논의가 불필요한 논쟁으로 발전되지 않도록 개인적인 의견에 앞서 연구 결과를 바탕으로 논의해 보려 합니다.

귀한 자식에게 매 한 대 더 안겨라?

매를 아끼면 자식 농사를 망친다.
귀한 자식에게 매 한 대 더 안겨라.
미운 자식 떡 하나 더 주고, 예쁜 자식 매 한 대 더 때려라.

예전부터 내려오는 속담입니다. 그래서 체벌이 긍정적인 것으로 인식된 듯합니다. 물론 체벌이 한국에만 있는 것은 아니지요. 하지만 학교 체벌을 소개하는 어느 인터넷 사이트는 한국의 체벌 사진들을 보여주면서 "유독 한국의 경우는 좀 심한 것 같다"라고 평하고 있습니다.

인터넷 쇼핑몰에서 총 144종의 회초리가 판매될 만큼 유독 한국인의 매에 대한 사랑이 깊은 것 같습니다. 학부모가 아이를 선생님한테 맡기면서 "애정 어린 지도와 편달을 간곡히 부탁드립니다"라고 합니다. '편달'은 '채찍으로 때린다'라는 뜻이지요. 학생들의 인성 문제가 불거지자 대통령이 "저부터 회초리를 맞아야 하는 게 아닌가"라고 책임을 통감했다는 뉴스가 나왔습니다. 회초리는 대통령마저 달게 받는 벌이라고 인식하는 모양입니다. 이런 것이 유독 한국에서 심한 이유는 아마도 예전부터 매를 '사랑의 매'라고 표현해서 그런 게 아닐까 싶기도 합니다. 하지만 매를 맞아본 사람은 압니다. 매에 사랑은 없다는 것을……. 우리가 매를 미화하고 합리화했을 뿐입니다.

조벽 교수의 혁신 메시지

체벌은 사랑의 매가 아니라 매에 대한 사랑입니다.

체벌의 효과성에 대한 연구 결과

심리학 연구에 의하면 체벌은 교사와 학생들 사이의 신뢰를 허물고, 체벌을 받은 학생들은 분노심을 키우고 불안감을 느끼거나 폭력적으로 변한다고 합니다. 또한 그들은 훗날 불안 장애, 알코올 중독, 의존증, 문제를 외재화하는 등 심적 문제를 유발할 경향이 두드러진다고 합니다(H. L. MacMillan, et al., "Slapping and spanking in childhood and its association with lifetime prevalence of psychiatric disorders in a general population." 《Canadian Medical Association Journal》, 1999).

지난 60년 동안 이루어진 연구의 메타 연구(meta-study)를 봐도 체벌의 유일한 효과는 즉각적인 순응인 반면 오히려 장기적으로는 반항심을 증가시킵니다(E. Gershoff, "Corporal punishment by parents and associated child behaviors and experiences: A meta-analytic and theoretical review." 《Psychological Bulletin》, 2002). 또한 체벌받은 학생은 나중에 폭력적인 성향이 될 확률이 높아진다고 합니다(M. Straus, 『Beating the Devil out of Them』, 2001).

미국의 경우, 폭력적인 학생은 30세 이전에 범죄를 저지를 확률이 일반인보다 5배나 높습니다. 22년 장기 추적 조사에서는 그런 학생이 학업에서도 실패, 직장에서도 실패, 음주운전으로 체포, 배우자를 학대, 자녀에게도 폭력적일 확률이 매우 높은 것으로 밝혀졌습니다. 결국 폭력은 대물림되는 것입니다. 저는 학교가 이 악순환의 고리를 끊는 곳이 되길 바랍니다.

체벌 금지는 세계적인 추세

상과 벌에 대한 메타 연구를 한 알피 콘에 의하면 상과 벌은 대체로 단기 효과만 있을 뿐 장기적으로 지속가능하지 않으며 부작용이 발생하기 때문에 역효과가 있다고 합니다(Alfie Kohn, 『Punished by reward』, 1993).

또한 체벌을 하는 이유는 체벌의 교육적 효과성보다는 유용성(쉽게 아무 때나 할 수 있다), 경제성(돈이 들지 않는다), 예방성(다른 학생에게 본을 보인다)이라고 합니다(John, Vorhaus, "A Fair Price to Pay", 《The Guardian》, 1998).

그래서 전 세계적으로 체벌금지법이 확산되고 있습니다. 197개국 중에서 155개국은 사법기관에서 체벌을 금지하고 있습니다. 학교에서 체벌이 금지된 국가는 108개국입니다. 30개 OECD 국가 중에 체벌이 금지된 국가는 23개국이며, 예외인 국가는 미국·프랑스·터키·호주·체코·멕시코를 비롯하여 한국이 포함되어 있습니다.

미국은 50개 주 중에 30개 주가 체벌을 금지하고 있습니다만 법적으로 체벌을 허용하는 주에서조차 실질적으로 체벌이 흔하지는 않습니다.

스웨덴이 1979년에 모든 체벌을 법령으로 전면 금지한 후 그러한 조처가 핀란드·노르웨이·오스트리아·덴마크·이스라엘·독일·그리스·네덜란드·뉴질랜드·스페인 등으로 매우 빠르게 확산되고 있습니다. 즉, 선진국은 전면 체벌 금지를 실시하는 방향으로 가고 있습니다.

이 모든 연구 결과를 보면 우리 한국에서도 앞으로는 체벌이 금지될 것이라는 사실에 대해서는 대체로 동의할 수 있을 것 같습니다.

학교에서 체벌을 금지하느냐 마느냐는 더 이상 논쟁의 이슈가 아닙니다. 논의는 체벌을 금지하되 얼마나 빨리 할 것이냐, 또 금지할 때에 어떤 대안을 도입할 것이냐는 등의 방법에 대한 것입니다. 방법을 선택하는 문제는 이념적 판단이 아니라 과학적 근거로 접근하고 결론에 도달해야 하지만 결정을 서둘러야 합니다.

저는 학교에서 체벌이 금지되는 반면 언어적 폭력이 증가할 게 두렵습니다. 체벌하지 못하면 분명히 학생들을 다스리는 다른 방도가 대체될 텐데, 학생한테 심한 상처를 주는 말이 많아질 가능성 때문입니다.

사람을 죽이는 것이 가장 심각한 폭력이고, 육체적·물리적으로는 위협하지 않지만 알게 모르게 은근히 사람을 따돌리는 것이 가장 낮은 수위의 폭력입니다. 언어 폭력은 거기서 여섯 번째로 높은 수위라고 할 수 있습니다. 그러므로 새로운 폭력의 형태가 학교에 퍼지기 전에 효과적이고 긍정적인 대처 방법이 개발되고 선생님들에게 전달되어야 합니다.

10. 살인
9. 흉기로 위협하거나 흉기를 사용함
8. 때리고 발로 차고 다치게 함
7. 남의 물건을 훔치고 빼앗고 망가뜨림
6. 위협적인 언행과 협박
5. 노골적으로 따돌리고 놀리고 못살게 함
4. 나쁜 소문을 내거나 모욕적 언행
3. 나쁜 별명을 부르거나 비웃음
2. 나쁜 표정이나 눈빛으로 바라봄
1. 은근히 따돌림(은따)

말로 주는 상처의 심각성

방치는 해결책이 아니다

　2010년 말에 교육과학기술부가 정책 발표회에서 체벌 금지에 대한 기조 강연을 제게 부탁했을 때 적극적으로 참여했습니다. 그 당시 발표한 정책 제안이 아직도 유효하기 때문에 잠시 설명하려고 합니다.

　위기 상태의 많은 학생들이 학교에서 특별한 지도를 받지 못하고 있습니다. 자퇴와 퇴학으로 학교 밖으로 '추방'되고 있기도 합니다. 둘 다 바람직하지 않은 '방치'라고 생각합니다. 어른들의 무책임한 행동입니다.

　지도가 필요한 아이에게 '너희들이 알아서 해결하라'는 식의 태도는 책임 있는 어른의 태도가 아니라고 생각합니다. 동시에 선생님 개개인한테 그런 학생 문제를 알아서 해결하라고 하는 것도 대안이 될 수 없습니다. 위기에 놓인 학생의 문제를 해결하기 위해서는 전문적 기술이 요구되는 상황이기 때문입니다. 도와주고 싶은 마음으로만 해결되지 않습니다.

　저는 각 학교에 전문 인력을 배치한 대안 교실이 필요하다고 생각합니다. 심각한 수준인 경우에는 교육지원청이나 교육청 단위의 공립 대안 학교에 임시적으로 보내 교육과 상담을 병행해 받을 수 있도록 배려해야 합니다.

　과거에 '정학'이란 개념은 추방의 개념이었지요. 학교 시스템, 교육 시스템 밖으로 내보내고 그 학생을 잊어버리는 시스템이었습니다. 일종의 책임 회피라고 생각합니다. 학생을 교육 시스템 내에서 별도의 교육과 상담을 받을 수 있게 하여 전문적인 개입이 가능하도록 해야 합니다. 그렇지만 제가 하고 싶은 이야기는, 그럼에도 각 선생님이 할 수 있는 것도 있다는 것입니다. 이제부터는 그 점에 대해 이야기하려고 합니다.

진정으로 사람을 움직이는 것

학생들을 관리하기 위해 학교에서 가장 흔히 동원되는 동기 부여 도구가 '상과 벌'입니다. 하지만 연구 결과는 확실하게 말해 줍니다. 상과 벌이라는 것은 동물한테는 기가 막히게 효과가 있지만 사람한테는 단기적으로 위력을 발휘할 뿐 장기적으로는 역효과가 난다고 말입니다.

사례는 바로 우리 주변에도 있습니다. 교사가 실적에 따라서 차등 성과급을 받는 것을 많은 선생님들이 거부합니다. 왜냐하면 상과 벌로 사람을 움직이려고 하니까 기분이 나쁜 것입니다.

하지만 슬픈 사실은 인생이 달라지는 것도 아니고 삶의 질이 달라질 것도 아닌 정도의 몇 푼 안 되는 돈이지만 어떤 분들은 그것에 목을 매고 그것을 따라 움직인다는 것입니다. 그게 바로 심리전입니다.

인센티브 제도란 일한 만큼 더 주는 공평한 임금 제도가 아니라 다른 사람보다 (평균보다) 조금 높으냐 낮으냐로 사람의 자존심을 자극하는 심리적 제도인 것입니다.

우리가 아이를 동물 대하듯이 상과 벌로만 움직이면 그 아이는 커서도 결국 상과 벌에 목을 매고 살게 될 것입니다. 이런 명언이 있습니다. "아이는 나중에 될 사람같이 취급하라." 교육이란 '동물' 상태의 사람을 '인간'다운 사람으로 발전시켜 주는 것입니다. 우리가 하기에 따라 역으로 학생을 동물 상태에 묶어두는 결과를 초래할 수도 있습니다.

새로운 방법을 모색해야 합니다. 정말 다행스럽게 세 번째 방법이 있습니다. 사람을 움직이는 세 번째 도구를 이해하기 위해서는 먼저 학생들의 뇌 구조를 알아야 합니다.

| 15장 |

학생의 두뇌는 아직 성장하고 있다

급증하고 있는 학생들의 스트레스

　몇 년 전에 교과부가 위기에 처한 학생을 위한 심리 상담 센터인 '위(Wee) 센터'를 전국에 설립했습니다. 제가 센터장을 맡은 위 센터에는 접수실 중앙에 큰 플래카드가 걸려 있습니다. 부모님과 함께 상담받으러 온 학생들은 그 플래카드에 손짓하면서 엄마에게 "엄마, 저것 봤지!" 하며 의기양양해합니다. 플래카드에는 제가 운영하는 센터의 기본 철학이 적혀 있습니다. '문제 행동은 있지만 문제아는 없다.' 학생은 비로소 자기를 알아주는 곳에 찾아왔다고 마음을 놓습니다.

　위기의 학생은 자신이 '문제아'라고 불리는 것조차 굉장히 마음이 아팠을 것입니다. 그러니 우리가 위기의 학생을 문제아라고 부르는 자체가 문제입니다. 교과부는 제게 전국 위 센터 상담사를 훈련시키는 거점 센터를 맡겼고, 그곳에서 전국 심리상담사들에게 상담받는 학생이 대부분 골치 아픈 문제아가 아니라 좀 더 이해가 필요하고 손길이 필요한 정상적인 사춘기 아이들이라는 인식을 심어줄 수 있었습니다.

　위기에 처한 학생들에서 공통으로 나타나는 스트레스는 어른들도 견뎌내기 힘든데, 청소년들에게는 치명적인 것입니다. 스트레스는 짜증, 불안감, 우울증, 수면 장애 등 다양한 증세를 유발합니다. 그중에 집중 장애, 기억 장애, 행동 장애는 공부하는 학생한테는 치명적입니다. 공부는 집중해 기억하고, 차분히 앉아서 해야 하는 것인데 스트레스가 그 부분에 악영향을 미친다는 것입니다. 비밀은 두뇌 구조에 있습니다.

　이제 문제아만이 아니라 모든 아동과 청소년에 대한 이야기로 이어가겠습니다.

청소년의 두뇌 구조

사람에게는 크게 세 단계의 두뇌가 있습니다. 지하층, 1층, 2층으로 비유하면 쉽게 이해됩니다. 뇌간은 숨쉬기, 맥박 등 생명을 유지하는 데 필요한 기능을 담당합니다. 무의식 상태에서 진행되기 때문에, 마치 상하수도가 눈에 보이지 않는 지하에 있듯이, 저는 뇌간을 '지하층'이라고 합니다. 뇌간은 도마뱀의 두뇌와 하등 다를 게 없어서 '파충류의 뇌'라고도 합니다.

1층에 해당되는 변연계는 감정, 기억, 성욕, 식욕 등을 다스립니다. 이 두뇌는 개, 돼지, 소의 두뇌와 다를 바 없기 때문에 '포유류의 뇌'라고 합니다. 개도 기억력이 있고 감정이 있지 않습니까? 하지만 인간은 그와 같은 동물이 아니기에 2층이 있습니다. 전두엽은 기획, 판단, 감정 조절 등 사고력을 담당합니다. 즉, 인간이 비로소 인간답게 생각하게끔 해주는 두뇌가 바로 겉피질이며 특히 전전두엽인 앞이마 쪽입니다.

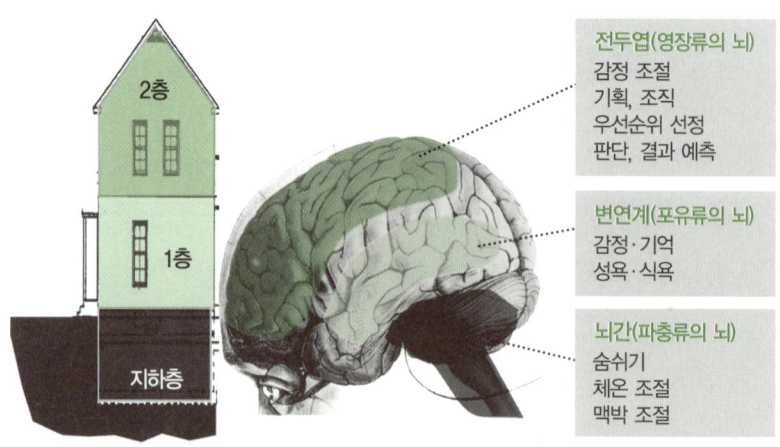

불혹, 공자도 40세가 되어서야 철이 들었다?

　문제는 초·중·고등학교 학생들의 전두엽은 성숙하게 발달되어 있지 않다는 점입니다. 전두엽이 완성되는 시기는 평균적으로 27세이며, 여자는 24세인 반면 남자는 30세입니다. 평균이 30세이면 어떤 남자들은 40세까지 철이 안 들 수도 있는 것입니다[예전에 20세에 성인이 되는 관례를 치렀지만 공자도 30세에 모든 기반을 닦고 40세가 되어서야 불혹(不惑)이라, 즉 세상일에 미혹함이 없었다고 하지 않았습니까? 참고로 '미혹'이란 '무엇에 홀려 정신을 차리지 못함, 정신이 헷갈리어 갈팡질팡 헤맨다'는 뜻입니다. 그러니 공자도 뒤늦게 철이 든 전형적인 문제아였다는 뜻이네요].

　전두엽이 아직 제대로 발달되지 않고 성숙하지 않은 초·중·고등학교 학생들이 남의 지시를 잘 따르지 못하고, 분석을 잘 하지 못하고, 계획을 잘 세우지 못하고, 판단력이 떨어지는 것은 너무나 당연합니다. 그들이 하는 행동이 못마땅해도 미워할 수 없는 이유입니다.

　우리는 엉금엉금 기어 다니는 한 살배기 아기에게 걸으라고 강요하지 않고 뛰어보라고 하지도 않습니다. 아기의 손을 잡아 세워줍니다. 풀썩 주저앉으면 다시 손을 잡아 일으켜 세워줍니다. 백 번도 더 반복합니다. 그 사이 단 한 번도 야단치지 않고 벌을 세우지도 않지요. 그러면서 아기는 서서 걷는 법을 터득합니다.

　만약 한 살배기 아기가 아직도 걷지 못한다고 야단치면 분명 아동 학대라고 해야겠지요. 그렇다면 초·중·고등학교 학생들이 성숙한 어른처럼 생각하고 행동하지 못한다고 야단치고 벌을 세우는 것 역시 아동 학대라고 봐야 합니다.

우리는 아이들이 스스로 감정을 조절하고, 상황을 분석해 판단하고, 계획을 세우고, 생각할 수 있을 때까지 도와주어야 합니다. 못한다고 야단치는 것은 교육이 아닙니다. 그렇게 할 수 있을 때까지 가르쳐주는 것이 교육입니다.

어떤 아기는 한 살이 채 되지 않았는데도 걷습니다. 그렇다고 해서 그 아이가 장차 100미터 달리기 선수가 될 것이라고 기대하지 않습니다.

반면, 두 살이 다 되도록 걸을 생각을 전혀 하지 않는 아기도 있습니다. 그렇다고 해서 그 아이가 나중에 앉은뱅이가 될 것이라고 걱정하지 않습니다. 아이마다 성장하는 속도가 다르고 나중에는 다들 엇비슷해진다는 것을 너무나도 잘 알고 있기 때문입니다.

육체적 발달과 같이 인지적으로 빨리 성숙하는 아동이 있는가 하면 좀 늦게 성숙하는 아동도 있습니다. 좀 빠르다고 해서 마치 천재가 나타난 듯 호들갑을 떨 필요도 없고, 좀 늦다고 해서 걱정할 필요도 없습니다.

육체적 발달에는 선천적으로 타고나는 부분도 있지만 자라면서 섭취하는 영양분에 따라 크게 좌우되는 부분도 있습니다. 마찬가지로 인지적 영역에서도 타고나는 재능이 있지만 그 재능이 얼마나 발전될 수 있는가는 교육에 따라 크게 달라질 수 있습니다.

육체적 발달을 눈으로 볼 수 있는 키와 몸무게가 있는 반면, 김연아 선수가 태어날 때부터 피겨 여왕이었던 건 아니듯 육체적 능력은 많은 경우 숨겨져 있습니다.

인지적 영역에서도 어릴 때 '싹'이 안 보인다고 잠재 능력이 전혀 없는 것처럼 여기는 것은 매우 잘못된 처사입니다. 인지적 발달을 지켜보며 조금 기다려줄 필요가 있습니다.

학생들의 인지 발달 단계 이해하기

피아제는 아동의 발달 단계를 감각운동기, 전조작기, 구체적 조작기, 형식적 조작기로 구분했습니다. 핵심은 발달 단계에는 순서가 있으며 단계를 뛰어넘을 수는 없다는 것이지요. 기어 다니던 아이가 갑자기 뛰지 못하듯이 말입니다.

학생들에게도 인지 발달 단계가 있습니다. 하버드 대학교의 페리 교수에 의하면 총 아홉 단계지만 크게 네 단계로 구분합니다.

첫째 단계는 이원론 단계로 흑백논리와 정답을 생각합니다. 둘째 단계는 다중성 단계로 정답이 한 개만 있는 것이 아니라 정답이라고 볼 수 있는 것이 여러 개 있다고 여기는, 생각이 좀 성숙해지는 단계입니다.

셋째 단계인 상대론적 단계에서는 정답이라고 볼 수 있는 것이 여러 가지가 존재하지만 경우에 따라서 이것이 더 적절하고 다른 경우에는 저것이 더 적절하다고 판단할 수 있는 능력을 갖추지요. 마지막 단계는 여러 가능성을 두루 고려한 다음, 이것도 괜찮고 저것도 괜찮다고 하지 않고 선택을 하고 그 선택에 대해서 책임을 지는 단계입니다. 이것이 가장 성숙한 인간의 단계입니다.

하버드 대학교의 대학생 상당수도 이원론 단계에서 머물고 있다는 매우 놀라운 연구 결과가 있습니다. 그럴 수밖에 없지요. 전두엽이 성숙해지는 시기가 평균 27세니까요. 그리고 학생들은 학교에 다니면서 주로 정답이 있는 문제를 풀지요. 교육 시스템이 아이를 더 성숙한 인간으로 만드는 것이 아니라 오히려 그 발목을 잡고 있는 형편입니다.

학생이 성숙하지 않은 이유를 모두 학생 탓이라고 하지는 말아야겠습니다.

두뇌 성장기

가끔 사춘기 중학생이 유치원생보다 더 유치해 보이는 경우가 있습니다. 혹시 퇴보하는 건 아닌가 걱정되는 때가 있습니다. 그러나 나이별 두뇌 성장 속도를 알면 이해가 될 것입니다.

아래 도표는 연구 데이터가 아니라 연구 결과를 인용해서 변화를 부각시키기 위해 좀 과장해 표현한 도표입니다. 두뇌는 태아 때부터 어마어마한 속도로 발전합니다. 두뇌 세포가 생기기도 하지만 세포끼리 연결됩니다. 그러나 만 두 살에 절정을 이룬 후 세포 사이의 연결고리(시냅스)를 가지치기해 버립니다.

가지를 치는 이유가 있습니다. 언어를 예를 들어 설명하겠습니다. 아기는 자기가 앞으로 어떤 언어를 사용할지 모르기 때문에 모든 언어를 구사할 수 있는 두뇌력을 확보합니다(누구라도 어릴 때 외국에 가면 그 나

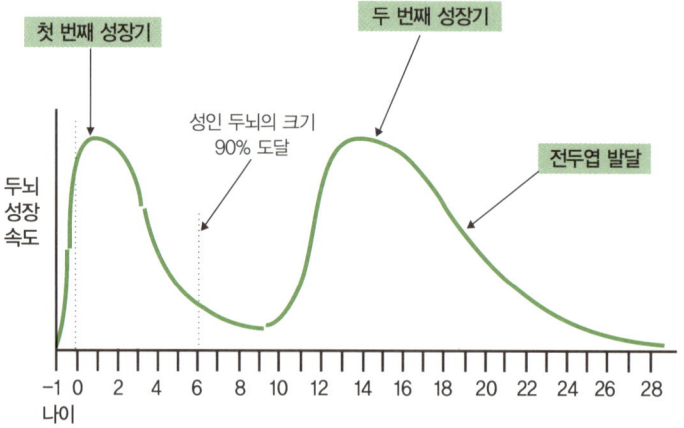

라 말을 완벽하게 하게 되는 이유입니다). 그러나 계속 한 가지 언어를 사용하면 나머지 언어 능력을 지니고 있을 필요가 없습니다. 그래서 사용하지 않는 부분을 처분(가지치기)해 버립니다.

두뇌를 집에 비유할 수 있습니다. 집에 물건을 잔뜩 들여놓았다고 합시다. 물건이 많으니 좋을 것 같지요? 하지만 집 안에 온갖 잡동사니가 가득 차 있으면 정작 어떤 물건이 필요할 때 찾아 꺼내 쓸 수가 없습니다. 안 쓰는 물건은 갖다 버려야만 집 안이 정돈되고 물건을 찾아 쓰기 편해지듯이 두뇌도 안 쓰는 시냅스를 버려야만 남아 있는 두뇌를 훨씬 효과적으로 쓸 수 있는 것이지요.

만약에 두뇌 발달이 이런 식으로만 진행된다면 교육이란 건 별로 의미가 없겠지요. 어릴 때 이미 다 완성돼 버리는 것일 테니까요. 그러나 두뇌는 두 번째 성장기를 겪습니다. 바로 전두엽 부분의 두뇌가 발달하는 것입니다.

사춘기에는 갓난아기 때와 같이 뇌세포의 연결망이 과잉 생산되며, 회질은 1년 사이에 두 배로 증가하며, 시냅스가 너무 많아 다면적 사고를 하지 못합니다(갓난아기들과 사춘기 아이들은 두뇌가 성장하는 시기가 비슷해서 공통점이 있는 것 같습니다. 종일 잠을 잔다, 쉽게 짜증을 낸다, 지저분하다, 무슨 말을 하는지 알아듣기 힘들다, 시간 개념이 없다, 충동적이다, 눈치코치 없고 자기중심적이다).

전두엽이 발달할 무렵, 아이들은 집에서 보내는 시간보다 학교에서 보내는 시간이 더 깁니다. 인간이 비로소 인간답게 생각하고 행동하기 시작하는 단계가 교육받는 시기와 겹칩니다.

많은 선생님들이 학생들이 인성을 제대로 갖추지 않아 수업하기 힘들다고 합니다. 그 말은 '나는 그냥 ABC나 가르치고 덧셈 뺄셈이나 가르치겠다', '그저 지식 중간도매상 역할만 하겠다'는 뜻이지요. 하지만 우리는 지식 중간도매상이 되려고 교육자가 된 것이 아니고, 인간을 인간답게 생각하고 행동할 수 있도록 교육하는 교육자입니다. 우리가 인성 교육을 무시할 수는 없습니다. 물론 인성 교육은 학교에서만 하는 것은 아니고 가정과 반반씩 하면 좋겠습니다.

또한 두뇌 발달에 순서가 있음에 주목해야 합니다. 생명 유지에 필요한 뇌간은 이미 태아 때 완성됩니다. 그 다음으로 감정과 관련된 변연계가 발달하고, 마지막으로 이성을 관리하는 전두엽이 발달합니다.

이 발달 순서는 인류가 거쳐온 발달 단계와 일치합니다. 인류는 20만 년에 걸쳐 발전해 왔지만 언어 능력이 생긴 것은 10만 년, 그 체계를 갖춘 건 고작 2만 년, 글은 5,000년밖에 안 됩니다.

그렇다면 인류는 언어(이성)가 발달하기 전에는 어떻게 교류하고 함께 생활했을까요? 분명 이성적 대화에 의존하지 않고 주로 몸짓과 감성 차원의 커뮤니케이션에 의지했을 것입니다. 비록 심오한 철학을 논하지는 못했더라도 매우 섬세한 감성적 교류가 있었을 것입니다.

인간은 이러한 능력의 유산을 물려받았습니다. 그래서 아직도 인간은 이성보다 감성에 상당히 좌우됩니다. 그러니 인간 진화론적 발달 단계와 사춘기 아동의 발달 단계를 두루 고려하면서, 아이들을 너무 성급하게 이성의 세계로 진입시키려 서두르지 않는 태도가 필요합니다.

조벽 교수의 혁신 메시지

인성은 교육의 전제 조건이 아니라 교육의 결과입니다.

인성 교육은 생존의 문제다

인성 교육을 가정과 학교에서 반반씩 하면 좋겠다고 했지만 문제가 있습니다. 한두 가지가 아닙니다. 첫째, '교육' 하면 '국영수사과' 같은 전문 내용을 뜻하지 인성을 떠올리지 않습니다. 인성 교육은 심지어 금연과 인터넷 중독 예방 교육, 성교육에도 밀리는 것 같습니다. 점점 인성 교육이 교육의 영역에서 떨어져 나가는 것 같습니다.

둘째, 한국에서 '교육' 하면 다들 학교 또는 학원에서 하는 것으로 여기고, 가정에서 하는 것으로는 인식하지 않는 것 같습니다. 그러니 집에서는 더 이상 인성 교육을 하지 않는 모양입니다. '가정교육'이라는 말이 사라져가는 것 같습니다.

셋째, 가정교육이 쉽지는 않습니다. 가정 붕괴는 이미 심각한 수준이니까요. 집에서 가정교육을 책임지고 할 어른이 점점 아이들 곁에서 사라지고 있습니다.

결론적으로 학생들이 가정에서 인성 교육을 받고 학교에 들어오길 바라는 건 힘들 것 같습니다. 그래서 교사가 인성 교육을 50퍼센트가 아니라 60~70퍼센트를 짊어질 수밖에 없을 것입니다. 당연히 가정에서 져야 할 부담을 부분적으로 떠안아야 한다는 뜻입니다.

부담스럽지만 우리가 살기 위해서라도 해야 합니다. 인성 교육이 이뤄지지 않으면 결국 가장 큰 피해자는 교사들이 될 테니까요.

조벽 교수의 혁신 메시지

인성 교육은 가정과 학교에서 함께 떠안아야 합니다.

먼저 마음으로 학생들을 보듬어라

　인성 교육을 짊어지고 싶어도 인성이 제대로 갖추어지지 않은 학생들한테 고운 말이 잘 나오질 않습니다. 처음에는 잘하다가도 점점 목소리가 커집니다. 만약에 소리쳐서 효과가 있다면 당연히 그래도 되겠지요. 하지만 연구 결과를 보면 그 부작용 때문에 역효과가 난다고 합니다.

　극단적인 예를 들겠습니다. 트라우마 같은 깊은 심리적 상처가 있기 때문에 우울하고 불안해하고 스트레스가 많은 아이들이 정신적으로 느끼는 고통을 육체적 고통으로 환산하면 3도 화상을 입은 정도의 고통이라고 합니다. 우리는 아이가 스스로 잘못해서 화상을 입었더라도 치료가 끝날 때까지는 야단치지 않습니다. 그 대신 먼저 그 아이의 상처를 보살펴줍니다.

　화상을 입은 아이는 누가 몸에 손을 대면 마구 소리를 지를 것입니다. 만진 사람이 미워서가 싫어서가 아니라 너무 아파서 자기도 모르는 사이에 소리를 지르면서 욕을 할지도 모릅니다.

　심리적 상처를 입은 아이들도 마찬가지입니다. 위기 행동은 그냥 "저를 살려주세요. 정말 너무 아프니까 저를 좀 살려주세요" 하고 애원하는 것입니다. 감정의 지옥에서 구출해 달라는 아우성입니다. 이런 아이들한테 막 야단치고 벌을 준다고 해서 좋아질 것은 하나도 없습니다.

　아이들은 어른이 큰 소리로 말하면 '감정의 홍수' 상태에 빠진다고 합니다. 감정의 홍수는 일련의 신체적 변화를 일컫습니다. 맥박이 증가하고, 스트레스 호르몬이 분비되어서 결국은 전두엽이 마비되는 현상입니다.

　이상하죠. 우리가 아이한테 좀 성숙하게 생각하고 행동하라고 훈계하는데 완전히 반대 결과를 초래합니다. 전두엽은 마비되고 파충류의 뇌만 남습니다. 인간이 되길 바라는데 반대로 뱀으로 만들어버린 것입니다. 뱀은 사람을 만나면 두 가지밖에 못합니다. 물거나(싸우거나) 도망갑니다. 이런 상황이 오래 반복되고 지속되면 결국 아이는 전반적으로 공격적 행위나 도피성 행위가 습관화됩니다. 결국 위기 행위로 나타나는 것입니다.

우리가 아이한테 충고하고 조언할 때 "이래야지, 이렇게 하면 안 되지, 이렇게 하면 좋겠지"라고 하는 것은 이성적인 말입니다. 전두엽의 대화입니다. 우리는 아이와 2층에서 만나고 싶은 것입니다. 하지만 2층으로 가기 위해서는 반드시 1층을 거쳐야 합니다.

그러나 아이는 아직 2층에서 대화할 준비가 안 되어 있습니다. 그런데 어른은 자꾸 2층으로 가자고 하니까 "에이 짜증 나. 선생님은 나를 이해 못 해" 하고 아예 마음의 문을 닫아버립니다. 대화가 단절됩니다. 서로 너무 멀어집니다.

만약에 우리가 위기의 학생들과 소통해서 그들을 도와주고 더 나아가 교실 붕괴 문제를 서서히 해결해 나가길 원하면 학생들을 1층에서 먼저 만나서 감정의 세계에서 학생들과 한편이 되어야 합니다.

감정 세계에서 아이를 만나서 한편이 되고 난 후에 이성의 세계로 인도해 나가는 기술이 있습니다. 감정 코칭이라는 기술입니다. 과학에 근거를 두었고 방대한 임상 실험에서 검증된 기술입니다. 이에 대해서는 다음 장에 설명하겠습니다.

조벽 교수의 혁신 메시지

소통은 이성적 대화가 아니라 감성을 통한 교류입니다.

| 16장 |

학생과 소통하는 기술, 감정 코칭

학습 코칭보다 먼저 감정 코칭

　감정 코칭 기술은 학습 코칭에 앞서 모든 교사가 갖추어야 할 기본 실력입니다. 감정 코칭은 우리나라보다 40~50년 앞서 높은 이혼율 속에 가정 해체 경험을 했던 미국과 유럽에서 여러 시행착오와 천문학적 사회 비용을 들인 후에야 얻은, 효과가 검증된 과학적이고 체계적인 예방·치료 방식입니다.

　부모가 자녀에게 감정 코칭을 한 결과, 아동의 집중력 증가, 학업 성취도 향상, 또래 관계 호전, 스트레스 대처 능력과 심리적 면역력, 상처 회복력이 향상되었고, 25년 이상의 장기 연구 결과 많은 효과가 입증되었습니다.

　IQ가 같은 다섯 살배기 아동들을 감정 코칭을 받은 아동과 받지 못한 아동으로 구분해서 4년 후에 비교했더니 감정 코칭을 받은 아동들이 학교에서 더 좋은 성적을 얻었다는 연구 결과였습니다.

　감정 코칭을 받은 아이들은 스스로 안정을 취할 수 있고 감정을 훨씬 더 잘 다스리게 되는데, 이것이 주의 집중하기, 주의력 옮기기, 주의력을 지속하기에 큰 도움을 주기 때문인 것으로 밝혀졌습니다. 주의력을 관리할 수 있는 능력은 감정과 이성 사이를 오가야 하는 학습에 큰 영향을 미친다는 연구 결과입니다.

　초기 교육과 예방 교육은 효과적일 뿐 아니라 비용 대비 효율성과 지속성이 가장 높습니다. 불행과 빈곤의 대물림을 단절하여 새 생명에게 희망과 새로운 기회를 주는 가장 좋은 방식은 직접적인 경제적 지원보다는 교육입니다.

감정 코칭은 이미 그 효과성이 우수하여 현재 워싱턴 주 정부, 빌 게이츠 사회복지재단, 미국공영방송(PBS), 영유아를 둔 부모를 위한 비영리 연구 재단인 탤러리스 재단에서 효과성을 검증하고 적극 추천하는 프로그램입니다.

최근에 미 육군에서는 이 방식을 최고의 이혼 예방, 자녀 교육 프로그램으로 판단해 도입했습니다. 군인은 전방에서 적과 싸워야 하는데 만약 가정 문제로 부부가 싸움을 하고 자녀와 갈등을 빚는다면 어디 마음 놓고 나라를 지킬 수 있겠습니까? 전방에서는 적, 후방에서는 배우자가 공격하면 앞뒤로 포위당한 군인은 항복할 수밖에 없을 것입니다.

가화만사성(家和萬事成)이 그냥 나온 말이 아니지요.

감정 코칭의 효과

감정 코칭의 혜택은 임상실험에서도 검증되었습니다. 감정 코칭을 받은 아동의 특징은 다음과 같습니다.

- 집중력이 우수하다.
- 학습 능력이 향상된다.
- 문제 해결 능력이 우수하다.
- 자신의 감정 조절을 잘한다.
- 타인의 감정을 잘 이해한다.
- 또래 관계가 좋다.
- 사회적 적응력이 우수하다.

이제 왜 감정 코칭이 한국에서 빠르게 확산되는지 아시겠지요. 위에 나열된 혜택들은 아이들의 공부에도 학교 생활에서도 큰 도움이 됩니다. 교육열이 높은 한국에서 당연히 주목받을 만한 내용입니다.

그 밖에도 감정 코칭을 받은 아동은 질병에 잘 걸리지 않으며, 새로운 변화에 능동적이고 긍정적으로 대처하고, 부모의 갈등이나 이혼으로 받은 상처의 회복 능력이 큽니다. 이혼과 재혼이 급증하고, 감정적으로 예민하고 격해지며 조절이 잘 되지 않는 사춘기 시기가 점차 빨라지고 있는 한국에서 당연히 관심을 끌 법한 내용입니다.

감정 코칭의 과학적 기초가 되는 사춘기의 뇌 구조에 대해서는 앞 장에서 다루었는데, 이제는 뇌 구조와 감정의 관계를 살펴보겠습니다.

아이들은 감정이 생각보다 빠르다

사람의 두뇌 1층에 해당되는 변연계에는 시상(視床)과 편도체(扁桃體, amygdala)가 있습니다. 후각을 제외한 모든 감각 정보(시각·청각·촉각·미각)는 시상을 통해 각각의 감각을 분석하고 처리하는 뇌 부위로 전달됩니다. 일반적으로 그 분석과 판단의 결과가 편도체로 전달됩니다.

예를 들어 우리가 강아지를 눈으로 봤다면 그 시각 정보가 일단 시상을 통해 접수되고 전두엽에 전달되어 그 실체가 분석됩니다. 다리가 네 개 있고, 털이 있는 등등을 지금까지 봐온 많은 물체들과 비교해서 '내가 지금 보고 있는 것이 개의 특성들을 갖추었으니 저것도 개구나' 하고 판단하게 됩니다.

만약에 개가 이빨을 드러내고 으르렁거리면 전두엽은 '저 개가 나를 물려고 하는구나' 판단하고, 그 판단은 기본적인 생명 활동에 관한 자극적 반응을 관리하고 정동 행동과 자율신경 기능을 발현하는 편도체로 갑니다. 편도체는 그 정보를 공포라는 감정으로 발현시키고 도망가라는 신호를 온몸으로 보냅니다. 반대로, 만약에 개가 웃고 있으면 전두엽은 '다가가도 안전하다'고 판단하고 안심합니다.

이러한 과정이 일반적이고 이성적인 사고에 의한 행동입니다. 하지만 예외가 있습니다. 시상에 접수된 정보가 전두엽(이성적인 사고력)을 통하지 않고 곧바로 편도체에 전달되어 행동을 시작하는 경우가 있습니다.

만약에 예전에 개한테 호되게 물린 적이 있다면 두뇌는 개에 대한 매우 부정적인 기억을 지니게 됩니다. 그러면 개가 웃고 있어도 개를 보는 순간 예전의 기억이 되살아나고 두려움과 공포가 자동적으로 생겨나 편도체는 곧바로 도망가라는 지시를 몸으로 보냅니다. 전두엽을 통해서 정보가 이성적으로 분석되고 판단되는 것이 아니라 곧바로 감정적 반응을 보이는 것입니다.

여기에는 진화론적 이유가 있습니다. 원시인이 산속에서 호랑이를 만난 상황에서 '아, 저것은 네 발과 털 달린 짐승인데 줄무늬가 있으니까 호랑이라는 것이고, 호랑이는 사람을 잡아먹을 수도 있으니까 안전하지 않지. 그러니 빨리 도망가는 게 상책이다' 하고 분석과 판단을 끝낸 후에서야 '다리야, 빨리 줄행랑을 쳐!' 했다면 아마 인류는 멸망했을 것입니다.

하지만 호랑이에게 잡아먹힌 동료를 머릿속 깊이 기억해 두고 다음에 호랑이를 보는 순간, 생각하기보다 먼저 공포감을 느끼면서 무조건 도망친 원시인들만 살아남아 우리의 선조가 되었습니다.

이런 생존과 직결된 위험 사항을 극복하라고 극한 공포와 혐오감 같은 감정적 기억을 관장하는 해마가 시상과 편도체 바로 옆에 붙어 있는 모양입니다. 또한 해마는 신경 단위 세포가 계속해서 생성되는 몇 안 되는 영역 중의 하나입니다. 고맙고 다행한 일이지요. 우리는 항상 새로운 위협적 상황을 만나게 되니 해마에 경험이 계속 축적되어야 잘 적응해 나갈 수 있으니까요. 조물주가 우리가 잘 살아나가도록 섬세하게 배려한 것입니다.

결론적으로, 극한적인 상황에서는 감정이 생각보다 훨씬 빠릅니다. 특히 전두엽이 성숙하지 않은 아이들의 경우는 더욱더 그렇습니다.

감정은 받아주되 행동의 한계를 정해주어라

상급생한테서 괴롭힘을 당하고 정신적으로 힘들어하는 아이에게 "괜찮아? 다치지 않았으니 다행이네. 한쪽 뺨을 맞거든 다른 쪽 뺨도 내줘라 하잖아. 그러니 참아내는 게 이기는 거야." 이런 식으로 조언해 주면 알아듣는 아이도 있겠지만 전혀 그렇지 못한 아이가 대부분일 것입니다.

특히 수시로 괴롭힘과 폭언, 폭행에 시달려온 아이라면 선생님의 이성적 조언은 확실하게 무용지물일 것입니다. 뿐만 아니라 아이로서는 선생님을 '나를 전혀 이해 못 하고, 도움도 안 되고, 오히려 잔소리 같은 훈계만 잔뜩 늘어놓는 사람'으로 인식할 것입니다. 그러면 당연히 학생과 선생님 사이는 멀어지고 맙니다.

이 아이의 상태는 이미 공포와 분노, 슬픔 등 격한 감정으로 전두엽이 작동되지 않아 아무 생각이 안 드는 대신 몸은 경직되고 움츠려들고 아픕니다. 이때 아이에게 필요한 건 감정적 도움입니다. 아이의 공포와 분노와 슬픔을 포착하고 감정으로 먼저 접근해서 그 아이와 한편이 된다면, 아이는 마음이 편안해지면서 전두엽이 작동하게 됩니다. 그런 후에야 선생님의 주옥같은 조언이 귀에 들어오고, 드디어 소통이 시작되지요.

감정은 받아주되 그 감정을 소화해 내는 다양한 방법이 있음을 보여주고, 아이가 현명하게 선택할 수 있도록 도와주는 게 감정 코칭의 핵심입니다.

조벽 교수의 혁신 메시지

감정 코칭은 아이를 감정 세계에서 만나 함께 이성의 세계로 가는 여행입니다.

감정 코칭의 5단계

감정 코칭은 다섯 단계로 이루어져 있습니다.

1단계: 아이의 감정을 포착하라.
2단계: 아이가 감정을 보일 때를 좋은 기회로 여겨라.
3단계: 감정을 받아주라.
4단계: 감정을 의식하도록 도와라.
5단계: 바람직한 행동으로 선도하라.

첫 두 단계는 왜 있을까 의문이 들 정도로 간단합니다. '아니, 내가 학생들도 감정을 느낀다는 사실을 모르나? 학생들이 너무 감정적인 게 문제인데 감정을 기회로 여기라니……. 물론 위기란 본래 위험과 기회가 동시에 존재한다는 뜻이니 학생의 위기를 기회로 삼으라는 평범한 조언인가?'

세 번째와 네 번째는 참 쉬워 보입니다. '아이들의 감정을 다 받아주는 학부모가 많지. 그게 편하고 쉬우니까 다들 그러겠지. 근데 바로 그게 문제 아닌가. 버르장머리 없는 아이들이 다 어디서 나온 건데……'

마지막 다섯 번째는 당연한 목표 같아 보입니다. '내가 항상 학생들과 씨름을 하고 있고, 올바로 행동하라고 하루 종일 입이 아프도록 말하는데……'

그런데도 어른들은 아이에게 감정 코칭을 잘 해주지 못하고 있습니다. 아마도 별것 아닌 것 같아서 지금까지 무시해 왔거나 항상 해왔다고 착각하기 때문일지도 모릅니다. 일단 다섯 단계를 살펴볼까요?

아이의 감정을 포착하라

　세상에는 기본적으로 일곱 가지의 감정이 있습니다. 폴 에크먼에 의하면 기쁨, 슬픔, 놀람, 화남, 경멸, 혐오, 공포. 이 일곱 가지는 인류의 보편적인 감정입니다. 물론 각 기본 감정에는 다양한 변형이 있습니다. 예를 들면, 기쁨이라는 기본적 감정에 반가움, 쾌활함, 황홀함 등 종류와 정도가 조금씩 다른 감정이 있습니다. 슬픔에도 애절함, 비통함, 사무침 등 색다른 슬픈 감정이 존재합니다. 애가 타는 듯한 애절한 슬픔, 마음이 찢어질 것 같은 비통한 슬픔, 끝없이 사무치는 슬픔…….

　이런 감정들을 한 번씩은 다들 경험해 보았을 것입니다. 감정을 매일 느끼고 감정의 극과 극을 다 경험해 봐도 우리는 남의 감정을 잘못 읽는 경우가 흔합니다. 예를 들어, 나는 그저 하던 일이 싫증나서 시무룩한데 누군가 "너 화났어?" 하고 물어봅니다. 그 바람에 갑자기 짜증이 나고 화가 나지요. 그러면 상대방은 "별꼴이야. 왜 나한테 신경질을 부리지?" 하고 도리어 화를 냅니다.

　매우 흔한 경우, 한 감정이 다른 감정으로 표출될 수 있습니다. 아이가 화를 내거나 짜증을 낼 때, 그 저변에는 불안감이나 두려움이 깔려 있을 가능성이 큽니다. 예를 들어, 시험 전날 불안한 마음 때문에 아이는 쉽게 짜증을 내고 별것 아닌 것에 불쑥 화를 냅니다. 왜 그렇게 성질을 부리느냐고 야단치면 아이는 "엄만 내 맘을 몰라!" 하고 울거나 방문을 닫아버립니다. 표면 위로 드러나는 것은 화를 내는 것이지만 표면 아래에 숨겨진 기본 감정은 두려움이었던 것입니다. 엄마를 보고 안심하고 위로받고 싶었지만 훈계만 들으니 화가 나거나 슬퍼집니다. 그러니 아이의 감정을 포착하기 위해서는 유심히 관찰해야 합니다.

아이가 감정을 보일 때를 좋은 기회로 여겨라

어른들은 흔히 아이가 감정을 보이면 싫어합니다. 아이가 슬퍼서 울면 "그만 좀 울어라" 하고, 불안해서 한숨을 내쉬면 "조그만 게 벌써 한숨이냐"라고 핀잔을 주고, 기뻐서 크게 웃으면 "시끄럽다"라며 야단을 칩니다. 마치 아이는 감정을 가져서도 보여서도 안 되는 것 같이 여깁니다.

하지만 아이가 감정을 보일 때 오히려 교육할 수 있는 좋은 기회라고 인식해야 합니다. 아이가 극한 감정을 보이면 보일수록 반겨야 합니다.

저는 영화 〈사운드 오브 뮤직〉을 무척 좋아합니다. 명장면과 명곡도 많지만 특히 천둥 번개 치는 장면과 이때 나오는 노래 〈My Favorite Things〉를 최고의 장면과 명곡으로 좋아합니다.

처음에는 영화 전개에 전혀 무리가 없고 이음새 없이 뮤지컬로 변신하는 과정이 기가 막히게 창의적이어서 좋아했습니다. 하지만 감정 코칭을 알고 나서 더 좋아하게 되었습니다.

마리아는 감정 코칭의 달인이었습니다. 해군 함장이었던 홀아버지 밑에서 군인들처럼 훈련받듯이 엄하게 양육되어 보모라면 무조건 싫어했던 일곱 아이들의 굳어진 마음의 벽을 짧은 순간에 허무는 감정 코칭의 위력을 유감 없이 보여줍니다.

예를 들어 보겠습니다. 영화 〈사운드 오브 뮤직〉에 정말 감동적인 장면이 나옵니다. 마리아가 폰 트랩 대령의 저택에 간 첫날, 아이들은 마리아에게 노골적으로 적개심을 품고 온갖 짓궂은 장난을 칩니다. 그러다가 어느 순간 한편이 됩니다.

천둥 번개 치는 첫날 밤 아이들이 공포에 떨면서 우르르 마리아의 방을 찾아왔고, 큰딸 리즐은 밖에서 데이트를 하다가 몰래 비를 맞고 들어오던 중에 아빠한테 들켜 혼날까 봐 공포에 젖어 있었습니다. 모두 감정이 격해 있는 그 상황에서 마리아가 기회를 포착했습니다. 적대적 관계에서 한편이 될 수 있는 첫 순간이었습니다.

만일 그 순간 마리아가 아이들에게 "뭐 천둥 따위에 놀라고 그래. 번개 맞아 죽지 않을 테니 다들 방으로 돌아가. 그리고 리즐, 아빠 말 안 듣고 돌아다니더니 비를 홀딱 맞았구나. 감기 들기 전에 빨리 네 방에 가서 마른 옷 갈아입어라"라고 했으면 어떻게 됐을까요? 말은 백 번 맞는 말이지만 아이들에게 마음으로 다가갈 기회를 잃었을 것이고, 〈사운드 오브 뮤직〉도 명작은 되지 못했을 것입니다.

감정을 받아주라

마리아는 천둥과 번개가 무서워 자기 방에 모여 든 아이들의 감정을 무시하지 않았습니다. 일단 막내 그레첼은 안아주고, 모두 침대 위로 올라오게 했습니다. 아이들이 느끼는 공포를 가볍게 여기지 않고 충분히 인정해 준 셈입니다.

어른은 아이들의 화나 슬픔과 같은 감정을 '나쁜' 감정이라고 생각하고 표현하지 못하게 합니다. 어릴 때부터 아이가 울면 "뚝 그치지 못해! 사내 자식이 찔찔 짜긴, 쯧쯧" 하면서 야단칩니다(예전에는 "순경이 잡아간다"라고 하면서 울지 못하게 '협박'도 했지요). 화를 내면 더 호되게 야단맞았습니다.

그러나 감정에는 좋고 나쁜 게 없습니다. 슬퍼하는 게 왜 나쁩니까? 부모님이 돌아가시면 슬퍼서 우는 것은 당연한 거지요. 평소에 노부모를 돌보지 않은 불효자도 장례식에서는 우는 척이라고 하지 않습니까?

분노를 느끼고 화가 치미는 것도 매우 유용한 감정입니다. 만약에 우리가 분노라는 것을 느끼지 못한다면 세상에 정의도 없을 것입니다. 어린아이가 성폭행를 당했는데도 분노를 느끼지 않는다면 뭔가 크게 잘못된 겁니다.

모든 감정은 우리가 살기 위해서 다 필요한 요소들입니다. 나쁜 감정, 좋은 감정은 없습니다. 그 대신 그 감정을 표현하는 방식에는 좋은 것(적절한 것)이 있고 나쁜 것(부적절한 것)이 있습니다. 감정은 중립적이지만 그 감정으로 인하여 나타내는 행동에는 옳고 그름이 있습니다.

예를 들어, 내가 화난다고 물건을 집어 던진다면 매우 잘못된 행동입니다. 기분 나쁘다고 술을 마시고 난동을 부리는 것도 잘못된 행동이지요. 슬프다고 시도 때도 없이 우는 것도 모두를 불편하게 하는 성숙하지 못한 행동입니다.

아이가 슬프게 울거나 짜증낸다고 "그건 좋지 않아"라고 하는 것은 그 아이의 감정을 무시하는 것입니다. 감정은 다 받아주어야 합니다. 단, 그에 따른 행동은 고쳐주어야 합니다.

우리는 흔히 마음이 앞서다 보니까 아이의 감정을 받아주지 못하고 곧바로 그 아이의 행동만을 고치려 하기에 바쁩니다. "이러면 안 되지, 이러면 좋지, 이렇게 해야 해" 합니다.

그러나 이런 말은 이성 차원의 대화입니다. 15장에서 이미 말씀드렸듯이 아이는 1층(변연계, 감정 차원)에 있는데 우리는 2층(전두엽, 이성 차원)에서 말을 하니 소통이 안 됩니다. 2층에서 1층에 있는 아이에게 말을 하려고 하니 점점 목소리가 커지고 소리를 지르게 됩니다. 결국은 서로 짜증을 내게 됩니다. 의도와 다르게 방법 면에서 효과가 없을뿐더러 오히려 역효과가 납니다.

감정을 받아준다는 것. 말은 쉽지만 실천하기 어려운 이유가 있습니다. 초감정(meta-emotion)이라는 게 개입되기 때문입니다. 여기에 대해서는 나중에 설명드리겠습니다.

감정을 먼저 받아주었다고 곧바로 행동을 고칠 수 있는 것은 아닙니다. 행동을 수정해 주기 위해서 먼저 거쳐야 하는 단계가 있습니다. 네 번째 단계입니다.

감정을 의식하도록 도와라

아이는 어떤 감정을 느끼더라도 그 감정을 왜 느끼는지, 그 감정 자체가 무엇인지도 모르는 경우가 흔합니다. 아이들은 감정을 언어적으로 표현하는 능력이 발달되지 않았습니다. 이 부분에서 우리가 아이를 직접적으로 도울 수 있습니다.

다시 영화 〈사운드 오브 뮤직〉 장면으로 되돌아가보겠습니다. 천둥 번개가 치자 막내 그레첼이 마리아의 방에 들어옵니다. 그레첼이 겁에 질린 모습으로 서 있자 마리아는 그레첼에게 묻습니다. "무서워?" 그레첼은 "천둥이 왜 못됐지요? 천둥이 왜 화났죠? 난 울 뻔했어요" 합니다. 어린 그레첼은 천둥과 번개를 인격화해 인간이 느끼는 감정으로 표현했지만 자기 감정에 대해 혼란스러워했습니다. 그리고 자기가 느끼는 감정을 '울음'으로 표현했습니다.

이때 마리아는 그레첼에게 "울지 마, 울 필요 없어"라고 하지 않고 "아, 그건 기분이 상한 거야"라고, 울고 싶은 감정을 '기분 상함'이라고 명명하고 의식하도록 도왔습니다.

그레첼같이 아주 어린아이들만 감정을 잘 인식하지 못하고 잘 표현하지 못하는 게 아닙니다. 중·고등학생들도 다양한 감정을 그냥 "짜증나!"라는 한마디로 표현하는 경우가 매우 흔합니다. 화가 나도 짜증, 불쾌해도 짜증, 답답해도 짜증, 불안해도 짜증, 지루해도 짜증, 지겨워도 짜증이라고 표현합니다.

감정에 대한 어휘력이 한정되면 결국 감정에 대한 문제를 해결하는 능력이 제한됩니다. 이는 비가 와도 물, 눈이 와도 물, 안개도 물, 구름도 물, 냇물도 물, 바다도 물이라고 하는 것과 같습니다.

우리는 어떤 감정을 느끼지만 그것이 무엇인지 모를 때가 있고, 그럴 때 가장 혼란스럽고 불안합니다. 당연하지요. 뭐가 뭔지 알아야 대응할 수 있으니까요. 그래서 감정의 원인과 실체가 밝혀지는 순간, 안도하게 되지요.

예를 들어, 아침에 일어났는데 뭔가 불길한 기분이 들면 하루 종일 일이 손에 잡히지 않습니다. 오후에 좋지 않은 소식을 들으면 "아, 이러려고 하루 종일 불길한 느낌이 들었구나" 하며 오히려 마음이 편해집니다. 실체가 분명하지 않은 것이 분명히 명명되는 순간 마음이 한결 홀가분해집니다. 그래서 아이의 감정에 이름을 붙여주는 게 중요한 순서입니다.

감정을 명명해야 하는 이유가 하나 더 있습니다. 감정은 주로 오른쪽 두뇌가 담당합니다. 불쾌하거나 불안하거나 두렵거나 슬픈 감정은 우리를 위축시키고 움츠려들게 합니다. 이런 반응은 매우 정상적이고 자연스러운 반응입니다.

이때 이성이 개입하지 않으면 그 감정에 점점 더 깊이 빠져버리게 됩니다. 이성이 감정을 둘러싼 정황을 분석하고, 이와 비슷한 상황과 반대되는 상황을 비교해 판단하고, 새로운 가능성을 고려하면서 비로소 중심을 찾을 수 있습니다. 감정에 '이름'을 붙이는 순간 이성을 담당하는 왼쪽 두뇌가 작동하고 이성이 개입됩니다.

그러는 순간 이제 아이와 이성 차원에서 대화할 수 있는 준비가 되는 셈입니다. 본능적이거나 반응적인 차원의 행동에서 다양한 관점을 고려해서 좀 더 바람직한 행동으로 선도할 수 있는 기반을 마련한 것입니다. 어른들은 흔히 이런 준비 없이 마지막 단계(선도)에 뛰어드는 바람에 역효과를 초래합니다. 마치 준비운동 없이 물에 뛰어들어 수영하다가 낭패를 보는 것과 같습니다. 감정 코칭 1단계부터 4단계는 준비 단계로 봐도 무방합니다.

바람직한 행동으로 선도하라

만약에 마리아가 무서워하는 아이들과 시시덕거리고 놀기만 했다면 그 장면은 명장면도 아니고 제가 언급하지 않았을 것입니다. 그러나 마리아는 아이들을 좀 더 바람직한 행동으로 선도해 주었습니다.

"나는 기분이 나쁠 땐 좋은 일만 생각한단다. 수선화, 푸른 초원, 하늘의 별들, 장미 꽃잎의 빗방울과 아기 고양이의 수염, 밝은 구릿빛 주전자, 따뜻한 양털 장갑, 잘 포장된 소포 꾸러미들, 크림색 조랑말과 사과 파이, 초인종과 썰매 방울, 달을 보고 날갯짓하는 거위…… 이게 내가 좋아하는 것이지." (〈My Favorite Things〉의 가사)

마리아는 아이들에게 기분이 상했을 때 울거나 남의 방에 뛰어들어 오지 않을 수 있는 좀 더 바람직한 선택이 있다는 것을 알려주었습니다. 그러나 마리아는 아이들에게 "다음에 천둥 치거든 이렇게 해라"라고 해결책을 직접 말해 주지 않았습니다. 그대신 "나는 이럴 때에 요렇게 한다"라고 자신의 방법을 말해 주었습니다.

그런 후에 아이들에게 묻습니다. "너희가 좋아하는 게 뭐지?" 아이들은 스스로 생각해 말합니다. "갯버들, 크리스마스, 어린 토끼들, 뱀, 초콜릿 아이스크림, 방학, 베개 싸움, 전보, 생일 선물, 아무 선물, 무당벌레, 시원한 재채기……."

마리아는 계속 이어갔습니다. "개에 물리고, 벌에 쏘이고, 마음이 슬플 때도 좋은 것들만 생각한다면 즐거워질 수 있어." 천둥 번개 칠 때 유효한 방법이 일반화되어 다른 상황에도 적용할 수 있음을 가르쳐준 것입니다. 해결책을 일러준 게 아니라 스스로 해결할 수 있는 능력을 키워준 것입니다.

이와 같이 감정 코칭의 결과는 아이들의 스트레스를 완화시켜 주었고, 어른에 대한 불신과 반항심, 경계심에서 벗어나게 해주었습니다. 서로 감정적인 차원에서 한편임을 확인시켜 주었고, 다 함께 모두가 원하는 좀 더 성숙하고 지혜로운 판단과 선택을 할 수 있도록 해주었습니다. 여기서 확실하게 해두고 싶은 말은 감정 코칭이란 어른이 원하는 것을 아이가 하도록 유도하는 '술수'가 아니라는 것입니다. 그런 술수는 아이마저도 한두 번은 속아 넘어가도 지속할 수는 없을 것입니다. 감정 코칭은 진심과 정성을 담아 무엇이 진정으로 아이를 위한 것인가를 추구하는 최고의 방법입니다.

앞의 사례들에서 보듯이 감정 코칭이 이토록 위력적인데, 이론은 무척 간단합니다. 너무 쉬워서 당장 해볼 수 있겠다는 자신감마저 생기지만, 또한 잘 안 되는 것이 감정 코칭입니다. 우리는 감정 코칭의 다섯 단계에서 첫 네 단계를 건너뛰어 맨 마지막 단계로 가곤 하지요. 이런 습관을 버리는 게 쉽지 않습니다. 또한 우리는 감정에 대한 감정(초감정)을 지녔습니다. 복잡합니다.

일반적으로 우리가 새로운 습관을 들이는 데는 21일(3주)이 걸린다고 합니다. 낡은 습관을 버리는 데 시간이 걸리고, 새로운 습관을 들이는 데 시간이 걸리고, 익숙해져서 생각을 하지 않고 자동적으로 할 수 있기까지 또 시간이 걸리기 때문에 총 100일이 걸립니다.

그러니 감정 코칭을 당장 시작하더라도 효과는 바로 안 나올 테니 포기하지 말고 꾸준히 해야 합니다.

우리 정서에도 잘 맞는 감정 코칭

　감정 코칭이 최근에 한국에서 널리 알려지기 시작했습니다. 갑자기 나타났다가 하루아침에 사라지는 유행은 아닐 것입니다. 저와 제 아내 최성애 박사가 공저한 『내 아이를 위한 감정 코칭』이란 책이 출간된 이후 꾸준히 베스트셀러 목록에 올라 많은 독자의 사랑을 받고 있는 점과 그 책이 중국어로 번역되어 이제 13억 중국인에게 소개되고 있다는 사실을 보면 알 수 있습니다.

　감정 코칭의 역사는 깁니다. 처음 등장한 것은 1969년입니다. 이스라엘 교육자며 심리학자인 하임 기너트가 부모와 자녀 사이의 대화 방식을 개발한 것입니다. 부모와 자녀 사이에 서로 존중해 주면서 대화를 나눌 수 있는 매우 구체적인 방법을 제시했습니다.

　36년 동안 수천 쌍의 부부와 부모 자녀 관계를 통계학을 이용해 연구해온 존 가트맨 박사가 1997년에 하임 기너트의 방법을 체계적이고 순차적인 다섯 단계로 구분한 감정 코칭법을 소개했습니다.

　인간발달학 전문가인 최성애 박사는 가트맨 인스티튜트에서 감정 코칭 교육자 자격증을 취득한 후에 감정 코칭법을 한국 정서와 문화에 맞게 해석해서 한국에 전파했습니다. 2006년에 가장 먼저 MBC 다큐 프라임을 통해 〈내 아이를 위한 사랑하는 기술〉로 소개되었습니다.

　현재 저희 부부는 감정 코칭 교육자을 양성하는 교육 프로그램을 개발하여 감정 코칭을 보급하는 일을 시작했습니다. 또한 저소득층과 위기에 처한 가정을 돕기 위해 〈행복 씨앗 심기〉라는 무료 교육 프로그램도 운영하고 있습니다.

그 사이에 저희 부부는 멕시코·과테말라·브라질·필리핀·중국 등 여러 나라의 교사와 학부모를 대상으로 감정 코칭을 가르치면 큰 환영을 받았습니다. 한국이나 외국이나 기본적인 인간관계는 마찬가지였습니다. 또한 교사와 학생의 관계는 부모와 자식의 관계와 같습니다. 그래서 감정 코칭은 세계적으로 통용될 수 있는 인간관계의 기본 기술임을 확인했습니다. 지금도 저희 부부는 그 일을 계속하고 있습니다.

매우 아쉽게도 하임 기너트는 1973년에 세상을 떠났지만 가트맨 박사는 2010년에 한국을 처음으로 방문하고 자신이 개발한 감정 코칭법을 통해 근본적으로 변화된 소사회(마을)를 목격했습니다. 가트맨 박사는 감정 코칭을 효과적으로 훈련하는 저희 교육 매뉴얼을 배워서 미국에 적용하고 싶다고 했습니다.

가트맨 박사는 감정 코칭이 미국에서는 엘리트 상류층 위주로 확산되었는데 어떻게 한국에서는 모두가 그리도 쉽게 받아들이고 실천하는지 궁금해했습니다. 저희 답은 간단했습니다. "한국이 '동방예의지국'이라 옛날부터 인간관계를 중요시해 왔기 때문입니다."

그렇습니다. 감정 코칭은 우리가 현대에 걸맞은 방식으로 자녀와 학생과 서로 예를 갖추고 대화하고, 서로 존중해 주며 긍정적인 관계를 맺는 방법인 것입니다. 감정 코칭은 우리에게 생소한 게 아니라 우리가 여태껏 해오던 것을 현대화한 것입니다. 그래서 우리 정서에 그리도 잘 맞는 것입니다.

하지만 감정 코칭이 세간의 관심을 끌게 되면서 감정 코칭도 짝퉁이 나오기 시작했습니다. 스스로 감정 조절도 못하는 사람들이 남에게 감정 코칭을 가르치겠다는 안타까운 일이 벌어지고 있습니다. 이를 제대로 배우고 싶으시다면 handanfamily@gmail.com으로 연락하시기 바랍니다.

| 17장 |

학습 동기 부여하기

교사는 동기 부여자다

'학생들과 한편 되기'라는 큰 목표를 놓고 한편 되기가 가장 어려운 '문제아'에 대한 설명으로 3부를 시작했습니다.

한편이 된다는 뜻은 그저 한배를 타고 함께 가는 것이 아닙니다. 배라도 옛 로마 군함 갑판 밑 선창에서와 같지는 말아야겠습니다. 줄지어 앉아 노 젓는 노예와 채찍 휘두르는 감독자가 있는 한 아무리 함께 가더라도 로마 군함의 선창이 교실의 모델이 될 수 없습니다.

그래서 학생을 움직이는 가장 흔한 도구인 체벌의 부적절성에 대해 설명했습니다.

상과 벌을 대처할 동기 부여 도구를 찾기 위해 학생의 두뇌 구조를 살펴 보았고, 감정적 차원에 머물고 있는 학생들과 긍정적 대화를 나눌 수 있는 기술인 감정 코칭을 소개했습니다. 마치 축구 팀에서 선수와 코치가 한편이듯이, 교실도 학생과 교사가 한 팀이 되어야 합니다.

축구 팀의 목표가 상대방 골문에 공을 넣는 것이지만 코치가 직접 뛰지 않고 선수들이 잘 뛰도록 매우 다양한 각도와 시점에서 선수들을 돕습니다. 역대 가장 훌륭한 코치들에 대한 평을 보면 한결같이 대단한 동기 부여자(motivator)라고 합니다.

교육도 마찬가지입니다. 배우는 이는 학생들이고 교사는 다각도에서 학생들을 돕는 존재이지요. 가장 훌륭한 교사는 학생들에게 공부하고 싶은 마음이 들도록 해주고 희망을 선택하도록 돕는 '동기 부여자'입니다.

이 장에서는 동기 부여 방법에 대해 설명을 하고자 합니다.

몰입 이론의 창시자 칙센트미하이 교수

　동기 유발에 대한 연구자는 많습니다만 저는 '몰입(flow)' 이론의 창시자인 칙센트미하이 교수의 연구를 가장 좋아하는데, 이유가 무려 다섯 가지나 됩니다. 첫째, 칙센트미하이 교수는 노벨상 수상자 81명을 배출한 시카고 대학교의 석좌교수였습니다. 시카고 대학교의 논문이라면 신뢰할 수 있다고 생각합니다.

　둘째, 칙센트미하이 교수는 대학자인 만큼 인품도 명품입니다. 많은 사람이 머리로 알고 있다 해도 행동하지 않는데, 이분은 생각과 행동이 일치합니다. 제 아내인 최성애 박사의 지도교수였기 때문에 훌륭한 인품의 소유자라는 사실을 30년 전부터 알았습니다.

　셋째, 그의 연구 자체가 무척 재미있습니다. 예를 들어, 암벽 타는 사람들도 연구 대상이었습니다. 암벽 타는 사람들은 좀 이상하지 않나요? 암벽 잘 탄다고 누가 돈을 주는 것도 아니고, 유명해지는 것도 아닙니다.

　반대로 암벽을 타지 않는다고 누가 뭐라고 하는 것도 아닙니다. '분명히 상과 벌이 따르는 것도 아닌데 목숨까지 걸고 하는 그 동기는 도대체 어디서 온 것인가?'를 칙센트미하이 교수는 질문하고 연구했습니다.

　상과 벌을 외적 동기라 하고, 자발적으로 움직이게 하는 동기는 내적 동기라고 합니다. 내적 동기에 대해 연구하는 사람들도 많습니다만 칙센트미하이 교수는 내적 동기를 유발할 수 있는 방법까지 찾아냈습니다. 그게 제가 칙센트미하이 교수의 연구를 소개하고 싶은 네 번째 이유입니다.

　마지막 이유는, 칙센트미하이 교수의 내적 동기 부여 방법을 소개한 후에 말씀드리겠습니다.

내적 동기의 3가지 조건

칙센트미하이 교수에 의하면 단 세 가지 조건만 만족되면 내적 동기가 유발된다고 합니다. 암벽 타는 사람만 연구한 것이 아니라 매우 다양한 직종에서 일하는 사람들을 장기 추적하고 연구해서 찾아낸 것입니다.

물론 학생들이 암벽 타듯이 공부를 목숨 걸고 하진 않겠지만, 공부에 쏙 빨려 들어가 몰입하게 할 수 있다는 것입니다. 먼저 아래와 같이 몰입의 세 조건을 소개하겠습니다.

① 뚜렷한 목표가 있다.
② 그 목표를 달성하는 과정에 즉각적인 피드백이 존재한다. 이 피드백은 다른 사람이 알려주는 피드백이 아니라 스스로 알 수 있는 피드백이어야 한다.
③ 그 사람에게 적합한 도전이 있다.

학생들 주변에 이 세 가지 조건을 거의 완벽하다시피 만족하게 해주는 게 하나 있습니다. 그래서 학생들이 거기에 푹 빠져 있습니다. 아쉽게도 공부가 아니라 컴퓨터 게임입니다.

컴퓨터 게임을 보면 목표가 뚜렷합니다. 누구를 이겨야 하는지 확실합니다. 그리고 키보드를 딱 누르면 그 효과(결과)가 모니터에 즉각 나타납니다. 전문가가 옆에 앉아서 훈수를 두지 않아도 잘했는지 못했는지 스스로 알게 해줍니다.

그리고 컴퓨터 게임은 수준이 딱 하나이지 않습니다. 다단계로 디자인되어 있습니다. 스무 번째 단계를 통과해서 스물한 번째 단계에 들어가면 조금 더 높은 단계의 실력이 요구됩니다. 그러니까 5분만 더하면 통과할 것 같습니다. 그러나 5분이 뭡니까, 5시간이 걸리지요. 5시간이 지나고 난 다음에 생각해 보면 마치 5분밖에 지나가지 않은 것처럼 느껴집니다.

이렇게 시간 흐름을 잊는 경험을 칙센트미하이 교수는 'flow(흐름, 몰입)'라고 했습니다. 무아지경에 빠지는 경험, 황홀한 경험입니다.

제가 칙센트미하이 교수의 연구를 소개하는 다섯 번째 이유를 설명하겠습니다. 칙센트미하이 교수는 연구 말미에 '과연 교실에서도 세 가지 조건으로 학생들이 몰입하게 만들 수 있는가?'에 대해 질문했습니다.

그 연구 결과는 교육자의 처지를 어렵게 만들었습니다. 만약 질문에 답이 '불가'라면 교육자는 상과 벌이라는 외적 동기 부여 도구에 매달리거나 내적 동기 부여를 포기해도 이해받을 수 있습니다.

하지만 답은 '가능하다'였습니다. 교육자가 할 수 없는 게 아니라 하지 않거나(게으르거나) 하지 못하는 것(능력이 없는 것)이었습니다. 그래서 우리의 입장이 곤란하게 된 것입니다. 칙센트미하이 교수의 연구는 핑곗거리를 거두어 가버렸습니다.

현실 속에서 수업은 이 세 단계와 거리가 멉니다. 흔히 수업의 목표는 학생들에게 비밀로 부쳐집니다. 수업에 열성인 선생님은 수시로 퀴즈를 내고 문제를 풀게 하고, 숙제를 내줘서 꼼꼼히 점검해서 학생들에게 피드백을 해줍니다. 그러나 그것은 차선책입니다. 두 번째 조건인 피드백의 핵심은 학생 스스로 알 수 있게 해주어야 하는 것이기 때문입니다. 또한 수업은 '어쩔 수 없이' 학생들의 평균에 맞추어야 합니다. 아무리 수준별 수업을 한들 고작 2~4단계입니다. 100단계가 있는 컴퓨터 게임과 '게임'이 안 되는 수준입니다.

이제 내적 동기 유발의 세 조건을 하나씩 설명하겠습니다.

뚜렷한 목표를 제시한다

수업 목표를 세우는 것은 학생이 그 질문(이슈, 수업 주제)에 주인이 되도록 만드는 첫 단계라고 했습니다. 학생들이 느껴야 하는 학습의 즐거움은 내용이 재미있고 즐거운 게 아니라 학습 목표를 달성해 가고 있다는 기쁨과 즐거움이어야 한다고 했습니다.

또한 유능하고 행복한 교육자의 모습을 다뤘던 1부에서 우리 교육자들이 무엇을 하고자 하는가, 어떤 교육자가 되고자 하는가, 어떤 인재를 양성하고자 하는가, 즉 교육의 목표와 교육자의 목표를 세우는 작업으로 이 책을 시작했습니다.

교육의 목표는 희망이라고 했습니다. 그래서 교육자는 공부의 신이 아니라 희망이 신이 되는 것을 목표로 삼아야 한다는 것이었지요. 오늘날 소중하게 생각되는 것보다는 은퇴하는 날 무엇을 소중하게 여길 것인가에 목표를 두라고 했습니다. 그래야 교육자가 행복해질 수 있지요. 희망을 느끼는 교육자만이 학생들에게 희망을 베풀 수 있으니 교육 혁신의 목표는 교육자의 건강이라고도 했습니다.

'목표를 세운다. 입지(立志), 뜻을 세운다' 다 같은 말인 것 같습니다. '입지'는 조선시대 대학자 이이(李珥)가 학문을 시작하는 사람들을 가르치기 위해 편찬한 『격몽요결』 제1장에 나옵니다. 학습의 시작은 올바른 목표를 세우는 데서 비롯한다는 사실은 칙센트미하이 교수의 연구가 아니어도 우리가 이미 400년 전부터 깨달은 것입니다.

즉각적이고 스스로 알 수 있는 피드백이 있다

선생님은 설명하다가 학생들에게 자주 묻습니다. "이거 이해되니?" 하고 물어보면 학생은 "네. 네" 합니다. 아마 선생님은 자신이 하는 설명에 대한 피드백을 즉각 받고 싶은 것이겠지요. 피드백을 받아야 더 진행할 기운이 나니까요.

하지만 정작 피드백이 필요한 건 학생입니다. 학생 스스로 수업의 목표를 제대로 달성하고 있는지를 알아야 내적 학습 동기가 유발됩니다.

과연 학생들의 답 "네, 네"에서 학생들이 피드백을 얻고 있는 걸까요? 물론 설명을 알아들었기 때문에 그렇게 답하는 학생도 있겠지만, 알아들었다고 착각하고 있는 학생이 더 많을 것입니다. 이해하지 못했지만 지겨운 설명이 반복되는 게 두려워서 "네"라고 답하는 학생도 있겠고, 학습된 무기력에 빠져서 습관적으로 아무 생각 없이 "네" 하는 학생도 있을 것입니다.

제가 빈정거리는 게 아닙니다. 다음 수업에서 "네"라고 답한 학생에게 설명을 요약해 보라고 해보십시오. 아마 학생은 설명을 시도하다가 '어? 내가 아직 이해를 못 했구나' 하고 깨닫게 될 것입니다.

생각으로는 다 이해한 것 같이 느껴지더라도 스스로 해보려고 할 때 정확하게 알게 됩니다. 요약을 해볼 때 '과연 내가 어느 정도 그 목표를 달성했는가' 스스로 판단할 수가 있게 됩니다. 그래서 학생들의 능동적 참여를 이끌어내는 토론식 수업이 최근에 부각되고 있는 것입니다.

토론식 수업의 핵심은 '말하기'가 아닙니다(22장 참조). 즉각적인 피드백으로 인하여 학생들의 학습 동기를 이끌어낼 수 있다는 게 핵심입니다.

수준에 적합하게 도전하게 한다

다양한 실력과 준비를 갖춘 학생들에게 수준에 적합한 도전을 하게 하는 방법은 교수자 중심 교수법을 지양하고 학습자 중심 교수법으로 지향해야 한다고 12장에서 말씀드렸습니다. 학습자 중심 교수법에는 문제 중심 학습법(PBL, Problem Based Learning), 체험 학습법(Experiential learning), 학생 중심 학습법(Student centered learning) 등 다양한 모델이 존재합니다. 그러나 저는 모든 교실 상황에서 학습자 중심 교수법이 가능하다고 생각합니다.

한 예로, EBS 다큐 프라임 〈최고의 교수〉에 소개되었고 베스트셀러 『정의란 무엇인가』의 저자인 하버드 대학교의 마이클 샌델 교수의 수업을 참고하겠습니다.

샌델 교수의 수업은 1,000명의 학생이 수강하는 초대형 강의식 수업입니다. 그럼에도 샌델 교수는 반드시 학생들에게서 질문을 받아냅니다. 질문은 모든 교육의 시발점입니다(우리 한국의 학부모는 "학교에 가서 뭘 배웠니?" 하고 물어보는데, 수많은 인재를 배출한 유태인 부모님들은 "너 학교에 가서 무슨 질문 했니?" 하고 물어본다고 하지요). 역시 샌델 교수는 학생들이 질문할 수 있도록 허락합니다.

샌델 교수는 학생이 질문하거나 대답할 때 학생의 이름을 묻고, 학생의 발언이 아무리 엉뚱하고 강의 주제에서 벗어난 것 같아도 강의의 핵심으로 연결해 줍니다. 그는 비웃음을 당할 걱정이 없는 편안한 분위기에서 학생들이 마음껏 참여해 도전하게 합니다. 또한 그러한 학생의 이름을 불러주면서 도전에 대한 참여 그 자체를 은근히 칭찬해 줍니다. 최고의 교수는 그냥 되는 게 아닙니다.

질문으로 내적 동기를 불러일으켜라

EBS다큐 프라임 〈최고의 교수〉에 선정된 저도 질문을 매우 중요하게 생각합니다. 제가 학생에게 질문할 때는 이미 제가 알고 있는 답을 학생들에게 요구하는 것이기에 학생은 제 생각을 능가할 수가 없습니다.

제 생각을 뛰어넘는 유일한 방법은 질문하는 것입니다. 질문에는 한계가 없습니다. 교수의 능력을 뛰어넘을 수 있고 교수의 상상력을 뛰어넘을 수 있습니다. 질문을 허락하는 것은 교수자를 뛰어넘을 수 있도록 허락하는 것입니다. 우리는 우리를 능가하는 학생을 만나는 기쁨을 최고의 기쁨으로 여기지 않습니까?

저는 주로 대형 강의를 했기 때문에 수업 때마다 겨우 두세 명의 질문밖에 받지 못하고 또 매번 같은 학생들입니다. 그래서 모든 학생들에게서 질문을 받아내는 독특한 비법을 저 나름대로 개발했습니다.

수업을 마치면서 학생들에게 질문을 적어 내게 하고, 질문의 질을 평가해서 점수를 주는 것입니다. 훌륭한 질문은 반드시 다음 수업에서 읽어주거나 칠판에 써줍니다. 그러면 재미난 현상이 벌어집니다.

같은 질문을 제가 하면 학생들은 그냥 시큰둥한 반응을 보이지만 반 친구가 한 질문에 대해서는 자존심에 자극을 받는지 서로 답을 찾으려고 합니다. 학생들 사이에 도전 의식(서로 더 좋은 성적을 받겠다는 경쟁 의식이 아니라 학습 그 자체에 도전하는 즐거움, 즉 몰입의 상태)을 발동시키는 일종의 협동 학습(Peer learning) 이라고 볼 수 있겠습니다.

그 과정을 거치면서 학생들 질문의 질이 계속 향상됩니다. 학기 첫 2~3주에 나왔던 질문과 마지막 2~3주에 나오는 질문을 대비해서 학기

말에 학생들에게 보여줍니다. 그럼 학생들이 스스로 깨닫습니다. '아! 나의 사고력이 이 수업을 받는 동안 굉장히 발전했구나.' 스스로 만족해합니다.

이 만족도는 학생들의 강의 평가에 흔히 나타납니다. '제가 비록 이 수업에서 C학점을 받았지만 이 수업에 관심을 갖게 되었고 공부하고 싶은 마음이 생겼기 때문에 매우 만족합니다.'

학생들이 학점이라는 상과 벌로 움직이는 것이 아니라 그 수업에 푹 빠져 학습의 즐거움을 맛보게 하고, 자기가 그저 발전하고 있다는 그 즐거움에 더 공부하고 싶어 하는 마음이 생기게 해야 합니다. 그것이 내적 동기 유발이며 학생들이 기다리는 수업입니다.

상과 벌은 단기 효과는 있지만 지속될 수 없습니다. 벌은 '루즈-루즈(lose-lose)' 현상입니다. 안 하면 맞고, 안 맞기 위해 억지로 해야 하니 '루즈-루즈' 결과로 이어집니다. 상은 '윈-루즈(win-lose)' 현상입니다. 하기 싫지만 하면 상을 주니까 어쩔 수 없이 합니다. 어쩔 수 없는 상황은 심한 스트레스를 유발합니다.

'윈-윈(win-win)' 현상에 해당되는 세 번째 방법을 저는 매슬로 이론의 가장 위 단계인 자아실현에 연관시킵니다. 자기가 되고 싶어 하는 사람이 되고픈 마음이 내적 동기입니다. 그래서 저는 내적 동기라는 것은 꿈과 연결된다고 생각합니다.

과연 학생들이 공부하는 이유가 자기가 되고 싶어 하는 사람이 되기 위해서인가? 꿈을 추구하고 있는가? 아니면 악몽 또는 환상을 꿈꾸고 있는 것인가? 다음 장에서 생각해 보겠습니다.

| 18장 |

학생들이 꿈을 품을 수 있도록 도와주어라

박탈된 꿈

학생들에게 물어봅니다. 꿈이 무엇이냐고. 크게 네 가지 대답을 듣게 됩니다.

첫째, "몰라요." 정말 무엇을 하고 어떤 사람이 되고 싶은지 몰라서 헤매거나 '될 대로 되라'는 식으로 아예 아무 생각 없는 허깨비 같은 학생도 있습니다. 그중에는 꿈은 있지만 밝히고 싶어 하지 않는 학생도 있는 것 같습니다. 어차피 어른에게 말해 봤자 소용없다는 식으로 마음이 굳게 닫힌 듯 무표정한 모습입니다.

둘째, "아이돌 가수요. 프로 게이머요." 대답할 때 눈은 빤짝이지만 외부 빛을 반사하는 유리알과 다름 없습니다. 꿈이 아니라 환상(판타지)입니다. 자기가 좋아하는 것과 잘하는 것을 구분하지 못한 미성숙의 결과입니다.

셋째, "의사요. 공무원요." 이 역시 별 생각 없이 마치 녹음기가 돌아가듯 입만 움직이는 대답입니다. 의지도 열정도 없습니다. 빤짝이지 않는 눈이 아이의 허탈함을 여지없이 보여줍니다. 이런 학생은 꿈을 꾸는 게 아니라 남이 주입시킨 꿈, 즉 악몽을 꾸고 있습니다.

넷째는 참으로 다양한 미래 모습을 언급합니다. 왜 그 꿈을 품게 되었는가 물어보면 매우 다양한 이유를 설명합니다. 대답하는 아이의 얼굴을 보면 쑥스러워하면서도 얼굴은 환하게 밝아옵니다. 그러고는 빙긋 웃습니다. 이것저것 따지고 이해타산으로 생각하는 미래의 모습이 아니라 가슴에 뜨겁게 품은 꿈입니다. 이게 청소년들이 지녀야 하는 진정한 꿈이지요.

한국에는 네 번째 유형의 학생이 많아 보이지 않습니다. 제가 잘못 알고 있기를 바라지만 뉴스를 보면 실망을 금치 못하게 됩니다.

가장 큰 교육 문제는 주입된 꿈

한국에서는 우수한 학생들일수록 죄다 공무원이나 의사가 되고 싶어 한다는 신문기사가 있습니다. '청소년'들이 '공무원'이라는 꿈을 스스로 꾼 것 같지는 않고 아마도 분명 주변의 어른이 그리 유도했을 것입니다.

따라서 저는 한국 교육의 가장 큰 문제는 주입식 교육이 아니고 청소년의 꿈마저도 주입되고 있다는 점을 꼽습니다. 주입된 꿈은 꿈이 아니라 악몽입니다.

의학이 좋아서, 또는 환자 돌보는 게 좋아서 의사가 되었다면 매우 훌륭한 선택입니다. 그러나 미국의 가장 권위 있는 단체 중의 하나인 의사협회의 정식 보고서에 의하면 의사들 중 10~15퍼센트가 알코올중독자 또는 마약중독자라고 합니다(이는 일반인들의 2배 이상입니다). 그저 사회적·경제적 지위를 추구하기 위해서 의사가 된 삶은 괴롭다는 뜻으로 풀이할 수도 있습니다.

즉, 그들은 의미 없는 삶을 살고 있으며, 정신적 빈곤으로 인하여 직업에 따르는 스트레스를 이기지 못하고 있음을 보여주는 통계입니다. 악몽에 시달리는 것입니다.

왜 어른은 아이에게 악몽을 주입하고 있을까요? 저는 물질적 빈곤 시대를 살아온 어른들의 시대착오에서 비롯한다고 생각합니다

조벽 교수의 혁신 메시지

한국의 가장 큰 교육 문제는 주입식 교육이 아니고 청소년의 꿈마저도 주입되는 현실입니다.

정신적 빈곤 시대의 절망

20세기 한국은 물질적으로 빈곤한 사회였습니다. 우리는 정말 처절하게 가난하던 시대에 학교를 다녔습니다. 지금 기성세대가 자랄 때에는 자기가 좋아하는 것을 할 수 있던 시절이 아니었습니다. 얼핏 잘못하면 굶어 죽을 수도 있었던 시대였습니다. 그래서 안정성과 안전성이 최대의 목표가 되었습니다.

하지만 이제는 살을 빼기 위해 일부러 굶는 시대가 되었습니다. 우리 학생들은 정신적 빈곤 시대를 살아가고 있습니다. 학생들에게 중요한 것은 굶주린 배를 채우는 것이 아니라 굶주린 정신을 채우는 것입니다.

자아 성취가 중요한 시대가 왔습니다. 이젠 학생들은 하고 싶은 일을 해야 살 수 있는 시대가 되었습니다. 학생들은 좋아하는 일을 해야 평생 학습을 추구할 수 있는 저력을 갖추고, 계속해서 발전하고 싶은 내적 동기를 얻을 수 있을 것입니다.

안정성을 추구해야만 했던 물질적 빈곤 시대를 보낸 어른들이 자녀의 젊은 패기와 용기와 도전 의식이 피어나기도 전에 안정적 밥벌이나 강요하고 있지는 않은지요. 공부 스트레스는 역설적으로 학생의 의욕과 자발성과 생동감을 짓밟아버립니다.

오늘날 한국은 정신적 빈곤이 심각합니다. 정신적 빈곤은 빈부, 남녀노소의 차이와 관계없이 만연해 있습니다. 저는 위기에 처한 학생에게 심리상담을 해주는 위 센터 센터장을 하면서 전국의 70여 센터를 직접 방문하여 절망하는 많은 학생들을 만나보았습니다. 상담받아야 하는 학생들이 너무 많아 가는 곳마다 정신없이 바빴습니다.

그곳에서 일하는 분의 말에 따르면 위 센터에서 도와주어 조금 나아진 학생이 또 되돌아오는 회전문 현상에 심신이 지치고, 이미 도와줄 수 없는 지경까지 간 학생들이 그들의 마음을 아프게 한다고 하더군요.

일반적으로 문제아들만 문제라고 하지만 영재아들도 정신적으로 힘들어하는 경우가 많습니다. 저는 특허청 산하 영재교육센터도 운영했기 때문에 영재아 역시 '문제아'만큼 문제가 심각하다는 사실을 잘 압니다.

학생 자신은 과학자가 되고 싶어 하지만 부모는 의사가 되라 하고 공무원이 되라 한다고 정신적으로 매우 힘들어합니다. 얼굴이 스트레스로 찌들어 보입니다. 온 세계가 자기 것처럼 여겨질 수 있는 그 꽃다운 나이에 이미 한물간 꽃의 시들함이 느껴집니다.

정신적 빈곤의 극치가 절망이고 절망의 극단은 자살입니다. 한국이 세계 최고의 자살률을 기록하게 된 데는 다 이유가 있을 것입니다.

조벽 교수의 혁신 메시지

이제 우리가 걱정해야 하는 대상은 배가 고픈 게 아니라 마음이 고픈 학생입니다.

꿈은 선불제, 환몽은 후불제

현대판 개미와 베짱이 이야기를 들은 적이 있습니다. 본래 이야기는 여름 내내 노래나 부르고 즐기며 놀던 베짱이가 훗날 추위에 떨다가, 여름철 내내 성실 근면했던 개미네 집을 찾아 끼니를 구걸한다는 교훈이 담긴 이야기이지요.

현대판은 온종일 일한 개미는 노후에 병원 신세를 지지만 노래 부르며 놀던 베짱이는 아이돌 가수가 되어 떼돈 벌며 잘산다는 이야기입니다. 당연히 그런 배짱 두둑한 아이들이 있어야 한류 열풍을 이어갈 수 있겠지요.

한류 열풍의 주역이 되겠노라는 아이들이 많습니다만 극소수의 아이들이 그 꿈을 이루고 나머지 대다수는 환몽으로 끝나게 될 것입니다. 그러니 성공 확률이 작은 큰 꿈은 아예 포기하라는 뜻은 절대로 아닙니다. 저는 성공 확률을 높이는 법을 말하고 싶습니다.

꿈과 환몽은 둘 다 뜨거운 가슴으로 품는 미래의 모습일 것입니다. 하지만 꿈이 환몽과 다른 면이 하나 있습니다.

꿈은 선불제고 환몽은 후불제입니다. 환몽은 무턱대고 구입한 후에 대가를 못 치르고 되돌려주는 명품과 같습니다. 꿈은 대가를 확실히 알고 미리 지불합니다. (비유를 계속하자면, 악몽은 명품을 사채로 지급하는 식입니다. 물건을 구입했지만 월부 이자가 계속 늘어나 죽을 때까지 지불해야 하는 명품입니다. 대가가 너무 큽니다.)

꿈을 돕는 사람, 교사

사실 꿈은 공짜입니다. 공짜 여행을 가는 것입니다. 그러나 보험이 없는 여행입니다. 만약 여행을 험한 바다를 건너는 항해라고 한다면 배가 뒤집혀 물에 빠지는 사람이 있는가 하면 무사히 목적지까지 잘 도착하는 사람도 있습니다.

즉, 여행은 공짜지만 목적지에 도착한다는 보장 없는 여행이라는 뜻입니다. 바다에서 표류할 수도 있고 신바람 나는 여행이 될 수도 있습니다. 차이가 무엇일까요?

차이는 세 가지 실력에서 생긴다고 생각합니다. 여행 끝까지 노를 저을 수 있는 실력, 도중에 일어날 수 있는 변수에 대응하는 능력, 그리고 함께 여행하는 사람들과 잘 지내고 협력할 수 있는 능력일 것입니다.

저는 이 비유를 글로벌 시대가 요구하는 인재상에 적용합니다. 인재는 꿈을 지녔습니다. 교육자는 학생이 가슴에 꿈을 품을 수 있도록 도와주어야 합니다. 환상을 꿈꾸면 깨워주고, 악몽에 시달리면 벗어날 수 있도록 도와주어야 합니다.

그러나 꿈을 이룰 수 있는 세 가지 실력도 갖추어주어야 합니다. 첫째, 꿈을 추구할 수 있는 기본 실력인 전문성, 둘째, 꿈을 추구하는 과정에 나타나는 수많은 상황에 대응할 수 있는 창의성, 셋째, 다른 사람과 꿈을 공유하고 함께 힘을 모아나갈 수 있는 인성을 꼽고 싶습니다.

교사의 역할은 학생들이 이러한 실력을 갖추도록 이끌어주어 학생이 꿈을 달성하고 장차 스스로 원하는 사람이 될 수 있도록 돕는 것이라고 믿습니다.

정신적 빈곤의 시대에 학생들이 주입된 꿈이 아니라 자신의 꿈을 꿀 수 있는 환경을 만드는데 교사가 나서야 합니다. 학생들이 전문성, 창의성, 인성을 갖추도록 교육 경험을 디자인해야 합니다.

저는 상상해 봅니다. 다시 학생들에게 꿈을 물을 때, 그들이 생각만 해도 가슴이 뜨거워지는 이야기를 들려주기를.

조벽 교수의 혁신 메시지

이제 우리는 머리만으로 사는 게 아니고 가슴도 함께 살아야 합니다. 그게 진정으로 사는 법입니다.

4부
평생학습 시대, 창의 인재로 키워라

최선의 창의성 교육은 학생들의 호기심과 모험심을 허용하는 교육 환경을 만들어주는 것입니다. 결과와 무관하게 색다름과 독창성을 최고의 가치로 인정하고 격려해 주는, 즉 생각이 자유로울 수 있고 실수가 허용되고 용서되는 환경에서 창의성은 꽃을 피웁니다.

| 19장 |

글로벌 평생학습 시대의
필수 능력을 가르쳐라

글로벌 인재의 조건에 대한 오해

제가 글로벌 시대가 요구하는 인재를 설명하면 흔히 세 가지 질문을 받습니다. 그래서 이 책에는 미리 답을 드리고 설명하겠습니다.

첫째, "전문성, 창의성, 인성의 개념을 매우 색다르게 해석하셨습니다. 이왕이면 차별화를 위해 다른 단어를 사용하는 게 좋지 않을까요?"

비록 해석은 새롭지만 기본 개념 자체는 예나 지금이나 하등 차이가 없습니다. 예를 들어, 인성은 남의 입장에서 생각하고 행동할 수 있는 능력입니다. 신조어를 만들어내어 마치 사람에게 새로운 실력이 필요한 것처럼 보이게 하여 혼동을 가중시키고 싶지 않습니다.

둘째, "제시한 인재상은 이상적이어서 학생들에게 다 갖추어주기가 불가능해 보입니다."

글로벌 인재상은 도착지가 아니라 방향입니다. 조건들을 다 만족시킨 후에 비로소 달성하는 목표가 아니라 무극의 방향입니다. 따라서 어느 정도로 갈 것인가는 각자 정하시면 됩니다.

셋째, "내 나이에 글로벌 인재가 되기는 너무 늦은 것 같습니다. 정말 늦은 걸까요?"

글로벌 인재상은 방향이기 때문에 언제든지 그쪽으로 방향을 트는 순간 글로벌 인재로 살아갑니다. 죽기 전에는 아무 때나 방향을 틀 수 있습니다.

조벽 교수의 혁신 메시지

글로벌 인재상은 도착지가 아니라 방향입니다.

무시무시한 평생교육 시대

제가 학생이었던 구시대에는 고3때까지만 죽어라 공부하면 '평생직장'을 얻어 잘살던 시대였습니다. 그러나 어느덧 평생직장이라는 단어가 주변에서 사라졌고 '평생교육'이라는 새로운 신조어가 나왔습니다. 평생교육이란 참으로 무서운 개념입니다. 고3때까지만 죽어라 공부하는 게 아니라 죽을 때까지 하는 것이니까요.

이제는 공부를 먼저 하고 난 후에 일을 하는, 공부와 일이 순차적으로 연결된 시대가 아닙니다. 자고 일어나면 새로운 정보와 지식이 쏟아져 나오고 어제 유효했던 정보가 내일 쓰레기가 되는 정보 홍수 시대에 공부와 일은 처음부터 끝까지 병행되어야 하는 관계입니다. 그래서 전 세계가 이런 새로운 관계 조정을 위해 교육 혁신을 감행하고 있습니다.

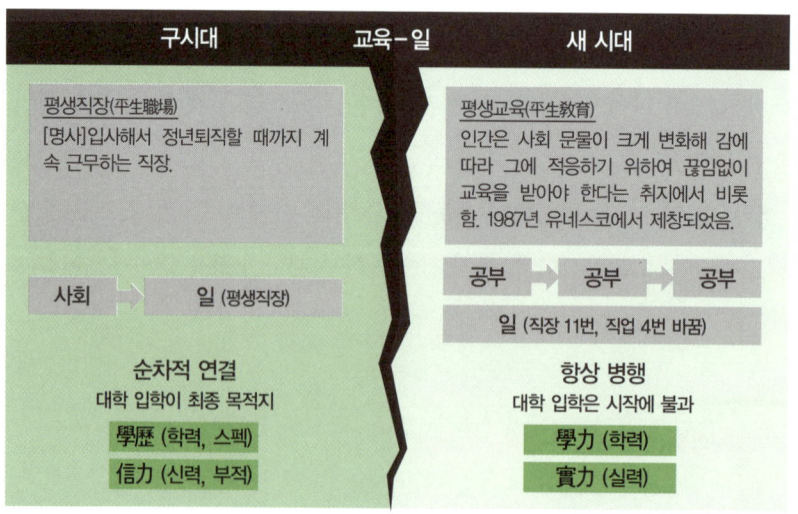

우리는 교육 혁신의 가장 중요한 대상으로 입시 지옥 해소와 사교육비 감소를 손꼽습니다. 하지만 입시 지옥이 없는 나라, 사교육비 없는 나라마저 다들 교육 혁신을 하고 있습니다. 이유는 초·중·고 교육을 비롯해서 대학과 기업체 교육이 일과 병행하는 구조로 조정되어야 하기 때문입니다.

입지 지옥과 사교육비는 병든 교육의 증상일 뿐입니다. 증상을 다스린다고 병이 낫지 않습니다. 원인을 다스려야 하지요. 원인은 산업화 시대의 최고 인재를 매우 성공적으로 양성해 낸 한국 교육 시스템이 그 성공 전략과 비법을 계속 사용하고 있다는 것입니다. 더 이상 유효하지 않은 것을 알면서도 통째로 내버리기는 겁나고, 조금씩 손질해서 쓰자니 자꾸 문제가 발생하고, 그래서 우왕좌왕하는 것 같습니다.

학생들은 진정한 '학력(學力)'을 추구하지 않고 '학력(學歷)', 즉 스펙을 갖추려고 합니다. 스펙은 포장지와 같기 때문에 푸는 동시 쓰레기가 되지요. 장기전을 치르기 위해서 어느 한 분야에 꾸준히 몰두하여 실력(實力)을 쌓아야 합니다. 그러나 많은 학생들이 여기 찔끔 저기 찔끔 기웃거리며 모은 잡스런 수료증 쪼가리에 부적의 신력(信力, 발음은 '실력')을 기대하고 있습니다. 몸에 부적을 많이 붙일수록 인재라고 인정하고 있지는 않은지 모르겠습니다. 으스스합니다. 평생교육이라는 단어가 무시무시한 개념이라고 했지만 몸에 부적을 붙이고 다니는 사람이 많아서 으스스해질 줄은 몰랐습니다.

> **조벽 교수의 혁신 메시지**
> 평생교육시대에는 공부와 일을 병행해야 합니다.
> 학력(學歷, 스펙)이 아니라 학력(學力)을 갖추어야 합니다.

스펙 중심의 교육이 바뀌어야 하는 이유

스펙을 보고 신입 사원을 뽑은 기업체는 고민이 깊습니다. 마치 예쁜 포장지를 풀고 보니 빈 깡통이듯이, 사원을 뽑고 보니 실력이 없는 것입니다. 고등학생 10명 중 9명이나 대학을 가니 졸업생들은 쏟아져 나오지만 막상 기업체는 일을 시킬 인재가 없다고 불평합니다. 할 수 없이 회사는 큰돈을 들여 사원을 재교육하고 있습니다.

대기업에서 들이는 신입 사원을 위한 1인당 재교육비는 미국 명문 사립대 4년 등록금과 맞먹습니다. 신입 사원은 기업 '장학생'으로 4년제 대학을 한 번 더 다니는 셈입니다. 이제 기업체 재교육을 정규 교육으로 인정해서 학위를 수여할 수 있게 해야 할지도 모릅니다. 그러면 고등학교를 졸업한 학생들이 굳이 곧바로 대학에 진학해야 할 필요가 없겠습니다. 일을 하면서 공부를 병행하게 되니 평생교육 시대 패러다임에 안성맞춤입니다. 초·중·고, 대학만이 정규 교육을 독점할 필요가 없습니다. 교육을 투자가 아니라 일상생활로 간주해야 합니다.

정보 홍수와 정보화는 교육의 목표와 과정을 모두 흔들어놓았습니다. 번데기가 허물을 벗고 나비가 되듯이 우리 교육 시스템도 좀 더 빨리, 좀 더 열심히 기어가는 번데기가 되기 위해 몸부림치지 말고, 허물을 과감히 벗어 내던지고 훨훨 날아다니는 나비가 되는 대변신이 필요합니다.

조벽 교수의 혁신 메시지

공부란 투자가 아니라 먹고 자는 것과 같은 일상생활입니다. 공부는 학비를 내고 지식을 소비하는 행위가 아니라 그 자체가 생산적인 활동이 되어야 합니다.

혼자서는 글로벌 인재가 될 수 없다

21세기 성공 키워드는 융합, 통합, 통섭, 퓨전, 시너지, 윈-윈, 팀워크, 네트워크 등이라고 합니다. 이 모두 협력과 협업이 전제된 개념들이며 혼자 일을 하는 모습과 전혀 무관합니다. 이제는 세상과 환경이 매우 복잡하게 얽혀 있기 때문에 아무리 잘나도 혼자 해결할 수 있는 문제가 별로 없습니다. 다양한 실력과 능력과 체력을 지닌 사람들이 함께 모여 지식과 정보와 생각을 총동원해야 합니다.

실제로 노벨상 수상자를 보면 수상 당시의 평균 연령이 점점 높아져서 흔히 70~80대입니다. 90대에 받는 사람도 있습니다. 또한 단독으로 수상하는 경우는 드뭅니다. 둘, 셋이 함께 수상합니다. 꼭 한 팀이 아니어도 지구 반대편에서 서로 많은 생각과 아이디어를 주고받은 공유와 나눔의 결과입니다.

그럼에도 한국에서는 공부 좀 잘한다는 학생들은 학교 성적을 올리기 위해 초·중·고등학교 12년 내내 마구간 같은 칸막이 공부방에 틀어박혀 세상과 사람과 단절합니다. 타인을 협력 대상이 아니라 경쟁 대상으로만 여깁니다. 성장기에 기껏해야 30센티미터 앞만 보고 한 주 앞 시험만을 고민한 학생들이 훗날 세계적 시야로 먼 미래를 내다볼 줄 아는 글로벌 인재가 되지는 못할 것입니다.

세상과 단절해서 살아온 사람이 갑자기 인재가 되어 소통의 달인이 되고 팀워크를 이루며 융합이라는 새로운 영역을 개척하고 윈-윈 전략으로 구성원들의 시너지를 도출해 내는 21세기 리더가 될 수는 없을 것입니다.

평생학습 시대의 전제 조건인 '관심사'

　정보화와 정보 홍수로 인한 평생교육 시대에는 새로운 인재가 필요합니다. 따분하고 하기 싫은 공부를 고3 때까지는 억지로나마 잘할 수 있어도 평생 동안 할 수는 없습니다. 평생학습을 하자면 세 가지 전제 조건이 만족되어야 합니다.

　첫째 조건은 관심사입니다. 저는 178개 대학을 방문해 보았고 너무 많은 대학생들이 자신의 관심사와 전혀 관계없는 학과에 다니고 있음을 알게 되었습니다.

　관심이 없는데 어디 공부가 되겠습니까? 그래서 대학 시절 내내 비싼 등록금만 축내면서 어영부영 보내고, 졸업할 때는 실력이 없어 또다시 스펙을 쌓기 위해 돈을 써가며 여기저기 기웃거립니다. 운 좋아 취업이 된들 시키는 일을 하려다 보니 스트레스만 쌓입니다.

　평생학습이란 오로지 자신이 관심을 둔 곳에서 가능합니다. 평생교육을 스스로 추구할 수 있는 정보화 시대 인재는 관심사가 있어야 합니다.

　학생들은 잡다하게 많이 알되 진정 자신에 대해서는 무지한 것 같습니다. 자신들이 무엇을 좋아하고 무엇을 잘하고 무엇이 되고 싶은지 모르고 있습니다. 학생들이 자신의 관심사를 발견할 수 있도록 도와야 합니다.

　얼마 전에 로봇 분야의 세계 최고 권위자를 인터뷰한 기사가 신문에 실렸습니다. 어릴 때 〈스타워즈(Star Wars)〉라는 공상과학 영화를 보면서 로봇에 관심을 가지기 시작했다고 합니다. 지금은 로봇이 흔하지만 그 당시에는 공상과학 영화에 등장하는 상상품이었습니다.

　빌 게이츠는 이미 중학생 때부터 컴퓨터에 관심을 가졌습니다. 40~50년 전에는 컴퓨터란 일반인들은 듣지도 보지도 못한 생소한 도구였습니다. 그러나 대다수의 관심 밖에 있던 분야에 자신의 재능과 열정을 쏟아부었던 사람들이 지금 가장 앞서 가고 부자가 되어 있습니다.

혹시 이런 단어 들어보셨습니까? 신경연결체학, 원자자력학, 무선전력전송학, 현실 마이닝, 셀룰로이스 엔자임, 그라핀 트랜지스터, 나노라디오, 확률론적 칩, 모델링 서프라이즈, 오프라인 웹……. 앞으로 우리 생활을 혁명적으로 바꿀 10대 기술의 영역이라고 MIT가 소개한 것입니다(《Technology Review》, 2008). 이런 단어들은 빌 게이츠와 스티브 잡스가 어린 학생이었던 시절에 등장한 컴퓨터, 인터넷, 모바일, 디지털, GPS, 가상공간, 휴대전화와 같은 개념들입니다. 당시에는 생소했지만 가까운 훗날 우리 생활을 완전히 바꿔놓은 기술입니다.

현재 학생들 중 어느 누군가 이러한 새로운 영역에 관심을 가지고 자신의 재능과 열정을 쏟아부을 때, 10~20년 후에 우리나라에서 새로운 먹을거리를 창출해 낼 글로벌 인재가 나올 것입니다.

평생학습 시대에 갖추어야 할 조건이 관심사라고 할 때 이왕이면 남들이 별 관심을 보이지 않는 곳에 뛰어들어 보는 것은 어떨까요?

조벽 교수의 혁신 메시지

재능이 있으나 관심사가 없는 것은 마치 표적 없는 화살과 같습니다. 재능이 관심사를 만날 때 비로소 인재가 탄생합니다.

스스로 배울 수 있는 능력

'사람에게 물고기를 주는 것은 그에게 물고기 잡는 방법을 가르쳐주는 것만 못하니라(授人以魚, 不如授人以漁)'. 노자의 말이지요. 같은 내용이 유대인의 교육 '법전'인 『탈무드』에도 나옵니다. '물고기 한 마리를 주면 하루를 살 수 있지만 물고기 잡는 법을 가르치면 평생을 살 수 있다.'

만약 공부를 초·중·고등학교까지 하는 것이라면 선생님, 부모님, 과외 선생님 등 누군가 학생 옆에 붙어서 학생들이 배워야 할 지식을 일일이 다 가르쳐줄 수 있을지도 모르겠습니다. 이런 상황에서 잘 배우는 학생은 남이 '주는 것을 잘 받아먹는 사람'입니다. 하지만 공부를 평생 해야 한다면 학생은 스스로 배우는 방법을 터득해야 합니다.

학교는 학생들에게 지식을 나눠주는 지식의 창고가 아닙니다. 교육자는 지식 중간도매상이 되어서는 안 됩니다. 교사가 그저 '잘 가르치는 이'가 아니라 '학생들이 스스로 배울 수 있도록 돕는 이'로 변신할 수 있도록 해야 하겠습니다.

스스로 배울 수 있는 '자기 주도 학습' 능력을 가르치는 최고의 방법이 바로 학습자 중심 교육입니다. 현자들은 예전부터 깨달았습니다. 평생교육 시대의 두 번째 조건인 자기 주도 학습은 모두가 조금 더 현자가 되기를 요구하고 있습니다.

조벽 교수의 혁신 메시지

유능한 교육자는 잘 가르치는 사람이 아니라 학생이 스스로 배울 수 있도록 잘 도와주는 사람입니다.

학습의 즐거움에 대한 경험

이왕 노자의 말을 인용했으니 공자도 빠뜨릴 수 없겠습니다. 학이시습지 불역열호(學而時習之 不亦說乎, 배우고 때때로 익히면 또한 기쁘지 아니한가). 공자의 사상을 담은 『논어』의 첫 대목입니다.

예로부터 지식인의 필독서 중 으뜸인 『논어』에서 맨 처음 나오는 내용이 학습의 즐거움에 대한 말입니다. 학습의 즐거움을 맛본 사람이 계속해서 학습을 추구하는 것이니 지식인이라면 가슴에 새겨둘 만한 말입니다.

서양 전통에도 학습의 즐거움에 대한 이야기가 넘칩니다. 고대 그리스의 인재 아르키메데스는 목욕하다 부력의 원리를 터득하자 너무 기쁘고 신나고 즐거워서 옷 입는 것도 잊고 벌거벗은 채로 거리로 뛰어나가 춤을 췄다는 이야기는 우리가 다 알 정도로 유명합니다.

평생교육은 공부를 억지로 해서 되는 것이 아니라, 공부가 즐거웠던 기억을 지닌 사람만이 할 수 있는 것입니다. 그래서 평생교육의 세 번째 조건은 학습의 즐거움에 대한 경험입니다. 혹시 학생들이 공부의 괴로움만 경험하고 있는 건 아닌지 살펴봐야 하겠습니다.

교육자는 학생들에게 가끔씩이라도 공부에 희열을 느끼는 기회를 만들어주어야 합니다. 그러면 학생들이 학교를 벗어나고 싶어 하지 않을 것입니다. 학생들이 학습의 즐거움을 느낄 수 있는 수업을 하는 것이 바로 자기 주도 학습 능력을 갖추어주는 최선의 방법입니다.

또한 학생들은 학습의 즐거움을 맛볼 수 있는 교과목에 관심을 두게 될 것입니다. 관심사가 커지면 꿈이 됩니다. 학생들이 꿈을 갖도록 도와주는 것이 가장 좋은 학습 동기 부여 방법입니다.

교육 경험 디자인하기

학교를 방문해서 교실을 들여다봅니다. 선생님의 얼굴을 먼저 유심히 살핍니다. 무척 많은 선생님들의 얼굴이 화를 내고 있거나 짜증이 묻어 있는 것 같아 보입니다. 아예 아무 표정 없는 얼굴도 봅니다. 학생들의 표정도 엇비슷합니다. 심드렁한 얼굴, 불만에 가득 찬 얼굴, 턱을 괴고 조는 바람에 한쪽으로 찌그러진 얼굴도 보입니다.

그러다가 한순간 모두의 표정이 확 달라집니다. 눈이 반짝입니다. 입이 열립니다. 어깨가 들썩입니다. 생기가 돕니다. 쉬는 시간이었습니다.

학생들이 학습의 즐거움을 느끼려면 먼저 선생님이 가르치는 것을 즐거워해야 합니다. 우리 교육자들이 즐거움을 느낄 수 없는 이유를 단박에 열 가지 이상 손꼽을 수 있습니다. 늘 쫓기는 기분이고 항상 전투하는 상황이라고 합니다. 수능 시험 준비에 바빠서, 진도를 맞춰나가야 해서, 잡무 때문에 수업을 준비할 시간이 없어서, 학생 기초 실력이 미달이어서, 학교 환경이 열악해서, 독선적인 교장 선생님 때문에, 교육지원청에 보고할 내용이 많아서……

교과과정에 치중한 나머지 학생들이 어떤 교육을 경험하고 있는지 신경을 쓰지 못하는 것입니다. 교실 밖의 문제는 어쩔 수 없다고 치더라도 교실 내 문제는 선생님이 좌우할 수 있는 문제입니다. 이제 교사는 새 시대에 맞게 학생의 '교육 경험'을 디자인해야 하겠습니다.

조벽 교수의 혁신 메시지

교과과정이 아니라 교육 경험을 디자인해야 합니다.

여행은 보는 게 아니라 느끼는 것

자기 주도적 학습 능력을 키워주는 최고의 방법은 가르치는 게 아니라 보여주는 것입니다. 학습의 즐거움을 맛본 사람만이 공부를 평생 동안 할 수 있을 것입니다.

우리는 흔히 교과과정을 디자인할 때 교육 내용, 기술, 방법, 절차 등을 고려합니다. 오늘은 교과서 몇 페이지부터 몇 페이지까지, 어떤 내용을 집중적으로 부각하고, 어떤 학습 목표를 달성할 것인가를 판단하고 정합니다. 그러고는 진도에 쫓기면서 학생과 교사 모두 허덕입니다. 이 와중에 학생들은 학습의 괴로움을 맛봅니다.

그래서 선생님은 교육 경험을 디자인해야 합니다. 어떻게 하면 학생들이 학습의 즐거움을 느끼고 몰입하고 관심사를 발견하고 열정을 느끼고 꿈을 지니게 할 것인가를 미리 고려해서 학습 안에 전략적으로 포함시켜야 합니다. 그럴 때 학생들이 우수한 교육을 받을 수 있게 될 것입니다.

저는 학생들이 학교에 오는 이유는 지식을 접하기가 아니라 경험을 접하기 위해서라고 생각합니다. 여행에 비유해 보겠습니다.

이탈리아 로마에 대해 알고 싶다고 해보지요. 며칠만 열심히 여행 가이드북을 공부하면 로마 역사와 유적과 지리를 훤히 통달할 수 있습니다. 그런 내용과 관련된 이야기를 알기 위해서 굳이 돈과 시간을 들여 로마까지 갈 이유가 없습니다.

그러나 우리는 압니다. 여행 가이드북에서 많은 지식을 머리로 익히는 것과 직접 여행을 가는 것은 다르다는 사실을 말입니다.

일단 로마 공항에 내리면 냄새부터 다릅니다. 새로운 환경에 익숙해질 때까지 너무 많은 시각적 정보를 처리해야 하는 눈은 어질어질합니다. 온갖 소리가 다 귀에 들려오지만 중요한 정보와 잡음이 뒤섞여 온통 잡음으로 들려옵니다. 무엇이 배경이고 무엇이 전경이 되어야 하는지 바로 판단하지 못하기 때문에 감각기관은 금세 피곤해집니다.

여행이란 목적지에 도달하는 게 아니라 도달하는 과정의 경험입니다. 여행할 때는 이성의 세계만이 아니라 감성의 세계를 만나는 것입니다. 훌륭한 경험의 목적은 아는 게 아니라 느끼는 것입니다.

훌륭한 교육의 핵심도 교과과정이 아니라 교육 경험이어야 합니다. 마치 학생들이 학교에 '여행' 오듯이, 머리로만 배우는 것이 아니라 온몸으로, 이성만 아니라 모든 감각을 통해서 느끼는 경험을 디자인해야 합니다. 단지 지식을 접하기 위해서라면 등교할 필요가 없고, 여행 가이드북만 봐도 된다고 여기듯이 학생들도 집에서 EBS 방송이나 교과서를 보면 되지 않겠습니까?

학생들이 쉬는 시간에만 신나고 생기발랄하다면, 결국 학생들은 쉬는 시간에 친구들과 어울리기 위해 등교하고 있는 건지도 모릅니다. 교육 경험이 잘 디자인되었다면 수업 시간이 쉬는 시간만큼 즐거울 것입니다.

'교육 경험', 우리가 항상 의식하고 있어야 하는 개념입니다.

> **조벽 교수의 혁신 메시지**
>
> 학생들이 학교에 가는 이유는 지식을 접하기 위해서가 아니라 경험을 접하기 위해서입니다. 훌륭한 교육 경험은 머리만 아니라 온몸으로 느끼게 하는 것입니다.

교육자도 평생학습자

　수업이 즐거워야 하는 이유가 하나 더 있습니다. 학생뿐 아니라 우리 스스로 건강하고 행복하기 위해서입니다.

　새로운 시대의 전문성이란 전문 지식을 알고 있느냐 없느냐에서 판가름 나지 않습니다. 그보다 더 중요한 것은 정보 홍수 시대를 맞이하여 과연 평생교육을 추구할 수 있느냐의 여부입니다. 교육자가 교육 전문가로서 전문성을 확보할 수 있는 유일한 방법은 평생학습자가 되는 것입니다. 스스로 학습의 즐거움을 느껴야 교육 전문가라고 할 수 있습니다.

　받는 기쁨보다 주는 기쁨이 더 크다고 하지요. 참으로 다행한 일이지요. 우리는 학생들에게 베푸는 사람들이니까 그만큼 학생들보다 더 큰 즐거움을 누릴 수 있는 기회가 있습니다. 그 즐거움을 학생들이 보고 함께 느낄 수 있으면 좋겠습니다.

　매번 수업이 즐거울 수만은 없겠지만 일주일에 한두 번만이라도 학생들이 수업에 푹 빠져 시간 가는 줄 모를 정도로 즐거운 수업이 되었으면 좋겠습니다. 학생들의 입에서 "오늘 수업이 너무 재미있었어요!"라는 감탄사가 나올 수 있으면 좋겠습니다. 일주일에 한두 수업은 그리할 수 있을 것입니다. 그런 교육자가 최고의 교육자이며, 그런 선생님이 많은 학교가 최고의 학교이며, 그런 학교가 많은 나라가 최고의 나라가 될 것입니다.

조벽 교수의 혁신 메시지

학생만이 아니라 교육자도 평생학습자입니다. 교사는 공부를 가르치는 사람이 아니라 평생학습자의 모습을 보여주는 멘토입니다.

| 20장 |

창의력의
여섯 가지 요소

기술 조립에서 기술 생산으로

한국 기업의 주요 전략은 1980년대까지만 하더라도 '부품 조립'을 통해 기존 제품을 저임금으로 대량생산해 내는 모방 제품 생산이었습니다. 이 당시 기업체는 이해력과 분석력이 뛰어난 인재들을 채용했습니다. 결과적으로 한국은 반세기 만에 농경사회에서 산업사회로 변신하면서 동서고금의 유례를 찾아볼 수 없을 정도로 눈부시게 발전했습니다.

그러나 오늘날 가파르게 상승하던 대한민국의 성장 동력은 엉거주춤하고 있습니다. 기업체는 대학 졸업생들의 능력과 실력에 불만을 토로하며, 대기업은 신입 사원 한 명당 평균 1억 원을 들여 2년 반 동안 재교육을 하고 있습니다. 오늘날의 기업 수준은 핵심 기술을 외국에서 수입하여, 적게는 매출액의 1~2퍼센트, 많게는 10퍼센트까지 원천 기술에 대

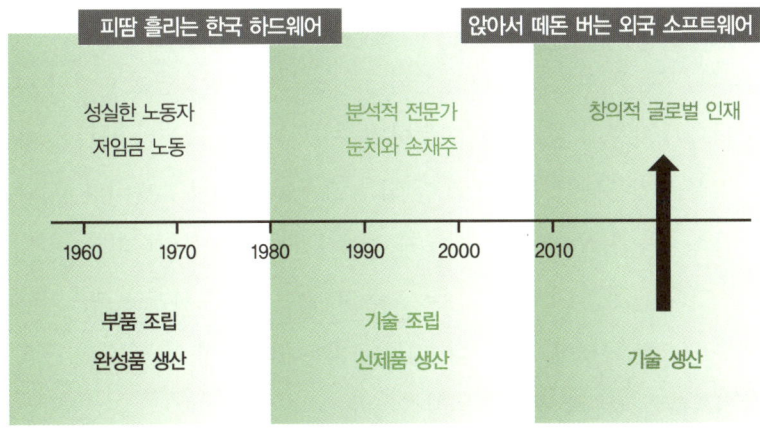

한국의 발전 단계

한 로열티를 지출하고 있으니, 외국 기술을 수입해서 '기술 조립'을 통한 신제품을 생산하고 있다고 볼 수 있습니다.

여기서 기술이라 함은 단지 가전제품과 자동차 같은 생산품에 국한된 게 아니고 예체능 영역을 비롯하여 문화 상품에도 적용되는 개념입니다.

한국이 앞으로 계속해서 발전하자면 분명 제품만 생산하는 것이 아니라 기술 자체를 생산해야 할 것입니다. '기술 조립'에서 '기술 생산'으로 전환하자면 새로운 인재들이 필요합니다.

최근 글로벌 기업들은 한국에 기술 생산을 주도할 수 있는 창의적 인재가 없다며 전 세계를 대상으로 인재 확보에 나서고 있습니다. 아쉽게도 어렵게 유치한 해외 인재들은 다양한 이유로 국내 기업에 장기간 머물지 않거나, 남아 있다 해도 실력을 제대로 발휘하지 못하고 있습니다.

예전에 해외 기술을 수입해서 기술 조립으로 수출에 성공한 전략을 이제는 인재 확보 전략에 그대로 적용하는 것 같아 보입니다. 해외 인재를 '수입'해서 국내 인재와 한 팀(완제품)으로 엮어내는 '인재 조립'을 하려는 모양입니다.

그러나 부품이나 기술과 달리 팀이라는 '완제품'은 쉽게 조립되는 게 아닙니다. 부품은 어느 곳에서 생산되더라도 스펙만 맞으면 호환성이 거의 완벽하기 때문에 완제품을 만들어낼 수 있습니다. 그러나 사람은 아무리 스펙을 갖춘들 스펙만으로 안 되는 요소들이 무척 많습니다. 사람은 역할과 기능과 실력으로만 이루진 존재가 아니기 때문입니다.

부품 간의 관계는 디자인된 대로 작동하지만 사람은 관계로 작동된다는 매우 중요한 특성이 있습니다. 너무나 많은 사람들이 이 '관계'의 중요성을 간과하기 때문에 실수를 반복합니다.

발명과 혁신의 차이

　기술 생산의 핵심은 당연히 창의성이겠지요. 그러나 창의성과 관련된 개념이 무려 170가지나 된다고 합니다(최인수, 『창의성의 발견』). 세상에 좋은 것은 다 포함되어 있는 것 같아 보입니다. 그래서 창의력에 대한 설명은 갈피를 잡을 수 없을 정도로 분분합니다. 이 사람 말을 들어봐도 맞는 것 같고, 저 사람 말도 분명히 전 사람의 의견과 상반되어 보이지만 맞는 것 같습니다.

　아무리 재능이 있어도 170가지 개념을 한꺼번에 다 이해하도록 설명할 수는 없습니다. 그래서 창의력 전문가들은 몇 가지 상위 개념을 정하고 170가지를 하위 개념으로 정리합니다. 각자가 강조하고 싶거나, 멋진 말로 요약해서 일반인이 쉽게 기억할 수 있도록 끼워 맞추기 위해서 소수의 상위 개념(단어)을 선택합니다.

　이름이야 어떻게 부르든 본질의 의미를 깊게 음미하면 결국 모든 게 서로 다 연계되어 있습니다. 따라서 각 연구자가 내세우는 요약된 개념(단어)에 너무 매달릴 필요는 없다고 생각합니다. 어차피 다 서로 연관되어 있으니까요. 그래서 창의력에 관련된 개념은 여러 논문(설명)을 접하고 본인에게 가장 쉽게 다가오는 정리 방식을 택하면 됩니다.

　한 가지 조심해야 할 부분은 한 가지 해석을 택하더라도 다른 해석을 부정하거나 틀렸다고 단정하지는 말라는 것입니다. 단호한 생각 자체가 유연성을 강조하는 창의적 발상과 어긋납니다.

　독자를 위해 서양 명언을 하나 소개하겠습니다. 셰익스피어의 명작 『로미오와 줄리엣』에 나오는 대사입니다.

What's in a name? That which we call a rose by any other word would smell as sweet.(이름이 어떻든 무슨 상관인가? 장미를 다른 어떤 이름으로 불러도 여전히 향기로울 터.)

이 장에서 저는 170가지 창의력과 관련된 개념들을 여섯 가지 종류로 구분해서 설명하고자 합니다. 이 분류법은 제가 한때 미시간 공대의 혁신센터 센터장직을 맡을 당시 독창적으로 개발한 분류법입니다. 1998년 3월 20일자 《경향신문》에 실린 기사에서 볼 수 있듯이 저는 오래전부터 대한민국의 창의력에 대해 많은 생각을 해왔고 말씀드리고 싶은 내용이 많습니다.

우리는 세계에서 가장 막강한 '고졸'들 덕분에 단기간에 산업화에 성공했지만 작금의 정보화 시대에 '대졸'들이 창의력이 없어 IMF 치욕까지 당하게 됐습니다. ……부부인 조벽 교수와 덕성여대 최성애 교수는 최근 펴낸 『한국인이 반드시 일어설 수밖에 없는 7가지 이유』를 통해 "한국에서 사람만 빼고 다른 것은 다 바꾸자"라고 말한다. 사춘기 청소년들의 주체하기 힘든 창의력을 극대화시키는 대학 교육제도를 마련하는 게 구국(救國)의 첩경이라는 주장이다.

그러나 먼저 창의성의 큰 분류법 두 가지를 소개하겠습니다. 첫 번째 분류는 발명(invention)과 혁신(innovation)이고, 두 번째 분류는 대문자 C 창의력(Creativity)과 소문자 c 창의력(creativity)입니다.

배고픈 예술가가 많은 이유

공학계는 창의력을 발명과 혁신으로 참으로 익살스럽게 구분합니다. 발명은 돈으로 아이디어를 만들어내는 것이고, 혁신은 아이디어로 돈을 만드는(벌어들이는) 것이라고 합니다. 회사의 R&D 부서가 신제품을 만들어내지요. 그러나 대부분의 제품은 시장에 나간 후에 소리 소문도 없이 사라집니다. 소수의 제품만이 대박을 터뜨리고 떼돈을 벌어들입니다.

혁신은 돈을 벌기 위해 아이디어(창의적인 제품)를 생각해 낸다는 뜻이 아닙니다. 제품이 좋아서 너도나도 사 가니까 돈은 저절로 벌린다는 뜻입니다. 사람들이 너도나도 지니게 되는 제품(아이디어)은 생활 패턴을 바꿉니다. 그래서 혁신적인 제품이 됩니다. 자동차, 컴퓨터, 인터넷, 핸드폰, 스마트폰이 다 큰돈이 되는 제품인 동시 우리의 생활 패턴을 바꾸어놓았듯이 말입니다.

페이스북 창시자 마크 주커버그는 대학교 친구들과 소통하기 위해 재미로 페이스북을 만들었습니다. 그러나 많은 사람들이 페이스북을 좋아해서 즐겨 사용하기 시작했습니다. 사용자가 늘다 보니 페이스북의 의미가 처음에 의도한 것 이상으로 새로워졌고, 사람들이 관계를 맺어가는 방법이 혁신되기 시작했습니다. SNS(Social Network Service)는 대통령 선거에도 결정적으로 영향을 미치는 거대한 사회적 현상의 중심축이 되었습니다.

발명에는 '독창성'이 핵심입니다. 하지만 혁신에는 '적절성'이 필요합니다. 독창성과 적절성이 동시에 작용해야 창의력이 건설적이고 생산적인 결과로 이어집니다.

적절성은 매우 높은 단계의 성숙도에서 얻는 지혜입니다. 그래서 무척 많은 창의적 시도가 독창성 차원에서 머뭅니다. 무조건 새로운 것을 추구하다 보면 어느 누구도 공감할 수 없고 오로지 자기만족에 그치게 되는 결과를 초래합니다. 그래서 배고픈 '예술가'가 많은가 봅니다.

기업체는 혁신적 제품을 요구하지만 직원들은 그저 새로운 제품(모델)만 내놓습니다. 창의력을 단지 새로운 것을 생각해 내는 능력이라고 잘못 이해하기 때문일 것입니다. 새로운 모델은 제품의 수명을 조금 연장해 줄지언정 새로운 시장을 개척해 내지는 못합니다. 그래서 기업체는 배가 고픕니다.

교육자도 배가 고픕니다. 자꾸 새로운 정책이 쏟아져 나오는 바람에 새로운 교육 방식을 도입하느라 정말 하고 싶은 수업을 하지 못하는 경우가 있습니다. 아무리 혁신이 지금까지 해오던 식과 다르게 하는 거라지만 다르기만 한 건 잡무만 늘릴 뿐입니다. 적절성을 충분히 고려하지 않은 혁신은 교사를 존경의 대상으로 만들지 못할 것입니다. 교사는 존경을 먹고 사는 존재입니다. 그래서 교육자는 배가 고픕니다.

조벽 교수의 혁신 메시지

발명에는 '독창성'이 핵심이지만 혁신에는 '적절성'이 필요합니다.
독창성과 적절성이 동시에 작용해야 창의력이 건설적이고 생산적인 결과로 이어집니다. 교육 혁신도 기존과 다르게만 한다고 되는 건 아닙니다. 적절성을 동시에 고려해야 합니다.

소수의 천재가 다수를 먹여 살린다?

창의력(creativity)을 크게 대문자 C 창의력과 소문자 c 창의력으로 구분하는 연구자도 있습니다. 대문자 C는 극소수에게 발견할 수 있는 혁신 주도적 창의력이며, 소문자 c는 모든 사람이 발휘할 수 있는 창의력입니다.

지금 한국에서는 '창의력' 하면 대문자 C 창의력에 집착하는 것 같습니다. "한 명의 천재가 만 명을 먹여 살린다"라는 말이 대표적인 대문자 C 창의력에 대한 열망을 잘 보여줍니다. 이 표현은 사실입니다. 하지만 절반만 사실입니다. 우선 왜 사실인가를 설명하고 나서 나중에 나머지 반에 대해 설명하겠습니다.

골프 챔피언들에 대한 매우 흥미로운 통계가 있습니다. 대부분의 챔피언들은 평생 딱 한 번 챔피언이 되었다고 합니다. 두 번 챔피언이 된 사람 수는 급속히 줄어들고 네 번 이상 챔피언이 된 사람은 몇 사람 안 되지요. 지극히 극소수가 열 번 이상을 해냈습니다. 잭 니클라우스, 타이거 우즈, 박세리가 해당됩니다.

이런 현상은 모든 분야에 공통적으로 나타납니다. 프라이스의 법칙(Price's Law)에 의하면 일하는 사람의 제곱근이 일의 절반을 해낸다고 합니다. 만약에 10명이 한 팀이 되어 일한다면 3명이 일의 절반을 하고 7명이 나머지 절반을 합니다. 100명이면 10명이 일의 절반을 해내고 90명이 나머지를 합니다. 그러니 한 명의 천재가 만 명을 먹여 살린다는 말이 성립된다고 하겠습니다[23장에서 '프라이스의 법칙'의 따름정리(corollary)인 '조벽의 법칙'이 소개됩니다].

창의력의 6가지 요소

일단 창의력에는 발명과 혁신, 천재적 창의력과 일반 창의력이 있더라도 모두 같은 창의력이기 때문에 근본은 같습니다. 저는 창의력의 핵심 요소를 기초 지식, 퍼지 사고력, 호기심, 모험심, 긍정심, 허심(虛心), 여섯 가지로 구분하고 정리합니다.

창의력은 상상력과 달리 제멋대로 생각하는 게 아니라 모두가 공감할 수 있는 기본 위에 세워지는 것이라서 기초가 튼튼해야 합니다. 튼튼한 기초 지식 위에 시시각각 달라지는 상황을 헤쳐 나갈 수 있는 퍼지 사고력, 문제 해결 대신 질문을 제기할 수 있는 호기심, 백 번 틀리고도 기죽지 않고 백한 번째 다시 일어설 수 있는 긍정적 자세, 안락함에 만족하지 않고 작은 성공률에 도전할 수 있는 모험심입니다.

창의력 계발에는 이렇듯 다섯 요소가 필요한 반면 없어야 할 요소도 존재합니다. 정답을 신봉해 추구하는 이원론적인 사고방식과 실패에 대한 공포증이 없어야 합니다. 이런 걸림돌이 제거되어 비어 있는 여지를 저는 허심이라고 부르며 창의력의 여섯 번째 핵심 요소로 인식합니다.

허심은 그저 자투리 시간과 공간을 확보해야 한다는 단순한 이야기가 아닙니다. 허심은 시간적 여유와 공간적 여백과 새로움을 수용하고 포용할 수 있는 정신적 여지(餘智)를 모두 아우르는 뜻입니다.

'여지(餘地)'는 '남겨진 땅'이라는 뜻으로 어떤 일을 하거나 어떤 일이 일어날 가능성과 희망을 뜻하듯이 제가 지어낸 '여지(餘智)'라는 단어는 머릿속에 남겨진 여유로서 새로운 생각을 품을 수 있는 가능성과 희망을 뜻합니다.

큰일을 하는 사람들은 많은 지식만 있거나, 자기 생각에만 빠져 있거나, 탐구력만 강하거나, 무모하게 도전을 하거나, 무조건 잘될 거라고 믿지 않습니다.

지식과 사고력, 호기심, 모험심, 긍정심을 갖추었지만 무언가 더 있습니다. 창의력의 다섯 요소가 각자 불쑥불쑥 튀어나오는 게 아니라 조화와 균형을 이루어 시너지를 내듯이 다섯의 합보다 더 큰 힘으로 나타납니다.

보이지도 않고 손에 잡히지도 않고 딱 한마디로 표현하기도 어렵지만 우리는 무언가 더 있다는 사실을 잘 압니다. 오라(aura), 카리스마, 장인정신, 프로 근성(professionalism)이라 하기도 합니다.

이런 요소들은 구체성이 결여된 개념들이라 설명하기도 어렵지만 정량화해서 평가하기는 더 어렵습니다. 그래서인지 창의력 연구자들은 이것을 놓치거나 애써 과소평가하고 외면합니다. 저는 그들과 달리 허심이 창의력의 여섯 핵심 요소 중에 단연 으뜸이라고 생각합니다.

허심에 담긴 여유, 공, 빔, 무, 여지라는 단어들은 하나하나에 매우 심오한 철학이 스며 있습니다. 한국인의 지적 전통의 핵심 축을 이루는 어마어마하게 큰 사상들입니다. 충만함이 깃들고 성스러움이 스며들 수 있는 공간을 뜻하기도 합니다.

허심에 대해서는 맨 마지막 장에서 좀 더 구체적으로 설명하겠습니다.

창의력 교육은 별도의 교육이 아니다

사실 학교에서는 교과 내용만 가르치기도 벅찬데 느닷없이 나타난 창의·인성 교육이란 것 때문에 선생님들이 힘들어하는 것 같습니다. 저도 어느 정도 책임을 통감합니다. 2009년에 제가 교과부에서 창의력과 인성에 대해 특강을 하고 자문에 응했습니다.

그때 저는 글로벌 인재가 갖추어야 할 세 가지 실력을 전문성(교과 내용), 창의성, 인성이라고 했고, 창의성과 인성은 나타나는 모습은 다르지만 뿌리는 하나라고 설명했습니다. 그 후에 창의력과 인성이 '창의·인성'으로 한 단어 같은 키워드로 나타났습니다.

제가 의도한 바는 창의력 교육과 인성 교육이 교과 내용에 녹아 있어야 한다는 취지였는데 현장에서는 교과 교육 이외에 창의력 교육과 인성 교육을 따로 하려고 하니 벅차게 된 것입니다.

교육을 목마른 아이에게 물을 마시게 도와주는 것에 비유해 볼까요? 목이 심하게 마른 아이는 맹물이라도 감지덕지 잘 받아먹습니다. 그러나 이미 물배가 가득 찬 아이에게 물은 고역일 것입니다. 그런데 선생님은 물을 한 컵이 아니라 세 컵씩이나 준비하자니 선생님도 고생이고 세 컵씩이나 마셔야 하는 학생들의 고생은 고문을 받는 수준일 것입니다.

저는 물에 설탕 한 숟가락, 또는 소금 한 숟가락을 넣자고 제안했던 것입니다. 마셔야 할 물의 양은 같지만 맛은 너무나 달라집니다. 교과 내용은 같지만 교육 경험은 달라집니다. 이렇듯 창의력과 인성 교육이 교과 과정에 녹아들어야 가르치는 사람, 배우는 사람이 모두 즐거울 수 있습니다.

일반 교과 교육을 창의력과 연결하는 법

그렇다면 이토록 중요한 창의성을 학생들이 갖추도록 하기 위해서 반드시 특별한 교수법, 특별한 교과과정 등이 필요한 것일까요? 그렇지 않습니다. 바로 선생님들이 매일매일 펼치고 있는 일반 수업에서도 얼마든지 시작할 수 있습니다. 그리고 그렇게 해야만 합니다.

창의력을 일반 교과 내용에 녹아들게 하는 방법을 과학 교육을 예로 들어 구체적으로 말씀드리겠습니다. 우리나라 제7차 교육과정에서 과학 교육의 목표는 다음 세 가지이며 아래 그림으로도 이해하실 수 있습니다.

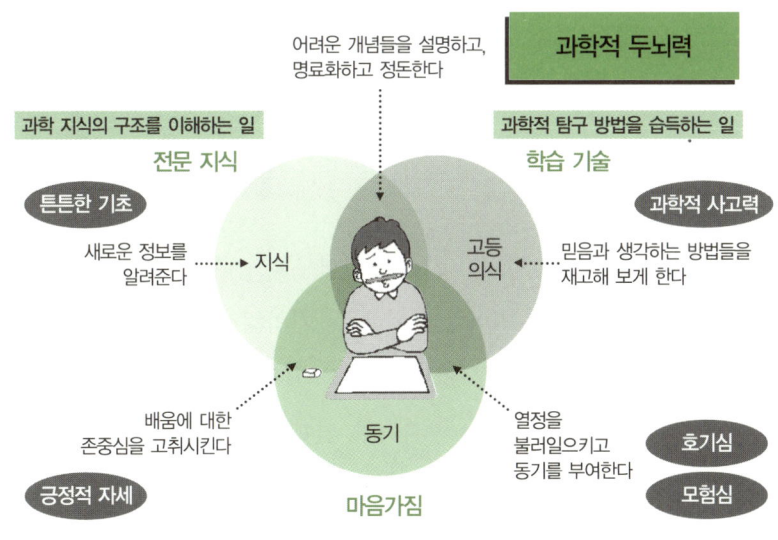

20장 창의력의 여섯 가지 요소

일반 시민으로서 갖추어야 할 과학적 소양을 갖게 하는 데 목적이 있으며, 자연 현상에 대한 폭넓은 체험을 통하여 과학적인 탐구 능력과 과학의 기본 개념을 습득하고, 이를 자연 현상과 실생활 문제를 해결하는 데 활용할 수 있는 능력 함양을 목적으로 한다.

이 세 가지를 요약을 하자면, 과학 지식의 구조를 이해하는 일, 과학적 탐구 방법을 습득하는 일, 과학적 태도를 함양하는 일입니다.

이 세 가지를 제가 1부에서 정리한 최고의 수업에 연결시키면 앞의 그림같이 됩니다. 과학 지식의 구조를 이해하는 일은 전문 지식의 영역이고, 과학적 탐구 방법(사고력, 호기심, 모험심)을 습득하는 것은 기술의 영역이고, 과학적 태도(긍정성)를 함양하는 것은 마음가짐의 문제임을 보여줍니다.

그러나 흔히 현실 속의 과학 수업에서는 학생들에게 과학의 결과만 전달하고 외우게 합니다. 배우는 과정에 있는 학생들이 호기심과 모험심을 발휘할 기회를 부여하지 않습니다. 과학 실험을 할 때는 학생들이 실수하지 않도록 실험 절차를 미리 다 전해주어 학생들은 그대로 따라 하기만 하면 됩니다.

그것은 엄밀히 말해 탐구도 아니고 실험도 아닙니다. 실험이란 실수를 통해 얻는 결과입니다. 얼마나 절차를 잘 기억해서 바라는 결과를 얻느냐는 것은 실험이 아니라 시험입니다. 그러니 호기심과 모험심이 빠진 수업에 대해 학생들이 '아 싫어, 지겨워, 쓸데없어, 나하고 관계없어'라고 부정적으로 인식하는 것은 당연합니다.

올바른 과학 교육의 다섯 가지 핵심 요소는 이미 눈치를 다 채셨듯이 창의력의 핵심과 정확하게 일치합니다. 즉, 과학 교육을 본래 의도대로,

과학의 결과만 가르치지 않고 과학적 과정과 태도 또한 가르친다면 그것이 바로 훌륭한 창의력 교육이 됩니다. 창의력 교육이 따로 있는 게 아니지요. 결코 거창하거나 어려운 게 아닙니다.

이런 결론이 어디 과학 과목에서만이겠습니까? 국어는 얼마나 훌륭한 창의력과 인성 교육이겠습니까? 역사, 미술, 음악, 사회, 지리…… 모든 과목에 창의력과 인성 교육이 녹아들어 갈 수 있습니다.

| 21장 |

창의력을 꽃피우는
퍼지 사고력

지식이 많은 사람이 인재다?

한국의 고3 학생들은 기가 막힐 정도로 많은 것을 알고 있습니다. 학생들 머릿속에는 별의별 지식과 엄청난 정보가 담겨 있습니다. 이것이 모두 수능 시험을 대비해서 12년간 축적한 지식이라고 합니다.

언제 마지막으로 수능 시험 문제를 풀어보셨습니까? 수능 시험 문제가 매년 늦가을에 신문에 실리니 한번 풀어볼 것을 권합니다. 그러면 아마도 두 가지 사실을 발견할 것입니다.

첫째, 풀 수 있는 문제가 하나도 없다는 것. 둘째, 학교를 졸업한 후 10년, 20년, 40년 사회생활을 하면서 수능 시험에 나오는 문제를 풀기 위한 지식이 필요했던 적은 단 한 차례도 없다는 것.

그렇다면 학생들 머릿속에 담긴 그 엄청난 지식은 무엇을 위해 필요한 걸까요?

오늘날의 대한민국 기업과 사회는 그러한 가치도 없고, 의미도 없는 물건을 머릿속에 더 많이 담아두고 있는 사람을 더 뛰어난 인재로 우대해 주고 선발하고 있습니다. 그래 놓고는 인재가 없다고 불평합니다. 인재는 지식이 많은 사람이 아니라 창의력의 핵심 여섯 요소가 조화를 이룬 사람입니다.

평면적 사고력만으로는 부족하다

두뇌라는 그릇 그 자체를 크게 만들어주는 것은 그럴싸한 추상적인 말이 아닙니다. 구체적으로 설명하겠습니다.

우리가 생각을 할 때는 크게 두 가지 차원에서 작동됩니다. 기억과 논리가 X와 Y축으로 평면(사고력)을 이룹니다.

예를 들어, A=B, B=C, 고로 A=C라고 생각할 때 머릿속에 ABC라는 개념이 있어야(기억되어야) 하고, 이러한 개념들을 전개해 나가서 새로운 결론에 도달하기 위해 논리가 필요합니다. 이러한 생각을 잘 못하는 사람을 '무개념' 또는 '비논리적'이라고 비하합니다.

학생들은 사고력을 향상시키기 위해(면적을 넓히기 위해) 엄청난 시간과 돈을 투자합니다. 많은 내용을 달달 암기해서라도 기억된 개념의 양

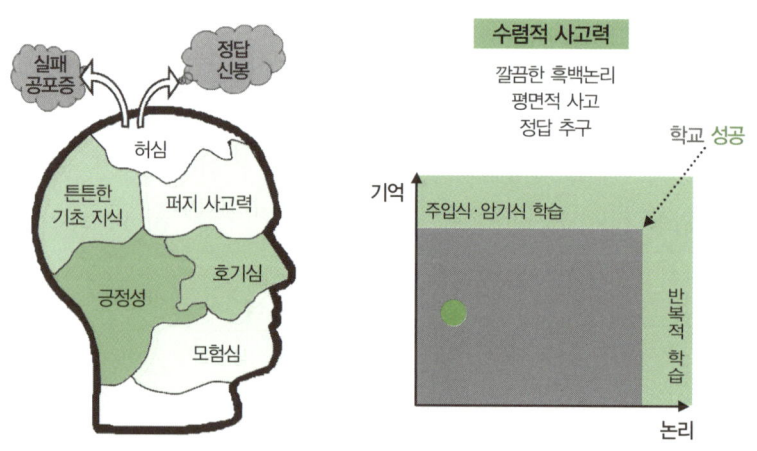

창의력의 요소와 수렴적 사고력

을 증가시킵니다. 비슷비슷한 문제를 100번, 1,000번씩 푸는 반복 학습을 통해 논리력을 키워나갑니다.

공부 잘하는 학생들은 학교에서 쉬는 시간에 한두 문제라도 더 풀어보려고 안간힘을 다 쏟습니다. 그래야 한 학기에 남보다 문제 1,000개 정도를 더 풀게 되고, 시험 때 문제를 보는 순간 '아, 이건 이렇게 푸는 거지' 하면서 해결 논리가 바로 떠오를 정도가 되는 게 학교에서 성공하는 비법이라고 합니다.

이러한 사고력을 두고 수렴적 사고력이라고 합니다. 매우 질서 정연하고 깔끔한 흑백논리이며 하나의 확실한 결론(정답)을 추구할 때 필요한 능력입니다.

한국 학생들은 초·중·고등학교를 다니면서 정답 있는 문제를 100만 번씩이나 풀어본다고 합니다. 한 문제를 푸는 데에 평균 1분이 소요된다고 치면 1만 7,000시간 동안 연습하고 훈련한 셈이 되니 『블링크』, 『아웃라이어』 등의 밀리언셀러를 펴낸 말콤 글래드웰의 '1만 시간 법칙'을 거의 두 배나 충족시킨 셈입니다. 그러니 한국 학생들은 수렴적 사고력에서는, 정답 있는 문제 푸는 데는 가히 도사급이라 할 수 있겠습니다.

그러나 평면적으로 아무리 열심히 생각하고 또 생각해도 '잔머리 굴리는 수준'입니다. 평면적 사고력이 아무리 넓어졌다 해도 결국은 이차원적 사고에 머뭅니다.

물론 학교라는 좁은 세상에서는 조금 넓어진 사고력이 대단해 보일 수 있습니다. 그러나 세상은 삼차원적 '글로브(구체)'입니다. 동네에서만 휘젓고 살 때는 지구를 평지로 여겨도 되지만 글로벌 여행을 할 때는 삼차원을 고려해야 합니다. 동네 인재는 평면적 사고력으로 충분하지만 글로벌 인재가 되려면 삼차원적 사고력이 필요합니다.

퍼지 사고력이 필요한 이유

평면을 넓히기 위해 투자하는 시간과 돈의 100분의 1만이라도 조금 다른 데 사용하면 훨씬 더 큰 공간을 만들어낼 수 있습니다. 논리(X)와 기억(Y)의 축 외에 상상(Z)의 축을 하나 더 세우면 XYZ 삼차원적 공간이 생겨납니다. 상상력이 추가되면 훨씬 더 많은 지식과 정보와 생각을 담아낼 수 있는 그릇이 되고, 그러한 두뇌 소유자가 사회에서 성공하고 인생에서 성공합니다. 이제 왜 '학교 성공 ≠ 인생 성공'인지 알 수 있겠지요.

상상력은 사지선다형을 푸는 요령을 터득하는 교육으로 강화되지 않습니다. 매우 다른 형태의 교육이 필요합니다. 수렴적 사고력이 아니라 발산적 사고력, 혹은 확산적 사고력 강화가 핵심입니다.

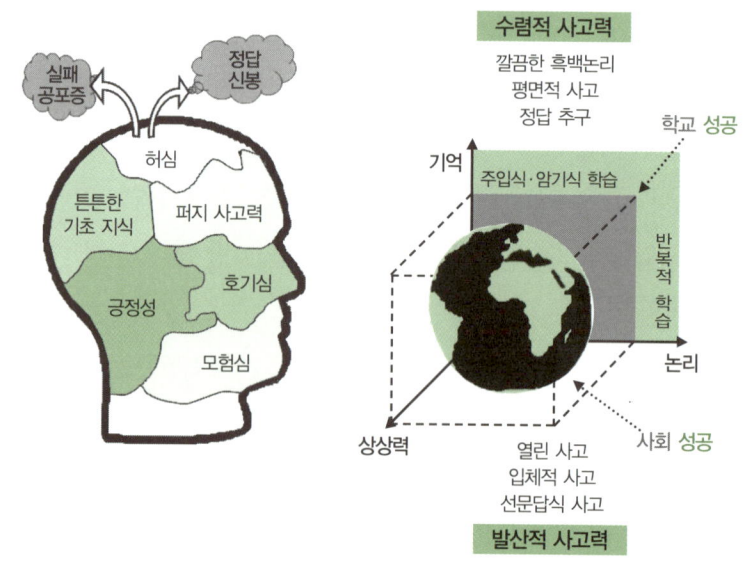

창의력의 요소와 수렴·발산적 사고력

발산적 사고력은 브레인 스토밍(뇌 폭풍)이란 말을 사용하듯이 과정 그 자체는 무질서합니다. 뒤죽박죽, 엉망진창, 알쏭달쏭, 모호함을 소화해 내고 남의 생각과 의견을 수용하고 포용하는 열린 마음이 필수적입니다. 선문답을 이어가듯, 알듯 말듯 하면서 질문의 끝이 보이지 않아도 가다 보면 갑작스런 깨침과 함께 아하! 하는 순간을 만나게 됩니다. 그렇다고 해서 정답을 얻은 것은 아닙니다. 그래서 또다시 생각을 해야 합니다.

수렴적 사고력이 정확하고 냉철하고 법칙에 의한 절도 있는 사고력이라면 발산적 사고력은 대충, 대강, 적당히, 얼추, 어림짐작으로 자유롭게, 하지만 의미 있게 개념들을 연계해 나가는 사고력입니다. 수렴적 사고력은 정답에 도달하게 하는 능력이고, 발산적 사고력은 정답 없는 문제에 대해 최선의 답을 향해 가는 능력입니다.

창의적인 사고력에는 이렇게 상반된 것이 동시에 존재하기 때문에 퍼지 사고력이라고 합니다. 마치 오른발과 왼발이 각각 다 쓸모가 있지만 멀리 뛰기 위해 두 발이 다 필요하듯이 창의적인 사고에는 발산적 사고력과 수렴적 사고력이 필요합니다.

그러나 한국에서는 학생들에게 발산적 사고력에 대한 훈련은 별로 시키지 않습니다. 학생들이 교실에 줄지어 앉고 전체 조회 시간에 줄을 맞춰 서야 하듯이 공부도 정답이 있어서 풀고 나면 개운한 문제 풀이 위주로 합니다. 그러니 한국 학생들은 외발로 뜀뛰기를 하는 셈입니다. 당연히 멀리 뛸 수 없습니다.

조벽 교수의 혁신 메시지

수렴적 사고력은 정답에 도달하게 하는 능력이고, 발산적 사고력은 정답 없는 문제에 대해 최선의 답을 향해 가는 능력입니다.

나 홀로 독창적인 생각 – 상상력

가끔 상상력을 창의력으로 혼동하는 모습을 보게 됩니다. 창의력은 제멋대로 생각하는 상상력(독창성)만이 아니라 모두가 공감할 수 있는 토대(개념과 논리, 적절성) 위에 세워져야 위력을 발휘합니다. 기억과 논리라는 두 차원이 이루는 평탄한 기초 위에 상상력을 뻗어 나가게 해야 합니다. 그래서 기억, 논리와 상상력이 모두 다 필요합니다.

상상력에 많은 지식이 필요한 것은 아닙니다. 지식과 정보는 필요할 때 판단하고 분별해 알아내면 됩니다. 하지만 상상력이 허무한 환상으로 끝나지 않고 유용한 생각의 여행이 되도록 하기 위해서는 튼튼한 기초가 필요합니다.

상상력은 평지를 떠나 하늘 위로 날아 더 넓고 큰 세상으로 생각의 여행을 떠나는 것입니다. 그러나 잘못하면 자기 자신만 갈 수 있는 미지에 도착할 수 있습니다. 아무리 독창적인 곳에 도달한들 혼자는 외롭습니다. 적절성은 남들도 함께할 수 있는 기본에서 출발합니다.

남보다 한 발 앞서 가면 리더요, 두 발 앞서 가면 혁신가요, 세 발 앞서 가면 미친놈이라고 합니다. 저는 적절성을 염두에 둔 혁신을 말하는 것이지 나 홀로 독창적인 생각에 빠지는 것을 말하고 있지 않습니다.

조벽 교수의 혁신 메시지

학생들 머리에 쏙쏙 들어가게 가르치는 교사는 삼류.
학생들 머리가 쌕쌕 돌아가게 하는 교사는 이류.
학생들 머리가 쑥쑥 커지게 하는 교사는 일류.

알쏭달쏭함의 극치 – 퍼지 사고력

　컴퓨터같이 법칙과 규칙에 의해 정확한 논리로 개념의 세계를 다루는 수렴적 사고력과 상상의 날개를 활짝 펴고 하늘을 훨훨 날듯 자유로운 발산적 사고력, 상당히 상반되어 보이는 두 능력을 동시에 발휘해야 하기 때문에 창의력을 저는 '퍼지 사고력'이라고 말합니다. 퍼지란 알쏭달쏭하고 모호하다는 뜻입니다.

　인재가 되기 위해 반드시 두 가지 사고력을 다 완벽히 갖춰야 하는 것은 아닙니다. 수렴적 사고력이 강한 사람은 훌륭한 분석가로서 사회에 필요한 인재로 활약할 수 있습니다. 발산적 사고력이 풍부한 사람 역시 신선한 발상이 필요한 예술계에서 최고의 인재로 활동할 수 있습니다.

　대부분의 사람들은 두 가지 능력을 각자 다른 비율로 지녔습니다. 그 비율에 적합한 일을 좋아하고 그런 일을 생업으로 해 살아가는 사람이 성공적인 인재입니다. 최고의 인재는 이 두 가지 능력을 두루 지녔습니다.

　예를 들어, 아인슈타인은 물리학자로 정교한 수학이라는 언어 체계를 통해 우주를 탐구했습니다. 그러나 빛이 돌멩이와 같은 입자인 동시에 파도와 같은 파장이라는 양극단을 다 수용하고 포용하여 더 높은 차원에서 소화해 냈습니다. 퍼지의 극치를 보였기 때문에 20세기의 가장 창의적인 과학자란 명성을 얻었습니다.

　피카소는 앞을 보는 동시에 옆을 보는 여인을 그렸습니다. 이 알쏭달쏭함을 아름답게 소화해 냈습니다. 독창적이지만 자신만 보고 좋아하는 해괴한 그림이 아니라 만인이 보고 함께 즐거워할 수 있는 적절성까지 갖춘 그림입니다. 당연히 20세기의 가장 창의적인 화가라 할 수 있습니다.

창의력은 요구하는 것이 아니라 허락하는 것

창의력의 여섯 가지 핵심 요소를 사고력의 삼차원에 대비해 보겠습니다. 퍼지 사고력 중에 수렴적 사고력에 해당되는 개념과 논리는 튼튼한 기초 지식에서 비롯합니다. 발산적 사고력에 해당되는 상상력은 호기심, 모험심, 긍정심, 허심에서 비롯합니다. 라이트 형제가 비행기를 만들어 인류 역사에 큰 혁신을 가져다준 배경에는 새같이 날아보겠다는 호기심, 목숨을 건 모험심, 실수와 실패에도 굴하지 않고 또다시 도전하는 긍정심, 그리고 쓸데없는 잡일에 "나 바쁘다, 바빠" 하며 살지 않고 상상하는 여유(허심)가 있었습니다.

창의력의 핵심인 호기심이 외부로 표출되는 방식이 질문입니다. 과연

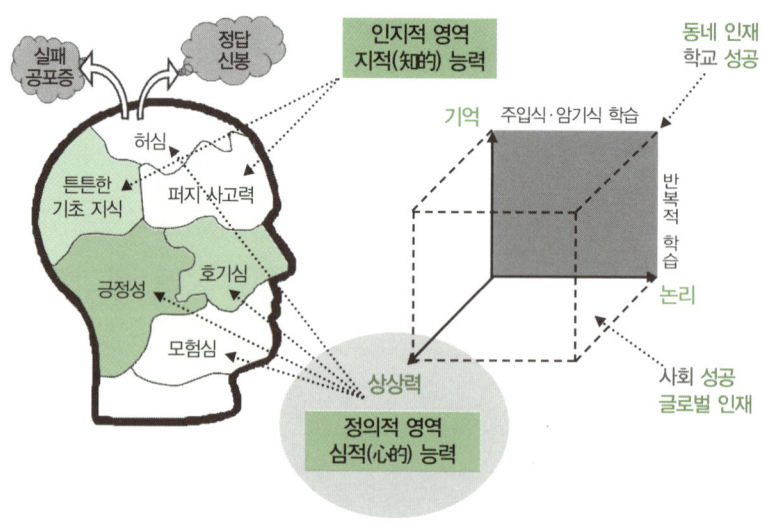

창의력의 여섯 가지 요소와 사고력의 삼차원

우리가 학생들에게 질문을 허락하고 있는지 생각해 봅시다. 학생은 질문에 답하기 바쁩니다. 선생님이 질문합니다. 숙제도 질문이고, 시험도 질문입니다. 학생은 그저 답하는 기계입니다. 그 와중에 호기심은 사라졌습니다.

창의력의 핵심은 모험심입니다. 모험이란 실수와 실패를 염두에 둔 행위입니다. 과연 우리가 학생들에게 실수를 허락하고 있는 걸까요? 실수하면 크게 야단맞으니 학생들은 실수에 대한 두려움만 가득합니다. 모험심 대신 안정성만 추구하게 됩니다.

창의력의 핵심은 긍정심입니다. 하지만 학생들은 극도의 공부 스트레스에 시달리고 있습니다. 스트레스는 불안감과 우울증을 유발하여 긍정성을 감퇴시키고 부정성을 부추깁니다. 학생들이 왜 부정적인 언어와 태도를 지니게 되었는지 충분히 알 만합니다.

창의력의 핵심은 허심(여유)입니다. 하지만 학생들에게 상상할 시간적 여유와 정신적 여유가 없습니다. 새벽부터 밤늦도록 하루 종일 바쁩니다. 허심을 허락하지 않습니다.

최선의 창의성 교육은 학생들의 호기심과 모험심을 허용하는 교육 환경을 만들어주는 것입니다. 결과와 무관하게 색다름과 독창성을 최고의 가치로 인정하고 격려해 주는, 즉 생각이 자유로울 수 있고 실수가 허용되고 용서되는 환경에서 창의성은 꽃을 피웁니다.

조벽 교수의 혁신 메시지

창의성은 생각이 자유로울 수 있고 실수가 허용되고 용서되는 환경에서 꽃피웁니다.

| 22장 |

발견과 창조의 원천, 호기심

호기심의 시작은 질문이다

　선생님이 칠판에 뭐가 잔뜩 쓰면서 설명합니다. 학생들은 조용합니다. 학생들의 표정은 완전히 포커페이스입니다. 선생님은 학생들이 제대로 알아듣고 있는지, 관심이 있는지, 헤매고 있는지 답답했던 모양입니다. 그래서 묻습니다. "이거 이해되니?", "내용이 정리되니?"

　답은 곧바로 들립니다. "네~에~." 몇 명이 대답했는지는 모르겠지만, 비록 들려온 소리가 낮고 처졌지만, 그래서 선생님은 약간 미심쩍지만, 분명히 "네"라는 답을 들었기 때문에 고개를 끄덕이며 다음 주제로 넘어갑니다.

　학생들이 "네~에"라고 답을 한 이유는 다양할 것입니다. 정말로 알아들었기 때문일 수도 있고, 혹시나 선생님이 그 지겨운 설명을 반복할까 봐 얼른 답했거나, 그냥 습관적으로 아무 생각 없이 답했을 뿐일 수도 있습니다. 그러나 한 가지 확실한 것은 학생들의 기운 없는 "네~에~"라는 대답 속에서는 호기심을 전혀 찾아볼 수 없다는 것입니다.

　EBS 〈우리 선생님이 달라졌어요〉에 나오는 한 장면이었습니다. 선생님이 이런 모습을 비디오로 보고 수업을 개선했습니다. 일제 강점 말기에 대한 긴 설명 대신 사진을 보여줬습니다. 그랬더니 학생들이 당장 질문합니다. "우리나라예요?"

　이 짧은 질문에 많은 변화가 담겨 있습니다. 질문은 학생들이 생각하기 시작했다는 증거입니다. 호기심이 생겼고, 배우고 싶은 학습 동기가 발동했다는 증거입니다. 학생에게 관심이 생겼습니다. 교실에 드디어 생기가 돕니다.

질문의 위력

얼마 전에 어느 대학의 입학사정관들에게 글로벌 시대가 요구하는 인재에 대해서 특강을 했습니다. 특강 후 질의응답 시간에 제가 입학사정관들에게 물었습니다.

"학생을 면접할 때 무엇을 합니까?"

"학생들에게 질문합니다"라는 답이 돌아왔습니다.

"무엇을 평가하십니까?" 또 질문했습니다.

"……."

답이 금방 나오지 않았습니다. 뭐 그런 이상한 질문을 다 하냐는 듯 의아해하거나 교묘한 장난 질문이라고 여겼는지 떨떠름한 표정을 지으면서 답하더군요.

"학생들의 답을 평가합니다."

제 질문은 매우 단순한 것이었습니다. 저는 정말 한국에서는 면접을 어떻게 하는지, 제가 아는 미국의 경우와 같은지 다른지 알고 싶었습니다. 다르다는 것을 파악한 후에 제가 왜 질문했는가를 설명했습니다.

학생이 얼마나 질문에 답을 잘하는가는 이미 수능 시험, 내신 등에 잘 나타났을 텐데 구태여 같은 능력을 파악하기 위해서라면 면접에 투자하는 시간이 너무 아깝지 않은가요?

답을 평가하면 학생의 준비성을 평가하는 것입니다. 면접 질문을 얼마나 잘 예측해서 성실하고 철저하게 준비했는가를 알 수 있지요. 엉뚱한 질문을 한다면 그 학생에게 순발력을 측정하는 것입니다. 질문을 받고 곧바로 답을 하자면, 심오한 독창성과 두루 다 살피는 적절성보다는 얼마나 재빠른가, 얼마나 빨리 상황에 맞게 분석하고 판단해 이미 머릿속에 들어 있는 후보 답 가운데 하나를 선택할 수 있는가 등을 볼 수 있겠지요. 물론 면접 때 학생을 두 눈으로 볼 수 있으니 학생이 풍기는 인간성·인간미·인품·인격 등 질적인 면도 간접적으로 평가할 수도 있고요.

미국 명문대의 경우에도 입학사정관들이 학생에게 질문합니다. 하지만 처음 서너 개 질문은 형식적인 질문이고, 마지막 질문이 진짜 질문입니다. 마지막 질문은 "질문 있습니까?"입니다. 그러고는 학생의 질문을 평가합니다.

학생의 질문을 들어보면 학생의 관심사가 무엇인지, 관심이 어느 미래 시점까지 뻗치고 있는지, 어느 정도로 깊게 생각했는지, 무엇을 소중하게 여기는지, 어떤 열정과 꿈과 비전을 지니고 있는지가 나타납니다.

많은 학생들은 "아, 질문 없어요"라고 합니다. 겸손일 수도 있지만 정말로 질문이 없는 경우도 흔합니다. 남의 질문에 답하는 사람들은 이류 인재이고, 질문하는 사람이 일류 인재입니다.

답에는 한계가 있지만 질문에는 한계가 없습니다. 그래서 학생의 질문에 그 학생이 살아가는 모습이 보이고, 성숙도가 보이고, 리더십이 보입니다. 질문에서는 사람의 '크기'가 보입니다.

창의력의 핵심 요소인 호기심은 질문으로 표출되며 연습으로 다듬어집니다. 어린이들은 그저 아무거나 질문을 해댑니다. "이게 뭐예요, 저게 뭐예요, 왜 이래요, 왜 저렇죠?" 그저 자신이 알고 싶은 것을 알게 해달라는, 일방적으로 받겠다는 초보적인 요구입니다. 모두가 호기심을 타고납니다만 선생님은 그것을 다듬어주어 학생이 자신의 생각이 담긴 질문을 할 수 있도록 도와주어야 합니다. 우선은 학생들이 질문할 기회부터 많이 만들어주어야 합니다. 다듬는 건 그 다음 일입니다.

토론식 수업의 장단점

호기심은 학습의 '맥'입니다. 호기심을 자극하지 않는 수업은 맥 빠진 수업입니다. 죽은 사람은 맥이 없습니다. 맥 빠진 수업은 재생이 불가능한 혼수상태입니다. 교실이 영안실이 되어서는 안 되겠지요.

학생들에게 질문할 수 있는 기회를 많이 만들어주려면 토론식 수업이 유리합니다. 토론이라는 것은 어떤 주제, 어떤 질문을 바탕으로 논의하는 것이기 때문입니다. 그러나 토론식 수업에도 단점은 많습니다.

첫째, 썰렁해지기 쉽습니다. 내내 유치하고 표면적인 이야기만 하다가 수업이 끝나는 경우가 흔합니다. 토론 품질이 낮다는 뜻입니다.

둘째, 옆으로 새기 쉽습니다. 토론을 하다 보면 주제에서 벗어나고 엉뚱한 곳으로 흘러갑니다. 선생님이 나서자니 학습자 중심 교육이 안 되고, 학생에게 자율권을 주자니 교육 목표를 달성하지 못하겠고……. 이래저래 제어가 안 됩니다.

셋째, 시간 낭비일 수도 있습니다. 토론을 조금 했다가는 10분, 20분 금방 지나갑니다. 진도를 나가는 것은 포기해야 합니다.

넷째, 소수가 독점하기 쉽습니다. 토론할 때는 10~12명 정도 있을 때가 가장 좋습니다. 20~30명이 있는 수업에서 토론을 하면 항상 말하는 아이만 참여합니다. 모두의 참여를 이끌어내기가 쉽지 않습니다.

이러한 단점 때문에 토론식 수업을 두고 현장을 고려하지 않은 것이라고 간주하기도 합니다. 그러나 이러한 단점들은 다 기술 차원의 문제점들입니다. 다행히 기술은 배우고 갖출 수 있는 것입니다.

먼저 토론식 수업의 장점을 확실하게 알아야 합니다. 그래야 단점이 있다고 해도 토론식 수업을 해야겠다는 생각이 들 것입니다. 토론식 수업의 장점을 들어봅니다.

첫째, 내적 학습 동기를 유발합니다. 토론은 주거니 받거니 하는 것이기 때문에 곧바로 피드백을 할 수 있습니다. '빠른 피드백'은 칙센트미하이 교수의 내적 학습 동기를 유발시키는 세 가지 조건 중 두 번째이기도 합니다.

둘째, 수업 컨트롤이 가능합니다. 즉각적인 피드백을 통해 학생들의 교육 목표 달성도를 바로 파악하여 수업 내용의 난이도와 속도를 조절할 수 있습니다. 즉, 학생들의 교육 경험을 컨트롤할 수 있습니다.

셋째, 고등 사고력을 강화합니다. 3장에서 최고의 수업은 '학생들이 생각하는 것을 다시 생각하도록 한다(meta-cognition)'고 했습니다. 학생들은 말할 때 자신이 생각하는 것을 다시 한 번 생각할 수 있는 기회를 얻을 수 있습니다. 머릿속으로만 생각할 때는 '말'이 되는 생각인지 알기 어렵습니다.

마지막으로, 학습자 중심 교육을 실천합니다. 또한 유능한 교육자의 핵심 특성 중의 하나가 '토론을 장려한다'라고 했으니 토론식 수업을 비켜 갈 수는 없는 듯합니다.

모든 상황에서는 장단점이 있게 마련입니다. 단점이 무서워서 장점이 있는 것마저 포기한다면 '구더기 무서워 장을 못 담그는' 격이 되겠지요. 잘 숙성된 된장이 입맛을 돋우듯이 좋은 수업도 학생들의 입을 움직이게 합니다.

조벽 교수의 혁신 메시지

학생을 컨트롤하는 게 아니라 교육 경험을 컨트롤해야 합니다.

조벽의 3차원 질문 분류법

문장 끝의 톤을 올린다고 질문인 것은 아닙니다. 저는 질문을 삼차원으로 구분합니다. Y축은 어떤 종류의 답이 존재하는가? (정답 하나, 복수 정답, 여러 가지 답, 정답 없음). X축은 어느 정도의 사고력을 요구하는가? (암기한 것을 기억함, 이해·응용·분석·종합·판단—즉 블룸의 교육목표 기준). 그리고 Z축은 누가 질문하고 답하는가? (교사-교사, 교사-학생, 학생-교사, 학생-학생)

교실에서는 선생님이 질문하고 스스로 답하는 경우가 가장 많다는 연구 결과가 있습니다. 선생님이 질문하고 학생들에게서 아무 반응이 없으면 3초 이상 기다리지 않고 선생님 스스로 답한다고 합니다. 그런 상황이 반복되면 선생님은 아예 답을 기대하지 않고 혼잣말 같은 질문을 하

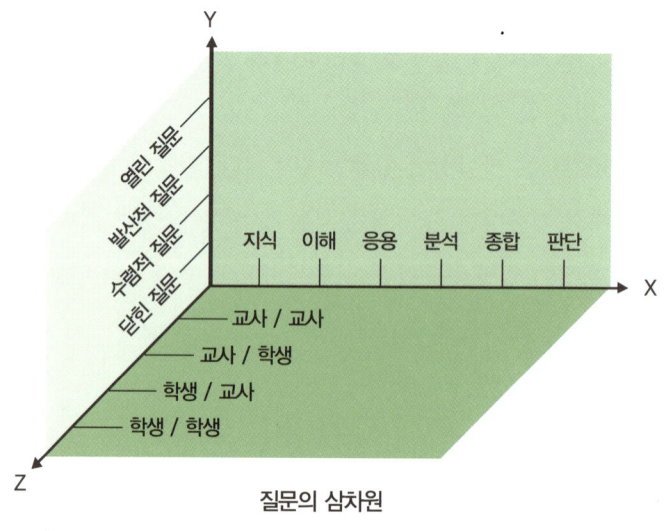

질문의 삼차원

기 때문에 결국 질문 후 평균 1초 만에 스스로 답한다고 합니다. 가장 뒤떨어진 수업의 모습입니다.

질문하고 답을 유도하는 기술은 이미 다른 책에도 상세하게 서술되어 있습니다만 여기서 강조하고 싶은 것은, 그 기술은 학생들이 스스로 질문할 수 있게 하는 기술입니다. 다음을 고려해 보십시오.

- 학생이 어떤 질문을 하더라도 질문했다는 그 자체를 칭찬한다.
- 학생이 엉뚱한 질문을 하더라도 수업 내용의 핵심으로 연결시켜서 답해 준다(학생이 안전하게 느끼도록 한다).
- 학생이 질문하면 다른 학생이 먼저 답할 기회를 준다("좋은 질문인데 혹시 의견을 말하고 싶은 학생 있어요?").
- 학생이 답하면 다른 학생이 먼저 답의 적절성을 평가하게 한다("아, 맞았어"가 아니라 "음, 이 답에 대해 여러분은 어떻게 생각하나요? 동의해요? 반대 의견 있어요?").

이렇게 학생을 배려하고, 대답의 가부를 떠나 참여 그 자체를 높이 평가해 주고 의견을 존중해 줄 때 학생들의 참여도는 점점 높아지게 됩니다. 존중과 배려와 신뢰가 토론의 핵심 원동력입니다.

> **조벽 교수의 혁신 메시지**
>
> 선생님이 질문하고 스스로 답하면 최하급 수업.
> 선생님이 질문하고 학생이 답하면 조금 발전한 수업.
> 학생이 질문하고 선생님이 답하면 바람직한 수업.
> 학생이 질문하고 학생이 답하게 하면 최상급 수업.

배려와 존중이 토론 수업 성공의 열쇠

교사가 토론식 수업을 기피하는 진짜 이유는 3C가 부족해서라고 합니다.

- Lack of **C**ontrol. (컨트롤을 잘 못한다.)
- Lack of **C**onfidence. ([학생들의 질문에 답할] 자신이 없다.)
- Lack of **C**reativity. ([어떻게 대답할지] 아이디어가 없다.)

그래서 저는 토론식 수업을 잘하자면 다음 네 가지가 충족되어야 한다고 생각합니다.

- 토론식 수업의 중요성을 안다(깨달음).
- 토론식 수업에 필요한 교육자의 자기개념을 선택한다(학생들의 참여는 교육자에게 달려 있음에 대한 확신).
- 질문의 3차원과 질의응답의 기술, 다가가는 대화법을 배운다(기술 확보).
- 토론·참여의 개념을 시공간적으로 확대한다(창의력 발휘).

다음 그림에 보듯 전통적으로 토론은 교실에서 학생과 선생님이 서로 말로 주고받는 상황을 뜻합니다. 하지만 전통에 매여 있을 이유는 없습니다. 토론이 이루어지는 공간이 교실 밖이나 사이버 공간이어도 되고 꼭 말이 아니라도 글로 생각을 나눌 수 있고, 시간적으로 꼭 동시가 아니

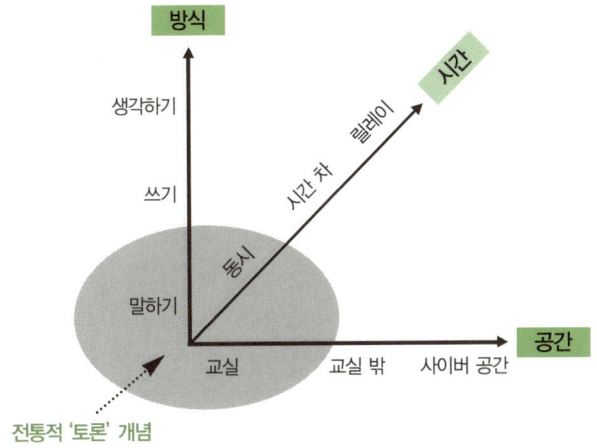

라도 시차를 두고 진행될 수도 있습니다. 즉, 토론의 시공간과 매체를 확대해서 새로운 토론 방식을 고안할 수 있다는 뜻입니다.

토론식 수업은 서로 자신의 주장을 내세워 논쟁하는 것이 아니라 남의 말을 경청하고, 전달된 내용(말)만이 아니라 의도(마음)마저 전달받아 오해와 착각을 최소화하는 대화법을 배우는 수업입니다. 남의 의견을 수용하고 포용할 수 있는 마음을 지닌 인재가 창의적인 인재이며 인성을 갖춘 인재입니다.

서로를 배려하고 존중하는 습관을 지닌 인재를 양성해 내는 교육 방법이 바로 토론식 수업임을 잊지 마십시오. 그러니 학생의 입을 열려고 하지 말고 마음을 열게 하십시오.

조벽 교수의 혁신 메시지

토론의 궁극적 목표는 학생들의 입을 열게 하는 것이 아니라 학생들의 마음을 여는 것입니다. 그리고 학생들을 학습의 능동적 주체로 만드는 것입니다.

| 23장 |

틀에서 벗어나는 힘,
모험심

무모함과 대담함의 차이

　모험이란 험난함을 무릅쓰고 나아가는 것을 뜻합니다. 그러나 두 종류의 모험이 있습니다. 무모한 모험과 대담한 모험. '무모'는 꾀나 지략이 없는 상태라는 뜻이니 '무모한 도전'은 앞뒤 생각 없이, 아무 비전과 전략 없이 무작정 덤벼드는 행동입니다. 청개구리 같은 사춘기 아이가 그러듯 무조건 반대부터 하는 반항심과 같습니다. 창의력과는 대단히 먼 개념입니다.

　'대담'은 큰 마음이라는 뜻이니 '대담한 모험'은 큰 맘 먹고(뜻을 세우고) 험난함 속에서도 포기하거나 굴복하지 않고 추진하는 행동입니다. 이게 제가 말하고 싶은 창의력의 핵심 요소인 모험심입니다.

　창의력이란 기존 체제와 틀에서 벗어나는 행위입니다. 이런 행위에는 위험 부담(리스크, risk)이 따르게 되어 있습니다. 따라서 위험을 무릅쓰는 모험심은 창의력의 필수 요소입니다. 100개, 1,000개의 아이디어 중에 단 한 번 적중하면 대박을 터뜨릴 수 있는 것이 창의력입니다. 성공률 1퍼센트, 아니 0.1퍼센트 미만임을 충분히 알고도 도전하는 정신이 필요합니다. 대담한 모험심인 것입니다.

　이런 뜻에서 사지선다형 문제 풀기 위주의 교육은 창의력을 말살하는 교육입니다. 아무리 어려운 문제라도, 눈 감고 답 하나를 찍어도 성공률 25퍼센트가 보장될 뿐더러 남이 제시한 네 가지 답에서 벗어나서 생각해 볼 기회를 원천적으로 봉쇄당해 버립니다. 창 안에 갇힌 듯한 답답한 상황입니다. 학생들은 생각하기 귀찮으면 그냥 연필이라도 굴려서 정답을 '찍습니다'. 무모하고 미련한 모험입니다.

학습 의욕을 꺾는 지적 장애와 감정적 장애

학생이 문제를 잘못 푸는 것은 반드시 머리가 나빠서가 아닙니다. 몇 가지 다른 이유가 있을 수 있습니다. 제임스 애덤스(James L. Adams, 『Conceptual Blockbusting: A Guide to Better Ideas』)는 문제 풀기를 방해하는 여섯 가지의 장애 요소를 언급했습니다.

그중 지적 장애는 지식이 부족하거나 지식을 부적절하게 사용하는 것을 말합니다. 공부를 하지 않았거나 연습문제를 충분히 풀어보지 않았을 때 생기는 장애입니다.

감정적 장애는 실패에 대한 불안감 또는 두려움을 뜻하며, 시험을 볼 때 가장 흔히 작용한다고 합니다. 시험을 보고 나면 "아니, 이렇게 쉬운 것을! 다 아는 내용인데 깜빡했어!" 하고 한숨을 푹푹 쉬는 학생이 항상 있습니다. 핑계가 아닙니다. 감정적 장애 때문에 잦은 실수를 저지르고 실력을 제대로 발휘하지 못하는 것이지요.

우리가 의도하지는 않았지만 학생에게 감정적 장애를 조장할 경우가 있습니다. 학생이 실수했을 때 심하게 꾸짖으면 학생은 실패에 대한 두려움이 커집니다. 이런 상황이 지속되면 학생은 '학습된 무기력' 상태에 빠질 수도 있습니다.

"어차피 실패할 확률이 성공할 확률보다 더 높은 상황이야. 공부를 안 해도 야단맞고, 힘들게 공부해 봤자 결과는 뻔해. 야단맞을 테니. 그럴 바에야 아예 안 하고 야단맞는 게 낫지……."

학생에게는 공부를 해야겠다는 생각이 안 듭니다. 물론 공부를 하면 야단맞을 확률을 조금 줄일 수 있겠지만 학생은 그런 치밀한 계산(분석과 판단)보다 감정적 결정(마음먹기)을 훨씬 더 빨리 합니다(감정 코칭을 다룬 16장에서 뇌 구조상 감정이 생각보다 빠르다고 했습니다. 특히 사춘기에 더 심할 수밖에 없는 이유도 설명했습니다).

문제가 될 때는, 학생의 잘못을 비판하다가 경멸로 이어질 때입니다. 비판은 그 상황을 지적하는 것이지만 경멸은 사람의 인격 자체를 공격합니다.

"도대체 넌 왜!"로 시작하는 말은 질문이 아니라 질책입니다.

"도대체, 멍청한 건지 아니면 순진한 건지……"는 인신공격이며 경멸적 표현입니다.

경멸은 분노를 일으키고 혐오감을 느끼도록 합니다. 경멸받은 사람은 순간적으로 경멸한 사람의 '원수'가 됩니다. 우리 두뇌는 위기 상황에 대한 처신을 위해 심한 공포, 분노, 혐오감을 유발하는 상황을 영구히 기억해 두는 생존 본능 장치가 있습니다. 사춘기 학생들의 특성이고 특권인 모험심이 반항심(어른에 대한 무모한 도전)으로 돌변하는 상황입니다.

"얘가 정신이 있는 녀석이야, 없는 녀석이야?!" 이런 말을 했다면 때는 이미 늦은 것입니다. 말은 한번 내뱉으면 주워 담을 수 없으니 더욱 주의해야겠습니다.

> **조벽 교수의 혁신 메시지**
>
> "도대체 넌 왜!"로 시작하는 말은 질문(?)이 아니라 질책(!)입니다.
> 경멸은 학생을 평생학습자가 아니라 '평생 원수'로 만듭니다.

실수를 연습시켜라

지적 장애와 감정적 장애 외에 창의력에 걸림돌이 되는 장애가 또 있습니다. 문제를 다양한 관점에서 보지 못하는 인지 장애, 부적절한 사고 경로를 사용하는 표현 장애, 가능한 답을 미리 제외시키는 문화적 장애, 그리고 새로운 아이디어가 나올 수 없는 환경적 장애입니다.

이러한 장애는 실수를 허용하는 관대함과 실패 후에도 재도전을 허용하는 배려와 격려가 있으면 사라집니다. 정신적 장애가 짓궂은 날씨라면 관용은 온실이며, 너그러움은 창의력이 자랄 수 있는 토양입니다.

그러나 학생들의 창의력을 키워주려는 학교는 온실과 토양을 갖추는 것에 만족하지 말고 한발 더 나아가야 합니다. 온실에서 아무리 화려한 꽃을 피운들 험한 밖에 나가 시들거나 얼어 죽는다면 소용없듯이, 학생들이 학교를 졸업하고 사회에 나가서 잘해나갈 수 있도록 해야 합니다.

우리가 학생들을 보호하고 있을 때 그들이 실수할 수 있는 기회를 많이 만들어주어야 합니다. 사회에 나가서 실수하면 그 여파가 심각할 수 있고 다시 일어설 수 없을 정도로 절망적일 수 있습니다. 학생은 학교에 있을 때 실수했다가도 다시 일어서는 연습을 많이 해야 합니다. 교사는 그저 따뜻한 배려만이 아니라 눈으로 잘 살펴보며 도전을 디자인하고 격려를 아끼지 않는, 독려하는 감독이 되어야 합니다.

조벽 교수의 혁신 메시지

학생을 화려한 온실의 꽃이 아니라 자생력을 갖춘 야생화로 키워야 합니다.
실수를 예방하는 게 아니라 실수할 기회를 많이 마련해 주어야 합니다.

학생들이 '마음대로 안 되는' 이유

저는 학생이 실수했을 때 제가 뭔가 부족해서 그런 건 아닌지, 잘못해서 그런 건 아닌지 하는 생각이 들어 짜증이 나고 불만스럽습니다.

왜 학생은 내 마음대로 안 되는 것일까요? 제 말귀를 못 알아듣는 학생이 참으로 야속하고 밉습니다. 그래서 학생한테 비판의 화살을 돌리고 싶은 생각이 커집니다.

학생에게 실수를 허용하고 배려해야 하는 것 정도야 알지만 학생이 실수하면 저 자신을 탓하는 대신 학생을 야단치고 싶어집니다. 저는 성인군자가 아니니 무엇을 해야 하는지 알아도 못 하는 경우가 흔합니다.

하! 나 자신도 내 맘대로 못하면서 어떻게 남을(아무리 자식이거나 자식 같은 학생이어도) 내 맘대로 할 수 있겠습니까? 내 맘대로 하겠다고 생각한 그 자체가 문제입니다!

저는 제 연구실 안에 제가 볼 수 있는 가장 좋은 곳에 아래 문구를 써 붙였습니다. 너무나 잊기 쉽기에 보고 또 볼 수 있도록 크게 써 붙여놓았습니다. 학생을 제 마음대로 하기 전에 제 마음부터 마음대로 할 수 있게 하기 위해서입니다.

학생들이 모르는 것은 당연하다.
모르기 때문에 학생이 실수하는 것은 배우는 학생의 권리이다.
하지만 학생들은 같은 실수를 반복하지 않도록 배워야 할 책임이 있다.
가르침이란 학생들이 스스로 배움을 책임지도록 돕는 것이다.

일상생활에서 잠시 벗어나기

저는 한국으로 되돌아온 후에 주말을 서울과 경주 사이를 장시간 오가며 보냈습니다. 주중에 서울에서 여기저기 바쁘게 다니며 이 사람 저 사람을 만나면서 참으로 방대한 정보와 지식을 교류하다 보면 정신이 멍해집니다. 사방팔방이 다 거울로 장식된 방 안에 서면 무한대로 반사하는 거울이 정신을 산만하게 하듯이, 같은 생각들이 메아리치며 머리를 아프게 했습니다. 제 생각마저 메아리치는 모습을 발견하고는 조용하고 한적한 경주로 '퇴각(retreat, 리트리트)'하였습니다. 적어도 주말은 조용히 보내야 독창적인 생각을 할 수 있을 것 같았습니다.

미국에서는 많은 조직에서 이런 '리트리트'를 공식 행사로 여기고 조직원들이 주기적으로 그렇게 시간을 보냅니다. 일상 업무와 생활에서 잠시 벗어나 좀 더 새롭게 상황을 고려해 보는 기회를 갖는 것입니다. 개인 차원에서도 많이 합니다(종교적 차원에서는 '피정'이라고 하지요). 지나간 일과 인간관계를 되돌아보고 앞으로 이루고 싶은 새로운 일과 관계에 대해 생각해 보는 여유를 찾는 것입니다.

창의력에 필요한 모험심이란 '못 먹어도 고' 식의 도박도 아니고, '죽어도 돌격' 식의 막무가내도 아닙니다. 고기 한 덩이를 함께 물고 아우성치는 하이에나 떼가 아니라 한나절 푹 쉬다가 때맞춰 사냥에 나서는 호랑이 같아야 합니다.

조벽 교수의 혁신 메시지
모험은 돌발 행위가 아니라 충분한 고심 끝에 마음으로 품은 뜻을 이루기 위한 여정입니다.

'조벽의 법칙'

앞서(20장) '프라이스 법칙'을 소개했습니다. 사람이 모여 일을 하면 사람 수의 제곱근에 해당 수가 일의 절반을 해낸다는 것이지요. 즉, 10명이 모여 일을 하면 3명 정도가 일의 절반을 해내고 7명이 나머지 절반을 한다는 뜻입니다. 1만 명이 함께 일하면 1만의 제곱근인 100명이 인재고, 나머지 9,900명은 그저 묻혀가는 사람이 되는 셈입니다.

일의 절반을 해내는 사람을 인재라고 한다면 이 법칙을 새롭게 구성할 수 있습니다. 만일 내가 10명이 종사하는 분야에서 일한다면 인재로 활약할 수 있는 확률이 30퍼센트가 되는 셈입니다. 그러나 1만 명이 종사하는 분야에 뛰어들면 그 확률은 1퍼센트로 급감하게 됩니다. 그래서 저는 프라이스 법칙의 따름정리(corollary)를 생각해 내게 되었습니다.

'성공(일의 절반을 할 수 있는) 확률은 그 분야에 종사하는 사람의 제곱근에 반비례한다.'

결국 성공하자면 많은 사람이 하지 않는 분야(블루오션)에 뛰어들든지, 아예 스스로 영역을 개척하든지 해야 합니다. 즉, 생소한 분야에 모험을 걸든지, 아니면 자신만이 할 수 있는 새로운 분야를 창조하든지 해야 합니다. 창의력이 왜 인생의 성공과 직결되는지 알게 해줍니다.

그러나 너도나도 안정성을 추구하면 모두가 가고 싶어 하는 의대, 법대를 들어가려고 피 튀기는 경쟁을 하게 됩니다. 그러고는 왜 인생이 이토록 고달픈지 한숨을 쉽니다. 그게 다 모험심을 버리고 안정성만 추구한 업보입니다.

| 24장 |

가능성을 발견하는 힘, 긍정심과 꿈

긍정심은 도전과 모험을 위한 연료

『로빈슨 크루소』, 『보물섬』, 『해저 2만리』, 『80일간의 세계 일주』, 『알리바바와 40인의 도둑』, 『야성이 부르는 소리』, 『허클베리 핀의 모험』 등 서양에는 아이들을 위한 모험담이 유난히도 많습니다. 최근에 『해리포터』와 『반지의 제왕』 등은 전 세계 어린이들을 잠 못 이루게 했습니다.

아이들이 모험담을 좋아하는 이유가 여러 가지이겠지만 아마 주인공이 위험이나 불운에 처할 때 어떻게 대처해 나가고, 이성과 감성이 대치하는 갈등 상황에서 어떤 지혜를 발휘하는가를 엿보게 해서가 아닐까 싶습니다. 만약 자신이 그런 모험 상황에 있다면 어떻게 해야 할지 비결을 얻는 기분이 들겠지요.

그러나 모험담이 최고로 신 나는 이유는 아마 상상의 세계로 함께 떠날 수 있는 것과 결국 주인공이 항상 이기기 때문일 것입니다. 진실과 최선이 승리한다는 긍정적인 메시지는 사람을 기분 좋게 합니다.

그렇습니다. 모험에 긍정적 결과를 기대할 수 없다면 누가 모험을 하겠습니까? 긍정성이라는 가능성에 대한 열망을 확인해 주는 이야기는 꼭 아이들만이 아니라 모든 사람이 사랑하는 주제입니다. 물론 드라마의 예술성을 비극에서 발견하는 경우도 있지만 하여튼 모든 사람의 사랑을 받는 이야기는 '해피엔드'입니다.

춘향이가 변 사또의 첩이 되어 막을 내리고, 심청이가 물에 빠지는 장면이 마지막 장면이었다면, 또한 흥부가 굶어 죽었다면, 우리에게 『춘향전』도 『심청전』도 『흥부전』도 없었을 것입니다.

긍정성은 삶에 에너지를 공급합니다. 긍정성은 비타민 같은 존재라기보다는 심장과 같은 존재라고 생각합니다.

제대로 된 과학 교육 그 자체가 창의력 교육이라고 했듯이 저는 독서도 창의력 교육이라고 생각합니다. 그러나 독서 역시 제대로 된 독서여야 합니다.

어른들은 학생들이 독서를 하지 않는다고 걱정하지만 저는 학생들이 선호하는 독서가 걱정됩니다. 너무나 많은 학생들이 싸구려 '인터넷 소설'을 읽고 있습니다. 온갖 욕설과 비속어가 판을 치고, 낯뜨거운 성적 묘사가 난무한 글을 읽고 있습니다. 인간의 존엄성과 인생의 고귀함과 청춘의 희망을 느낄 수 있는 내용은 눈곱만치도 없고 그저 동물적 말초신경만 자극하고 끝에는 허무와 허망만 남기는 이야기입니다.

이런 독서는 창의력에 하등 도움이 되지 않습니다. 인생과 인간관계에 부정적 인식만 쌓이게 해 오히려 큰 해를 끼칩니다.

창의력에 도움되는 독서는 진실과 최선과 베풂이 담겨 있습니다. 모험을 하되 그 목표가 분명하고, 힘난함을 최선을 다해 헤쳐가는 모습에 감동이 있고, 그러는 이유는 자기 혼자만 잘살고 잘 먹는 게 아니라 더 큰 곳에 뜻이 있음을 보여줍니다. 그래서 모험담이 가슴을 울리고 진한 긍정성에 온몸이 떨려옵니다.

모험담은 단 한 번에 승리하지 않습니다. 넘어지고 또 넘어져도 다시 일어서는, 오뚝이 같은 탄력성이 우리의 박수를 얻어내고 마음을 훔칩니다.

긍정성의 핵심은 심적 탄력성입니다. 심적 탄력성을 상처 회복 능력이라고도 합니다. 넘어져서 슬피 우는 아이에게 엄마의 따뜻한 손길이 약이 되듯이 학생이 받은 상처를 선생님이 간단히 치료해 줄 수도 있습니다.

스스로 상처를 회복할 수 있는 능력, 탄력성

고체역학은 외부의 힘이 고체에 가해졌을 때 어떻게 변하는가에 대한 학문입니다. 물리학의 $E=MC^2$, $F=ma$와 같은 차원의 핵심적인 개념이 있듯이 고체역학에는 $E=\sigma^2/2U$와 이에 따른 $1/\varepsilon_y=\sigma/2U$가 있습니다.

여기서 σ(시그마)는 외부의 힘으로 인하여 내부적으로 느껴지는 압력을 뜻하고 U는 가해진 에너지를 흡수하면서 변형되었지만 회복할 수 있는 정도를 나타내는 고체의 성질을 뜻합니다. ε_y은 변형되었다가 다시 본래 모습으로 회복할 수 있는 최고의 변형된 정도를 뜻합니다. 시그마가 작으면 고체가 변형되었다가 곧바로 본래 모습으로 되돌아갈 수 있지만 너무 크면 영구히 변형되고 맙니다. 이때 U의 크기에 따라 회복 가능한 결정적인 압력 수위가 정해집니다.

갑자기 왜 공학 방정식이냐고요? 이 방정식에 나오는 σ(시그마)는 스트레스고, U는 탄력성(resilience)이라고 합니다. 최근 심리학에서 사용하는 스트레스와 심적 탄력성이라는 개념이 이 고체역학 방정식과 긴밀하게 연관된 개념들입니다.

인간이 외적 압박에 어떻게 반응하는가, 압박을 견뎌내는 한계는 어디까지인가, 사람의 어떤 요소가 그 한계점을 결정짓는가에 대한 심리학 모델이 전통 고체역학의 모델과 너무나 유사해서 같은 용어를 심리학에 사용해도 무난합니다.

물론 인간은 고체 덩어리가 아니지만 스트레스에 관해서는 핵심 습성이 비슷합니다.(다른 부분은 뒤에 설명하겠습니다만 이런 유사성이 기계공학 전공자인 제가, 정신적 고통의 주 원인이 스트레스가 된 현 시대에 심리

상담사로 쉽게 변신할 수 있게 해주었나 봅니다.)

고체역학 방정식에서 매우 의미 있는 관계를 발견할 수 있습니다.

첫째, 스트레스는 제곱으로 그 영향이 커집니다. 스트레스가 2배 커지면 그 영향력은 2배가 아니라 4배로 다가온다는 뜻이지요. 스트레스가 4배로 높아지면 파괴력은 16배로 급증합니다.

둘째, ε_y 수치 내의 변형은 본래 모습으로 회복할 수 있습니다. 즉, 적은 스트레스는 고체에 무리를 주더라도 영구적으로 변형을 일으키지는 않듯이 인체도 어느 정도의 스트레스로 병이 생기지는 않습니다.

셋째, 변형을 줄이는 방법은 스트레스를 줄이거나 탄력성을 높이는 것입니다. 현대 사회에서는 스트레스를 줄이는 게 거의 불가능해 보입니다. 그러니 신체 변형(병)을 예방하기 위해서 탄력성을 높이는 방법밖에 없는 듯합니다. 그래서 최근에 심적 탄력성 또는 상처 회복 능력이라는 심리학적 개념이 회자되고 있나 봅니다.

오뚝이 같이 넘어졌다가 다시 일어서는 탄력성, 상처를 스스로 회복할 수 있는 능력은 사람에게 내재되어 있는 능력입니다. 이것은 그저 학생들을 수시로 칭찬만 한다고 해서 생기지는 않습니다. 단순한 자신감이나 자존심이 아닙니다. 자기 자신에 대한 믿음과 존중심보다 훨씬 더 큰 개념입니다. 자기 자신을 포함한 세상을 긍정적으로 보는 시각입니다. 그저 안일한 낙천주의나 낙관주의적 사고가 아닙니다. 현재뿐만 아니라 과거와 미래를 직시하되 긍정적인 면을 찾아내는 능력입니다.

폴리안나이즘과 '다행 놀이'

　미국 버몬트 주에 이모와 함께 살게 된 고아 폴리안나에 대한 이야기가 있습니다. 세상에서 가장 소중한 것을 다 잃은 아이였지만 아버지로부터 '다행 놀이'라는 유산을 물려받았습니다. 상황이 어떻더라도 다행스런 면을 찾아보는 놀이였습니다. 예를 들면, 자선단체가 가난한 아이들에게 선물을 나눠줬는데 마지막 남은 선물이 목발이었습니다. 목발을 집어 든 폴리안나는 "아, 이 목발이 필요 없어서 다행이네요!" 하고 기뻐했습니다.

　우리나라에 『폴리애너』란 제목으로 출간된 이 책은 제가 어릴 때 수차례 즐겨 읽었던 앨러너 포터가 1913년에 쓴 명작입니다. 고체역학 방정식을 논하다가 또다시 소설 이야기를 꺼냈습니다. 그만큼 탄력성과 긍정심은 방대한 영역에 걸쳐 다 적용되기 때문이지요. 우리 마음은 무의식 상태에서는 긍정성에 초점을 맞추고, 우리 생각은 의식 상태에서 부정성에 초점을 맞춘다는 연구 결과인 포러 현상(Forer effect)을 책 주인공의 이름을 따서 '폴리안나이즘(Pollyannaism)'이라 부릅니다.

　세상에 모든 것에는 장단점이 동시에 있습니다. 긍정성이란 터무니없는 장밋빛 환상에 젖는 감정이 아닙니다. 긍정성은 부정성에 대해 눈감으라는 요구가 아니라 모든 것을 있는 그대로 보는 냉철한 관찰, 그중에 내가 택할 것과 버릴 것을 판단하고 선택하는 혜안을 갖추는 것입니다. 모든 학생들과 함께 날마다 '다행 놀이'를 해야겠습니다.

조벽 교수의 혁신 메시지

긍정성이란 무엇을 보느냐가 아니라 어떻게 보느냐가 핵심입니다.

긍정심은 자신과 세상을 보는 혜안이다

긍정성은 어린이를 위한 동화책에서만 부각되는 개념이 아닙니다. 제2차 세계대전 당시 아우슈비츠 수용소에 수감되어 부모 형제와 가족, 친구를 다 잃고 자신마저 생사의 갈림길에서 비참하게 살던 중 자기 자신의 존재 의미를 발견하고 살아야 할 가치를 느끼게 된 빅터 프랭클(Victor Frankl)에 대한 책이 있습니다.

1946년에 발간된 『죽음의 수용소에서(Man's Serach for Meaning)』는 가장 영향력 있는 책으로 선정되었고 의미 치료(logotherapy)라는 새로운 분야를 열었습니다. 그리고 현대 심리학의 방향을 긍정심리학으로 틀도록 영향을 미쳤습니다.

이후로 긍정심리학은 다양한 영역에 핵심 철학으로 자리 잡고 있습니다. 직원을 비용으로 여기던 '차가운' 경영 방식이 직원을 자산으로 여기는 '따뜻한' 경영 방식으로 옮겨가는 추세에 긍정심리학이 한몫하고 있습니다.

또한 문제 해결 방법에도 근본적인 변화가 시작되었습니다. 일례로, 소비자 만족도가 낮아 고민하던 어느 대기업에서 문제를 해결하기 위해 불평하는 소비자를 대상으로 대대적 조사를 실시했습니다. 문제점을 분석한 후 직원들에게 피드백 정보를 공유하고 개선 방안을 찾아 실천하도록 했습니다. 결과는 놀랍게도 오히려 만족도가 더 저하되었습니다.

심화되는 문제를 해결하기 위해 그 기업은 긍정성에 기반을 둔 경영 방법을 도입하고 새로운 접근 방식으로 재시도를 했습니다. 이번에는 만족하는 소비자를 대상으로 무엇이 잘못되었는가가 아니라 무엇이 만족스러웠는가를 조사했고, 그 결과를 직원들과 공유했습니다. 그후 소비자 만족도가 급상승했습니다.

우화 같은 이야기지만 실제 사례입니다. 문제에 초점을 맞추면 결국 부정성이 부각되고 문제의 원인과 '장본인'이 색출되어야 하니 조직 내 분위기가 점차 가라앉을 수밖에 없을 것입니다.

하지만 조직의 장점과 강점에 초점을 맞추면 더 많은 긍정성이 계발될 수 있습니다. 이미 석유가 나오는 유전 지대에 구멍을 뚫을 때 더 많은 석유를 뽑아낼 수 있듯이 조직의 긍정성을 탐색할 때 더 많은 긍정성을 확보할 수 있습니다.

저는 긍정성에 크게 두 가지 특성을 부여합니다.

첫째, '긍정'은 내가 보는 대상의 실체에 존재하는 '성질'보다는 그것을 바라보는 내 '심정'에 달려 있습니다. 따라서 저는 긍정성보다는 긍정심(肯定心)이라는 신조어를 만들어 사용합니다.

둘째, 긍정은 존재성을 발견하는 것보다는 존재 의미와 가치의 '가능성'을 발견하는 것입니다. 가능성을 생각하는 것 자체가 상상하는 것입니다. 따라서 긍정심은 허심, 호기심, 모험심과 더불어 창의력의 핵심에 포함됩니다.

창의력이란 무한한 가능성(상상력) 중에 자기 자신을 가장 새롭게 하는 길을 선택하는 것입니다. 그래서 저는 창의력을 삶의 방식이라고 합니다. 결과가 아니라 살아가는 모습인 것입니다.

> **조벽 교수의 혁신 메시지**
>
> 긍정성은 절망을 이겨내는 힘이 아니라 희망을 선택하는 지혜입니다.
> 창의력은 생각의 결과가 아니라 삶의 방식이며 살아가는 모습입니다.

꿈에 또다시 도전할 수 있는 힘

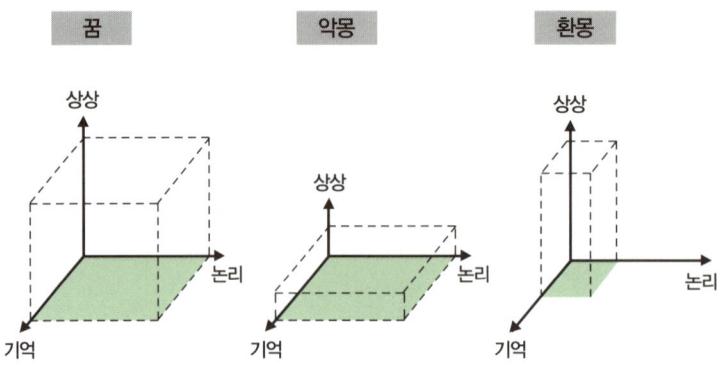

아이가 한가롭게 나무 밑에 앉아 허공을 바라보고 있습니다. 멍하게 앉아 빈둥거리는 것 같지만 아이의 머릿속은 바삐 움직이고 있습니다.

훗날 자신의 모습을 그리면서 미래에 대한 궁금증을 조금이나마 해소하고 있습니다. 10년 후, 30년 후의 모습을 상상하면서 흐뭇해합니다. 이 아이는 지금 꿈을 그리고 있습니다.

호기심이 자기 미래로 향합니다. 예측할 수 없는 미래에 도전하는 게 모험에 몸을 맡기는 것이고, 모험에 실수와 실패가 따르지만 그럼에도 포기하지 않고 또다시 도전할 수 있는 힘이 긍정심입니다.

인생의 시나리오를 쓰자면 여유가 있어야 합니다. 창의력의 핵심 요소 중 허심(여유), 호기심, 모험심, 긍정심이 바로 꿈을 추구하는 사람에게 공통적으로 나타나는 것입니다. 꿈을 추구하는 사람은 꿈을 이루기 위해 온갖 생각을 다 하지요. 그러니 꿈은 창의력의 핵심입니다. 꿈은 미래를 위해 지금 값을 치릅니다.

꿈이 환몽(판타지)이 될 위험도 있습니다. 그러니 그저 상상력만 발동해서는 안 됩니다. 창의력에는 상상력 외에 튼튼한 기반이 필요합니다(21장 참조). 그 기반은 개념과 논리로 이루어진 평면 사고력입니다. 그 기반 없이 그저 상상만 펼쳐나가는 게 환몽입니다. 빈약한 기초 위에 높게 상상을 펼치면 와르르 무너져버리게 되어 있습니다.

적은 확률에 도전하는 게 대담한 모험심이고 아예 가능성 없는 확률에 도전하는 것은 무모한 모험입니다. 창의력은 절대로 무모하고 미련한 모험이 아닙니다.

남이 날개를 꺾어 상상의 세계로 훨훨 날지 못하고 족쇄에 묶여 땅바닥에서 기어야 한다면 너무 비참합니다. 자기 스스로 선택해 꾸는 꿈이 아니라 남이 주입시킨 꿈은 악몽인 것입니다. 두고두고 악몽을 주입한 장본인을 원망하게 될지 모릅니다. 악몽은 죽을 때까지 갚지 못할 대가가 따를 수도 있습니다.

조벽 교수의 혁신 메시지

꿈은 선불제입니다. 미리 낸 것.
판타지는 후불제입니다. 훗날 이자까지 톡톡히 갚는 것.
악몽은 월부제입니다. 죽을 때까지 못다 갚는 것.
한국의 교육 문제에서 가장 심각한 것은 주입식 교육이 아니라 청소년의 꿈마저 주입시키고 있다는 점입니다.

스티브 잡스가 남긴 유훈

 이제는 소설이 아니라 실화를 소개하겠습니다. 살아 있을 때 이미 신화적인 존재였던 스티브 잡스는 매킨토시 컴퓨터를 비롯해서 아이폰까지 혁신적인 제품을 줄줄이 선보였기에 최고의 창의적 인재라고 합니다. 스티브 잡스가 태블릿 PC를 들고 그의 전설적인 상품 설명회 무대에 올라서자 각종 미디어는 "모세가 십계명이 담긴 태블릿을 들고 나온 이후 가장 훌륭한 태블릿이다"라고 익살스런 비유를 쏟아냈습니다(영어로 십계명이 담긴 석판을 '태블릿(tablet)'이라고 합니다).

 그러나 교사처럼 인재 계발 분야에 종사하는 사람은 스티브 잡스의 성공작이 아니라 실패작에서 교훈을 얻어야 합니다. 들어보셨나요? 모바일 미, 아이튠스 폰, 매킨토시 포터블, 리사, 뉴턴 메시지 패드, 애플 퍽 마우스, G4 큐브⋯⋯. 모두 스티브 잡스가 야심 차게 시장에 내놓은 작품들이지만 곧바로 매장된 실패작들입니다. '역대 가장 흉측한 10대 IT 제품'에 선정되는 불명예를 얻은 제품도 포함되어 있습니다. 지금 생각해 보면 정말 어처구니 없고 바보스런 제품을 시장에 내놓았습니다.

 2005년도 스탠퍼드 대학교 졸업식 연설에서 스티브 잡스의 마지막 발언이 "Stay hungry, stay foolish"(의역하면 '꿈을 품어라, 실수를 두려워 마라'의 의미)였습니다. 그 좌우명에 걸맞게 자신도 '바보' 같은 실패도 줄줄이 선보였던 것입니다('Stay hungry'는 남에게 동기를 부여할 때 하는 말로서 배고픈 사람이 온종일 밥에 집착하듯 목표(꿈)를 세우고 최선을 다해 추구하라는 의미입니다. Stay foolish는 실패할 거라고 비웃음을 사는 일도 마다하지 말라는 뜻입니다. Fool은 바보지만, foolish는 터무니없는

'실패할 짓 같은'으로 해석됩니다].

스티브 잡스가 천재적 창의력을 발휘한 배경에는 실패에 대한 두려움이 없었던 것입니다. 하지만 실패를 좋아하지는 않았습니다. 실패보다 더 싫어했던 것은 미리 포기하는 부정성이었습니다. 일을 시켰는데 도전해 보지도 않고 "불가능하다"라고 답하는 직원은 그 자리에서 즉각 해고했다는 일화가 유명합니다.

직원들이 스티브 잡스가 '괴팍'했는데도 계속 함께 일한 이유가 있습니다. 스티브 잡스는 자신의 꿈을 직원들과 공유했습니다. 최고로 멋진 제품을 만들고 있다는 즐거움과 사람이 미칠 정도로 열광하는 제품을 만들 수 있다는 가능성을 모든 직원과 함께했습니다. 스티브 잡스는 긍정적이고 창의적인 문화를 창조했던 것입니다.

"우리는 'Don't be hungry, don't be a fool'이라는 말만 듣고 살았어요." 하늘 나라로 올라간 한국 학생이 스티브 잡스를 만나면 하소연할 말일 것이라고 상상해 봅니다. "학교는 학생에게 밥도 먹여주고 알고 싶지 않은 지식도 잔뜩 퍼줍니다. 그리고 부모는 자녀에게 그저 안전한 것만 추구하라고 합니다. 나 혼자 바보 되는 게 두려워 남이 하는 것을 다 따라했어요. 바보짓을 따라하면 모두 바보가 되니 아무도 바보인 줄 몰랐나 봐요. 아무도 바보라고 비웃는 사람이 없다고 바보가 아닌가요?"

스티브 잡스의 답변이 상상됩니다. "다시 지상으로 내려가라. 난 바보보다 더 싫은 사람이 포기하는 사람이니까. 마지막 한마디 더 하마. Be angry, be full-ish(분노하라, 충만하게 살아라)."

조벽 교수의 혁신 메시지
꿈은 머리로 냉철하게 따져서 생각하는 것이 아니라 가슴에 뜨겁게 품는 것입니다.

학생들의 긍정심 향상을 위해 선생님이 해줄 수 있는 것

긍정심과 관련되어 선생님이 학생을 도와줄 수 있는 것이 있습니다. 긍정심은 단번에 생기지 않습니다. 티끌 모아 태산이 되듯이 매일 조금씩 쌓아 올리는 것입니다. 아래와 같은 방법을 먼저 실천해 봅니다.

- 관심사를 발견할 수 있는 기회를 만들어준다(기회가 있을 때마다 평상시 하지 못하던 경험을 하게 한다).
- 학생들에게 호감과 존중의 대화를 한다.
- 학생에게 매일 밤 '행복 일기'를 쓰게 한다.

'행복 일기'는 최성애 박사가 제안하는 것으로 일기라는 형식을 통해 일상 속에서 긍정성을 쌓는 방법이며, 저녁에 잠자기 전에 가족이 모두 모여 돌아가며 말하는 것이 가장 좋습니다. 특히 부모님도 참여해서 좀 더 성숙한 사례를 언급하면서 아이들의 생각을 발전시켜 주는 게 좋습니다. 이때 "아니, 그렇게 말하는 게 아니라 이렇게 말해 봐" 하는 식으로 수정해 주지 않고, 단지 엄마, 아빠가 자신들의 차례에 말하고 그걸 들은 아이 스스로 "아, 저런 것도 좋아하고 고마워할 수 있구나" 하는 것을 스스로 깨닫게 해줘야 합니다. 다음과 같은 질문들을 아이들이 스스로에게 묻도록 합니다.

오늘 있었던 일 중에 가장 좋았던 것은? (예 : '오늘 있었던 일 중에 가장 좋았던 것은 영찬이와 떡볶이를 나눠 먹었던 일이다.' 또는 '엄마가 칭찬해 줘서 좋았다.' 이렇게 간단하게 하나만 적어도 됩니다. 단, 매번 '오늘 있었던 일 중에 가장 좋았던 것은……'은 반복해서 쓰게 합니다.)

오늘 가장 고마운 사람 또는 일은? 그 이유는? (예 : 오늘 가장 고마운 사람은 선영인데, 내가 꼭 필요했던 빨간색 연필을 빌려주었기 때문이다.)

오늘 ○○○○에서 다행이었다. (예 : 오늘 더운데 바람이 시원하게 불어서 다행이었다.)

오늘 ○○○○에도 불구하고 ○○○○이라서 다행이었다. (예 : 오늘 버스가 늦게 왔는데도 불구하고 지각하지 않아서 다행이었다. 내가 한 행동이 아니라 '외적 요인이 문제였음에도 불구하고'가 중요한 개념입니다.)

매일 밤 부모님이 아이들과 함께 행복 일기를 쓰는 것이 가장 좋습니다. 하지만 그럴 형편이 안 되는 아이들을 위해서 조회 시간이나 종례 시간에 선생님이 학생들에게 행복 일기를 쓰게 하거나 그것을 몇 명씩 돌아가며 발표하도록 하는 것도 좋습니다. 이때 교사는 모든 시작은 '나'에서 비롯한다는 마음으로 다음과 같은 방법으로 진행하면 더 효과적입니다.

- 학생의 장점을 찾아준다(학생이 스스로 장점을 적어보게 하고, 반 친구가 서로 찾아주게 하고, 가끔 선생님이 직접 찾아준다).
- 마지막으로 교사가 자신의 장점과 강점 50가지를 적어보는 것이다. 그런 후에 (결혼했을 경우) 배우자의 장점 50가지를 적어본다. 그리고 (자녀가 있으면) 배우자와 함께 자녀의 장점을 50가지씩 적어본다.

조벽 교수의 혁신 메시지

교육은 학생의 단점을 찾아서 보완해 주는 것보다 학생의 장점을 찾아서 희망을 갖도록 해주는 것입니다.

5부

글로벌 시대, 인성은 실력이다

꿈을 추구할 수 있는 기본 저력을 전문성이라고 합니다. 꿈을 추구하는 과정에 나타나는 수많은 상황에 대응할 수 있게 하는 것은 창의성입니다. 그리고 다른 사람과 꿈을 공유하고 함께 힘을 모아 나아갈 수 있는 인성 또한 대단한 중요한 실력이라고 할 수 있습니다. 교사의 역할은 학생들에게 이러한 다양한 실력을 갖추어주어 학생들이 각자의 꿈을 달성할 수 있도록 돕는 것입니다.

| 25장 |

배려와 존중의 능력, 인성

창의성과 인성

　창의력에 관련된 개념이 무려 170가지나 되기 때문에 4부에서는 참으로 많은 단어와 생각들을 상당히 정교하게 연계해 소개하였습니다. 독창성과 적절성, 소수가 지닌 혁신적 창의력과 누구나 발휘할 수 있는 자아실천적 창의력으로 구분지었습니다. 그러고는 창의력의 핵심 요소 여섯 가지로 튼튼한 기초 지식, 퍼지(수렴적과 발산적) 사고력, 호기심, 모험심, 긍정심, 그리고 이 모두의 조화와 시너지를 이루어내는 허심을 소개했습니다.

　튼튼한 기초 지식과 수렴적 사고력은 개념과 논리의 축을 이루어 일반 사고력의 평면을 구축한다고 했습니다. 허심, 호기심, 모험심, 긍정심으로 이루어진 상상력으로 세 번째 축을 구축하여 삼차원적(발산적) 생각의 공간을 만들어냅니다.

　상상력은 여유(허심)를 허락하고, 질문(호기심)을 허락하고, 실수(모험심)를 허락하고, 꿈(긍정심)을 허락해야 한다고 했습니다.

　그래서 저는 창의력은 요구하는 게 아니라 허락하는 것이라고 결론지었습니다. 창의력을 발휘하자면 두 존재가 필요하다는 뜻입니다. 창의력을 지닌 사람과 그 능력이 발휘될 수 있도록 허락하는 사람입니다.

　창의력을 특성(사람이 지닌 자질)과 환경(허락하는 조건, 가치관, 문화, 리더십)으로 구분하기도 합니다. 즉, 창의력은 단순히 개인적 실력이 아니라 시스템적인 성과라고 볼 수 있습니다.

조벽 교수의 혁신 메시지

창의력은 모두가 공유해야 하는 가치관이며 함께 만들어가는 문화, 즉 삶의 방식입니다.

만 명의 인재가 한 명의 천재를 살린다

저는 '창의력은 요구하는 게 아니라 허락하는 것'이라는 결론 다음으로 '창의력은 모두가 함께 만들어가는 문화'라고 결론지었습니다. 그래서 저는 20장에서 "한 명의 천재가 만 명을 먹여 살린다"라는 말은 '절반의 사실'이라고 했던 것입니다.

저는 "만 명의 인재가 한 명의 천재를 살린다"라는 말을 합니다. 왜냐하면 아무리 우수한 사람이 기업이라든지 조직에 들어와도 같이 일하는 사람에게 이 창의력에 대한 가치관이 없고, 그곳에 창의적인 문화가 없다면 일을 할 수가 없습니다. 상상할 여유도 없고, 실수도 용납하지 않고, 시키는 일 외에 관심을 가져서도 안 되고, 서로 경쟁 대상으로 여기면서 불신과 암투로 인하여 부정성에 찌든 곳이라면 창의적 인재는 숨이 막혀 죽습니다.

실로 한국 대기업은 해외에서 최고 인재들을 스카우트해 오느라 큰돈을 지불하고 있습니다. 그러나 대다수는 1년도 채 안 돼 회사를 떠나고 있습니다. 회사는 급한 마음에 연봉을 2배로 올려주겠다고 회유책을 제시합니다만 인재는 코웃음을 칩니다. "이미 받는 연봉의 10분의 1만 있어도 배불리 먹고삽니다. 지금 내가 당장 숨 막혀 죽을 판인데 더 많은 돈이 무슨 소용이란 말입니까?"

창의적 인재는 돈을 벌겠다고 일개미, 꿀벌 등 벌레같이 일하지 않습니다. 창의력이란 그저 물건이나 만들기 위한 게 아닙니다. 창의력이란 삶의 방식입니다. 살아가는 모습인 것이지요(그러나 세상에, 한국에서는 학생들을 '공부 벌레로 만드는 비법'을 소개하는 책이 판을 치고 있네요).

스카우트해 온 초일류급 인재 중에 1년 이상 회사에 머무는 사람도 물론 있습니다. 그러나 내막을 알고 보면 그러한 장기 근무자 대다수는 배우자가 한국인입니다. 실은 (극단적으로 말하자면) '인질'로 잡혀 있는 셈입니다.

한 명의 천재가 만 명을 먹여 살리지만 만 명의 인재가 한 명의 천재를 살리기 때문에 '그룹 지니어스'라는 개념이 등장했습니다. 최근에 한국에 소개되어 회자되었지만 이미 수십 년 전에 선보인 개념입니다. 미국은 정보화 시대 지식 기반 사회에 1970년대부터 돌입했기 때문에 오래전부터 팀워크의 중요성에 주목했습니다. 한국은 최근에 창의력에 대한 한계를 절실히 느끼게 되었기에 이런 개념이 지금에야 받아들여지는 것입니다.

'그룹 지니어스'라…… 천재성마저 개개인의 능력이 아니라 팀워크의 결과인 면이 크다고 합니다. 그렇다면 혼자 잘나고 똑똑하고 많이 아는 것만으로는 안 되고 팀워크를 할 수 있는 능력이 있어야 한다는 말이지요. 팀워크를 할 수 있는 능력이 과연 무엇인가를 생각하게 만듭니다.

저는 팀워크를 할 수 있는 핵심 능력을 '인성'이라고 단정합니다. 인성은 남의 입장에서 생각하고 행동할 수 있는 능력입니다. 전문성이 일에 대한 실력이고, 창의성이 일을 주도할 수 있는 실력이라면, 인성은 일을 할 수 있게 해주는 실력이라고 정리합니다. 제아무리 전문성과 창의성이 뛰어난들 나쁜 인성 때문에 아무도 그 사람과 함께 일하고 싶어 하지 않으면 일할 기회조차 없게 됩니다.

인성은 무엇을 해야 하고 하지 말아야 하는가를 머리로 안다고 되는 게 아닙니다. 마음이 따라주지 않으면 몸은 움직이지 않습니다. 머리로만 알아도 실천되는 것이라면 모든 사람이 벌써 훌륭한 인성을 갖췄을 것입니다. 그렇지 않다는 사실을 우리 모두 너무나 잘 압니다. 인성은 오랜 학습을 통해 몸에 배어 있어야 합니다. 오랜 학습의 결과를 두고 우리는 '실력'이라는 단어를 사용합니다. 그래서 인성 역시 타고나는 성품이 아니라 쌓아가는 '실력'의 범주에 포함해야 합니다.

인성은 머리로만 아는 게 아니라 온몸으로 아는 것입니다. 머리로 아는 것보다 훨씬 더 높은 차원의 앎을 요구합니다.

팀워크에 두 가지 핵심 요소가 필요합니다. 인간관계와 소통 능력(커뮤니케이션)입니다. 인간관계는 또다시 타인과의 관계와 자기 관리로 구분할 수 있지만 둘 다 인성의 영역입니다. 자기 자신에 대한 이해가 부족한 사람은 남과의 관계에서 왜 힘든지 깨닫지를 못합니다.

또한 앞에서 커뮤니케이션의 기본을 감정 코칭이라고 소개했습니다. 남을 배려하고 이해하고 서로 다가가는 대화를 나누는 게 진정한 커뮤니케이션이라고 생각하기 때문입니다.

우리는 학생들에게 부드럽고 다가가는 대화법 대신 날카롭고 지배하려는 논설과 웅변을 가르치려 합니다. 자신과의 싸움에서 이기는 비법인 『명심보감』 대신 남과의 싸움에서 이기는 『손자병법』을 가르치고 있는 것은 아닌지 걱정이 됩니다. 공부의 방향을 많이 틀어야 하겠습니다.

> **조벽 교수의 혁신 메시지**
>
> 인성은 성품이 아니고 실력입니다. 일을 할 수 있게 해주는 실력입니다.
> 인성은 머리로만 아는 게 아니라 온몸으로 아는 것입니다.

21세기 성공 키워드, 팀워크

네트워킹, 팀워크, 시너지, 윈-윈, 융합, 퓨전, 통섭, 소통…… 이런 단어들이 21세기 성공 키워드라고 합니다. 이런 단어에 내재된 의미는 혼자 일을 할 때는 전혀 상관이 없습니다. 다양한 능력, 실력, 지식, 정보, 생각을 지닌 사람들이 팀워크를 이뤄 일할 때 적용되는 개념들입니다.

정보 홍수 시대, 전통 학문의 영역이 허물어지고 그 사이에 무수히 새롭게 개척되고 있는 접학문, 다학문, 초학문 영역에서는 혼자 잘할 수 있는 일이 그다지 많지 않기 때문에 팀을 이루어야 하는 세상입니다.

좋은 팀워크를 이루기 위해서는 남을 배려할 줄 알고 조직의 일원으로서 활동할 수 있어야 합니다. 팀원을 경쟁 대상으로 여긴다면 팀은 깨지고 맙니다. 참으로 안타깝게도 한국에 '경쟁'이란 개념이 엉뚱한 시기에 부각되었습니다.

세상은 무한경쟁 체제에 돌입했기 때문에 개인은 물론, 모든 조직체는 경쟁력을 반드시 갖추어야 생존하고 번창할 수 있습니다. 하지만 경쟁력은 '결과'입니다. 어떠한 능력이 갖추어진 상태를 뜻합니다. 그 결과를 얻기 위한 방법은 '경쟁'이라는 방법(과정)이 아니라 '협력'이라는 방법입니다. 우리는 결과와 방법을 혼동하고 있습니다.

경쟁하면 절대로 21세기 성공 패러다임인 '윈-윈'이라는 결과를 얻을 수 없습니다. 기껏해야 '윈-루즈'이며 대개는 '루즈-루즈' 결과를 초래합니다. 이 시대에는 '윈-윈'해야 한다고 외치면서도 행동은 정반대입니다.

방법은 협력인데 결과는 경쟁력이라는 것. 역설적으로 들리지만 이미 성공 사례가 수두룩합니다. 예를 들어, 세계 항공사들은 서로 엄청난 경쟁을 합니다. 경쟁력을 갖추지 못한 항공사는 아무리 역사가 길고 전 세계를 누비고 다녔더라도 하루아침에 이슬처럼 사라집니다. 미국 역사에서 무려 368개 항공사가 망하고 폐업했습니다. 그중에는 팬암, 노스웨스트 등 우리가 이름을 들어보거나 비행기를 타본 회사도 포함되어 있습니다.

그런 살벌한 시장에서 생존한 항공사는 각각 10~15개 타 항공사와 동맹을 맺어 협력하고 있습니다(아시아나 항공사가 가입한 star alliance에는 20개 항공사가 있습니다. 대한항공은 10개 항공사가 협력하는 sky team에 소속되어 있습니다). 비행기 하나를 띄울 때 자사 손님만 태우지 않고 제휴 항공사의 고객도 함께 받습니다. 제휴 업체들이 취항하지 않는 노선이나 중복되는 노선에서 마치 한 회사가 판매하는 것처럼 항공권을 판매하고 노선을 공동으로 운영하는 것을 뜻하는 '코드셰어링(Code-sharing)'이라는 신조어를 만들면서까지 말입니다.

본래 코드(code)란 암호, 비밀을 뜻하지요. 항공사는 암호까지 서로 개방하고 공유할 정도의 협력으로 최선의 경쟁력을 키워나가고 있는 것입니다.

학생들도 이제 알아야 합니다. 경쟁력은 결과, 협력은 방법이라는 것을. 그리고 협력에는 인성이라는 실력이 뒷받침한다는 사실을 알게 해주어야 합니다.

> **조벽 교수의 혁신 메시지**
> 새 시대의 성공 전략은 '너 죽고 나 살자'라는 경쟁이 아니고, '너도 살고 나도 더불어 함께 살자'라는 협력입니다.

서비스 산업 시대, 인성은 더욱 중요해진다

2011년 7월 15일, 오랜만에 좋은 소식을 신문에서 보았습니다. '서울대 의전원 인성 면접 도입'이라는 제목 아래 "……한국에서도 의대생을 뽑을 때 인성을 중시하는 다중 미니 면접(multiple mini interview)을 도입하는 학교가 잇따르고 있다. 서울대 의대는 30일 치르는 올해(2012학년도) 대졸자 대상 의학전문대학원 신입생 면접 때 이 방식을 시행한다고 14일 밝혔다. …… 의사 소통과 라포르(rapport: 의사와 환자의 심리적 신뢰) 형성 능력이 있는 학생을 뽑고 공부만 잘하는 학생을 걸러내기 위한 시도"라고 설명했습니다.

저는 2008년도 4월에 연세대학교 의대 교수를 대상으로 교수법에 대한 특강을 한 적이 있습니다. 그때 두 가지 연구 결과를 소개했습니다. "환자가 다른 의사를 찾는 가장 큰 이유는 의사의 능력이나 전문 지식이 아니고 환자를 대하는 의사의 태도와 행위다(Norman Cousins, 『Anatomy of an Illness』, 1981). 환자가 의사의 처방을 얼마나 잘 따를 것인가를 예측할 수 있는 결정적인 요인은 의사와 환자 사이의 인간관계가 얼마나 좋은가이다(Barbara Korsch and Caroline Harding, 『The Intelligent patient's Guide to the Doctor-Patient Relationship』, 1997)."

교통사고로 혼수상태에 빠져 응급실로 실려 갔을 때는 의사의 인품이 아무리 엉망이어도 지식과 기술이 좋으면 최고입니다. 하지만 압도적 대다수의 환자가 의사를 찾을 때에는 혼수상태가 아니고 응급상태도 아니지요. 고질병을 안고 멀쩡한 정신으로 의사를 대면합니다. 그러나 내 몸을 물건 다루듯 하고, 무턱대고 주사를 놓고, 어떤 약인지 설명도 없이 처방하고, 질문에 대답이 없을 뿐더러 짜증까지 낸다면 그 의사에게 자신의 귀한 몸을 맡기고 싶지 않을 것입니다. 급한 것도 아닌데…… 어차피 스트레스로 오는 질병인데…… 죽을 때까지 안고 가야 할지 모르는데…… 한두 번도 아니고 매번 기분 나쁜 경험으로 스트레스를 더 받아 병이 도지지나 않을까 걱정됩니다.

그래서 조금 늦은 감은 있지만 이제라도 의사의 인성을 따지겠다는 신문 기사에 큰 환호를 보냅니다. 한국에 명의(名醫)가 많다는 건 알았지만 이제부터는 허준 같은 심의(心醫)가 많이 나오게 될 것을 기대해 봅니다.

학생들은 서비스 산업 시대를 살아갈 것입니다. 서비스 산업이란 사람이 주로 기계 틈에 끼여 일했던 산업화 시대와 달리 사람을 염두에 두고 일하는 것입니다. 자동차를 조립할 때에도 모든 직원이 항상 고객을 염두에 두고 일을 해야 품질 좋은 제품을 생산한다고 해서 자동차 산업을 서비스 산업이라고 할 정도가 되었습니다.

따라서 우리가 남을 고려하고 배려하는 습관은 인성 교육인 동시에 필수적인 서비스 산업의 직업교육 훈련인 것입니다.

학생들의 수학 실력, 영어 실력, 논술 실력을 갖추어주기 위해 많은 돈과 시간을 투자하듯이 인성이라는 실력을 갖추어주기 위해서 같은 노력을 기울여야 합니다.

조벽 교수의 혁신 메시지
인성은 머리로 아는 앎이 아니라 실천하며 사는 삶 그 자체입니다.

새 시대의 인성

　모든 개념은 시대가 바뀌면서 의미가 달라집니다. 변신하지 못하는 단어들은 결국 역사의 뒤안길로 사라지고 맙니다. 인성도 역시 기로에 놓인 것 같습니다. 한국에서 인성이 사라지고 있다는 걱정스런 뉴스가 매일 신문에 실립니다. 한국인의 인성을 살리기 위해서는 일단 인성의 개념을 살려야 하겠습니다.

　인성이란 남을 배려하는 마음이라고 말할 수 있습니다. 어른을 공경하고, 예의가 바르고, 베풀 줄 알고, 자신의 행동을 자제할 줄 아는 등의 덕목이 나열될 수 있겠습니다. 이러한 훌륭한 덕목은 예나 지금이나 다를 바 없겠지요. 하지만 우리가 '왜 이러한 인성을 지녀야 하는가'에 대한 답은 시대가 변하면서 함께 고려해야만 합니다.

　예전의 인성은 농경 시대와 대가족 제도에 입각한 인성이었을 것입니다. 하지만 오늘날 핵가족마저 붕괴되고 있는 시대에는 인성이 새롭게 해석되고 조명되어야 설득력이 얻을 수 있습니다.

　한 지붕 밑에 할아버지, 할머니도 계시고, 엄마와 아버지, 아버지 같은 큰형과 엄마 같은 큰언니도 있고, 주변에 이모, 고모, 삼촌과 사촌들이 있을 때는 왜 나이와 관계로 예를 갖추어야 하는지 저절로 터득이 되었습니다.

　하지만 지금 아이들 주변엔 어른이 별로 없습니다. 당연히 조부모는 안 계시고, 삼촌과 사촌들도 보이지 않습니다. 두 부모 중 한 사람이 아예 없는 아이들도 무척 많아지고 있습니다. 아이들은 아이들끼리 어울리고 맙니다. 학교, 학원, 인터넷, 현실과 가상 공간에 어른은 없습니다.

그러니 배려와 상호 존중과 양심이라는 인성의 본질은 사라지고 그저 나이로 따지는 상하(上下) 계급의 껍데기만 남게 되었습니다. 그래서 상급생은 1년 차이를 두고 깍듯한 '예'를 갖추지 않았다고 하급생에게 벌을 줍니다. '군기 잡기'라고 하지요. 한 살 위가 뭐가 그리 대단하랴 싶어 상급생에게 대든 학생은 우상이 됩니다.

한 살 차이나 두 살 차이나 별 차이가 없다면 계속해서 한 살씩 높여가서 결국 나이 차가 한 세대, 두 세대가 나도 분별을 하지 못합니다. 그러니 학생들 머릿속에는 선생님에게 대드는 것이 영웅이 되는 길이라고 여겨질 수도 있겠습니다.

학교에서 학번이 그렇듯이 군대에서는 계급장으로 존대와 하대가 결정됩니다. 회사에는 조직의 상하를 나타내는 직함(회사의 계급)이 경어의 수준을 결정합니다.

사실은 사회 전체가 이름 대신 직함을 사용하니 한국은 계급 천국이며 계급 사회인 것입니다. 그러니 사람들이 기를 쓰고 좀 더 근사한 직함(계급장)에 매달리지요. 모두가 다 사장님이고 사모님이니 참으로 좋은 천국입니다. 지혜가 없어도 지위만 있으면 그에 걸맞은 대우를 바랍니다. 양심이 훌륭하지 않아도 양복만 근사하게 차려 입으면 우대해 주리라 믿습니다. 그래서 인성의 본질이 왜곡되지 않았나 싶습니다.

인성의 본질은 예로부터 축적되어 내려온 슬기로운 삶의 지혜를 담은 성자의 말씀과 군자의 학문을 배워서 깨우치고, 나에게만 옳은 게 아니라 남에게도 옳은 것을 행하는 양심을 품는 것입니다. 지혜라는 인지적 요소와 양심이라는 심적 요소가 어우러져 나타나는 능력이 인성입니다.

이러한 인성에 대한 이해를 이제 도덕적 차원에서만이 아니라 과학으로 새롭게 해석해야 하겠습니다. 15장에서는 뇌과학으로 인성을 설명해 보았습니다. 전두엽이 늦게 발달되는 특성 때문에 인성은 훌륭한 교육의 전제 조건이 아니라 훌륭한 교육의 결과라고 말했습니다.

이제 인성을 마음 과학으로 설명하고자 합니다.

국어사전은 '마음'을 '사람의 생각, 감정, 기억 따위가 생기거나 자리 잡는 공간이나 위치'라고 정의하고, 영어로 'mind'와 'heart'로 번역합니다. 마음이 머리(mind)에 있는지 심장(heart)에 있는지 모호합니다. 최근에야 비로소 마음이 과학적 차원에서 연구되기 시작했습니다.

모든 최첨단 연구가 그렇듯이 마음 과학 역시 일반인에게는 매우 생소합니다. 수년이 지난 후에야 대중에게 널리 알려질 것입니다. 여기서는 마음 과학에 대해 먼저 조금 보여 드리겠습니다.

| 26장 |

마음의 과학으로 풀어본 인성과 창의력

마음의 고향은 심뇌(心腦)

2011년 4월 19일은 제게 매우 특별한 날입니다. 4·19가 혁명의 날이지만 1960년 그해 저는 피가 아니라 코를 흘리던 어린 시절이었고, 2011년 4월 19일은 제 머릿속에 혁명이 일어난 날이었습니다.

그때 저는 제 처와 함께 캘리포니아의 실리콘밸리 밑에 있는 심장연구센터를 방문해서 일주일간 심장에 대해 공부를 하던 중이었습니다(예, 이 나이에도 계속 공부합니다. 평생교육 시대라고 하지 않았습니까?).

지금 일반 도서 시장을 장악하고 있는 뇌에 관한 책은 이미 40년 전부터 뇌 과학자들이 진행해 온 연구의 총 집합입니다. 즉, 뇌과학 연구가 활발하게 시작된 지 40년이 지난 후에야 일반인들에게 '상식'으로 전달되고 있다는 뜻입니다. 그렇다면 40년 후에 일반인들에게 소개될 새로운 상식에 대한 연구는 현재 진행 중일 테지요. 그런 최첨단 연구 중에 뇌가 머리 외에 다른 신체에도 있음을 발견하고 연구하는 센터들이 있습니다.

예를 들어, 아이비 리그의 명문인 컬럼비아 의대 해부학과 세포생물학과(Anatomy and Cell Biology) 학과장인 마이클 거션 교수는 '신경위장학(neurogastroenterology)'이라는 융합 학문의 선구자로서 독립적 신경계(뇌)가 배(gut)에도 있음을 발견했고, '두 번째 두뇌(second brain)'라는 단어를 1996년부터 사용하기 시작했습니다.

스트레스가 왜 위궤양과 변비를 유발하는지, 왜 남 앞에서 발표할 때 구토증이 날 정도로 속이 불편한지, 왜 심적 스트레스와 육체적 스트레스가 서로 긴밀하게 연결되어 있는지, 왜 뇌 전체에 광범위한 영향을 미치는 세로토닌의 95퍼센트가 소화관에 있는지, 왜 70퍼센트의 위장병 환자는 어릴 때 트라우마를 경험한 사람들인지 등 다양한 질문의 답을 이 새로운 발견에서 얻고 있습니다.

머리 뇌와 배 뇌가 서로 독립적인 뇌이기 때문에 서로 지시 사항을 주고받습니다. 배 뇌는 머리 뇌로 90퍼센트의 정보를 보내고 10퍼센트의 정보를 받는다고 합니다. 비만증이 급증한 미국에 "You are what you eat."이라는 말이 있듯이 사람은 무엇을 먹는가가 중요합니다. 원시 시대에는 먹을거리가 생사를 좌우했겠지요. 그래서 음식물이 뱃속에 들어오자마자 즉석에서 분석하고 판단해야 합니다. 소화를 시킬 것인지 당장 토해 낼 것인지. 그래서 배는 두뇌를 거치지 않고 배에 독립적인 '뇌'를 두게 되었다는 진화론적 설명이 가능합니다.

심장에서도 '뇌'가 발견되어 현재 활발한 연구가 진행되고 있습니다. 몬트리올 대학의 앤드루 아머 박사는 《*Cleveland Clinic Journal of Medicine*》(vol. 74, 2007년 2월호)에 「*The Little Brain on the Heart*」라는 논문을 발표했습니다.

아머 박사는 이미 1994년에 'heart brain(심장 뇌)'라는 단어를 사용하기 시작했고, 현재 이 연구를 가장 활발하게 하는 연구자는 매크라티 박사입니다. 제가 찾아간 연구센터의 센터장입니다.

저희 부부는 심장 뇌에 대한 과학적 연구를 '마음 과학'이라고 이름지었습니다. 서양의 Psychology(심리학)를 심(心)을 연구하는 학문이라는 뜻으로 쓰면서도 계속해서 머리에 초점을 맞춘 것과 대비해서 '마음'이라는 단어를 선호하게 되었습니다. 본래 신체적 고향이 없는 '마음'에 심뇌라는 안주할 곳을 하나 마련해 준 셈입니다.

뇌는 기억한다

　뇌과학의 첨단 연구 도구를 사용해서 심장에 붙어 있는 독립적인 신경계를 연구한 결과를 배우고 나서 저는 깊은 생각에 잠기게 되었습니다. 그리고 제가 한국인이기 때문에 알고 있는 매우 흔한 마음 상태에 대한 이해를 첨단 과학 연구의 결과에 접목해 보게 되었습니다. 학습이라는 것은 (피아제 이론에 의하면) 새롭게 접한 내용을 머릿속에 이미 들어 있는 기존 지식 체계 안에 집어넣을 것인가(assimilation), 아니면 새로운 내용으로 나의 지식 체계를 새롭게 정리할 것인가(accommodation)를 결정해야 하니까요.

　그 순간 흥분하기 시작했습니다. 생각이 꼬리를 물고 점점 더 흥미로워졌습니다. 귀국하는 비행기 안에서 열두 시간을 꼬박 몰두하며 생각을 대강 정돈했습니다. 그후에 특강 기회가 무척 많았지만 제가 알게 된 새로운 내용을 발표하지는 못했습니다.

　이런 말이 있습니다. 남보다 한 발 앞서 가면 리더요, 두 발 앞서 가면 혁신가라 하지만 세 발 앞서 가면 미친놈이라 한다는 것이지요. 심뇌에 대한 말은 세 발 앞서 가는 꼴이 될 게 뻔했습니다.

　그러다 2011년 6월 SBS 스페셜에서 '심장 이식하면 기억까지 이식된다?'라는 제목으로 이에 관한 내용을 방송했습니다. 심장에 '뇌'가 붙어 있다는 연구 결과와 사례들을 소개했고 제가 방문한 연구소를 취재한 내용이었습니다. 그 후에는 맘 놓고 마음 과학에 대한 제 견해를 발표하기 시작했습니다. 최소한 미친 사람이라는 말은 듣지 않게 되어 SBS가 얼마나 고마운지 모릅니다.

머리는 안다, 그러나 심장은 알고 느낀다

제가 배운 심뇌에 대한 연구 결과 중에 다음 세 가지가 매우 중요하게 다가왔습니다.

첫째, 심장은 독자적인 신경 시스템을 갖추고 있습니다. 심장의 신경체는 기억의 저장과 상기에 중요한 역할을 하는 변연계의 해마와 같습니다(변연계는 본능 행동과 정서를 주재하고 행동의 의욕, 학습에도 깊이 관여하는 기관입니다. 해마는 공포나 분노 등 감정적 기억을 관장하는 편도체와 함께 변연계를 이루고 있습니다).

둘째, 심장이 두뇌로 보내는 지시 사항이 두뇌가 심장으로 보내는 것보다 10배나 더 많습니다.

셋째, 심장이 뇌로 보내는 신호는 두뇌의 창의력, 감정, 결정하기와 연관된 영역에 특별히 영향을 미칩니다.

심뇌가 해마와 같으니 당연히 '기억'과 직결됩니다. 우리는 예로부터 "마음에 새긴다"라는 표현을 해왔습니다. 마음에 새겨놓았으니 "마음에 있는 말, 마음에 없는 말"이라고 일상적으로 표현합니다. 우리는 고대부터 심장에 기억 장치가 있음을 직관적으로 알았던 것입니다.

첨단과학 연구는 심뇌가 '결정하기(decision making)'에 영향을 미친다고 하였습니다. 우리는 '마음먹기에 달렸다'라고 하기도 하고 '마음이 가는 대로'라고도 하지요. 결정은 마음이 하는 것으로 인식해 왔습니다. 머리는 마음이 결정한 후에 합리화하는 과정을 처리한다는 뜻이지요.

한자에는 유독 '마음 심(心)' 자가 부수로 붙은 개념이 많습니다. 마음먹기에 필요한 사고력의 '사(思)'에는 심(心) 자가 밑에 따라붙습니다. 창의력 '의(意)'에도 심 자가 밑에 따라붙습니다. 기억(記憶), 잊을 망(忘), 생각 상(想), 고마움을 느끼는 은혜(恩惠), 욕심(慾心), 사랑할 애(愛)…… 첨단 심뇌 과학의 연구와 절묘하게 맞아떨어집니다.

당연히 일곱 가지 기본 감정에도 심(心)자가 있습니다. 기뻐할 희(憙), 슬플 비(悲), 감동할 감(感), 분노(忿怒), 공포(恐怖), 꺼릴 탄(憚), 겁낼 겁(怯). 이것만 보더라도 왜 마음으로 다가가는 대화가 중심인 감정 코칭이 효과적인지 확실해졌습니다.

제가 앞서 큰일을 하는 사람들은 혼자 머리만 '굴리지' 않고 많은 사람과 교류하면서 생각을 소통하고 자신의 생각을 다듬어나간다고 했습니다. 마음이 콩알만 한 사람들은 자기 생각에 빠져 새로운 생각을 수용하거나 포용하지 못합니다. 남의 말을 경청하지 않으니 결국 아집, 고집, 독선이라는 우물 안에 갇힌 개구리 신세가 되고 잔머리만 굴리게 됩니다.

큰일을 하는 사람은 열린 마음을 지녔고, 경청하는 큰 가슴을 지녔다고 했습니다. 경청(傾聽)에도 심 자가 들어 있습니다. 경청(Active listening)이란 귀로만 듣는 게 아니라 마음으로 듣는 것이어야 한다는 뜻입니다. 또한 남의 말만 듣는 게 아니라 마음마저 받는 것입니다.

동양권에서는 고대부터 심장을 인간의 중심에 두었습니다. 심장을 단순한 혈액 펌프로 여겼던 현대에 비해 동양의 철학은 과학이 지금에서야 입증하고 있는 인간의 오묘한 이치를 예전부터 직관적으로 깨달았던 것입니다. 특히 우리말에는 (분명히 한자 외래어를 수입해 오기 훨씬 전부터) 심장의 역할을 인간의 중심에 둔 말이 많습니다. 그래서 4·19는 제게 동서(東西)가 만나는 매우 혁명적인 날이 된 것입니다.

창의성과 정의적 영역

　새로운 지식을 접했으니 기존 생각의 틀을 수정해야 하겠습니다. 일단 아래 왼쪽 그림으로 설명했던 창의력의 핵심 요소 여섯 가지를 새로운 그림에 배치해 봅시다. 창의력의 핵심 중 튼튼한 기초 지식과 퍼지 사고력은 인지적 영역으로 지적 능력을 관장하는 두뇌에서 작동한다고 보고, 나머지 네 요소인 허심, 호기심, 모험심, 긍정심은 정의적 영역으로서 심장에서 작동하는 것으로 표현하는 게 더 적절하겠다는 생각이 듭니다.

　이제 창의적 인재는 인지적 영역과 정의적 영역의 능력을 두루 갖춘 사람으로 나타납니다. 창의력에 대한 많은 연구 결과가 매우 분명하게 정돈됩니다. 왜 창의적 인재는 지식과 사고력만으로는 안 되고, 열정, 꿈, 포용성, 자신감, 협력성 등이 동시에 필요한지 쉽게 이해할 수 있습니다.

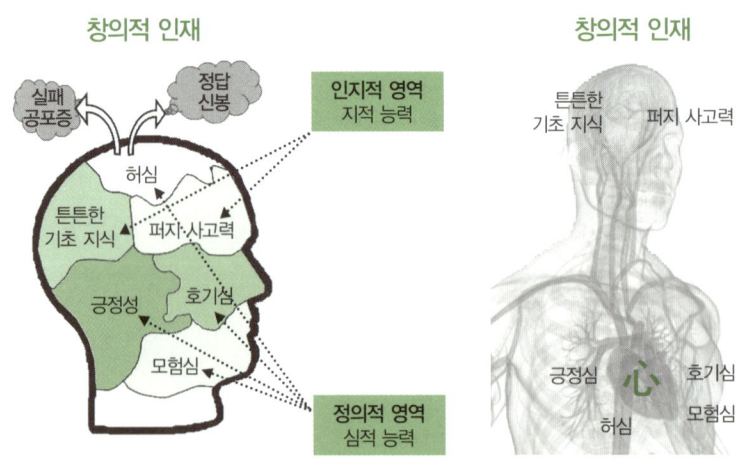

창의력의 인지적 영역과 정의적 영역

글로벌 인재의 3가지 실력

인지적 영역의 능력은 주로 전문성과 관련되었고, 정의적 영역은 심적 능력이기에 인성에 연관지을 수 있습니다. 창의적 인재는 이 두 능력을 분리할 수 없습니다.

또한 평생교육 시대의 전문성이란 관심 있는 분야에서 즐거움을 맛보고, 자기 주도 학습을 통해 지식을 쌓아갈 수 있는 능력이라고 했습니다. 그래서 전문성 역시 인성 영역과 분리할 수 없는 것입니다.

결론은 간단합니다. 비록 창의성, 전문성, 인성은 각각 나타나는 모습이 다르더라도 결국 하나로 연결되어 있습니다. 그래서 글로벌 인재는 창의성, 전문성과 인성을 두루 갖추었습니다.

이 말에 꼬투리를 잡는 사람이 있습니다. 얼마 전에 창의성에 대한 회의에서 직접 들은 말입니다.

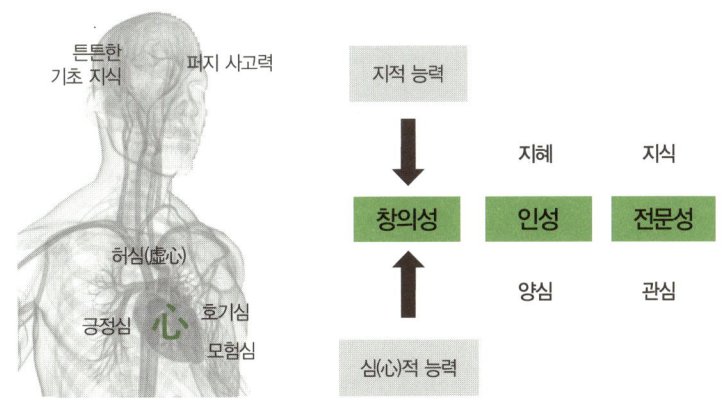

글로벌 인재의 세 가지 실력

"창의력과 인성은 관계가 없지요. 보세요. 스티브 잡스가 창의력에는 신격이지만 인간성은……." 스티브 잡스의 인성이 좋지 않은 면을 나열했습니다.

저는 여기서 '꼬투리'라고 격한 표현을 했습니다. 왜냐하면 스티브 잡스가 세상을 떠나기 불과 일주일 전, 병과 사투를 벌이고 있는 사람에 대해 험한 평을 한다는 그 자체가 잘못되었다고 생각했기 때문입니다. 그 견해가 사실이라도 때를 가려야 하는 게 인성이겠지요.

그러나 제가 문제 삼는 것은 그것이 참으로 무지한 발언이었기 때문입니다. 스티브 잡스를 두둔하기 위해서가 아닙니다. 스티브 잡스 같은 수많은 아이들을 위해 확실하게 한마디 하고 싶습니다.

스티브 잡스는 애플을 세계 최고 기업으로 홀로 만들지 않았습니다. 초창기부터 스티브 워즈니악과 파트너로 동업했습니다. 빈털터리로 시작한 그들은 곧 최고 갑부 반열에 올랐습니다.

가난하다가 갑자기 돈방석에 앉게 되면 부모 형제 간에도 서로 원수가 되는 경우가 허다합니다. 그들은 31년간 관계를 지켰습니다. 중간에 우여곡절도 있었지만 결국 끝까지 함께했습니다.

대단한 인성의 소유자가 아니면 어려운 일입니다. 특히 스티브 잡스의 불우한 개인사를 알면 이러한 인간관계가 참으로 경이롭다는 것을 알 수 있습니다.

스티브 잡스는 태어난 지 1주일 만에 대학원 동거 커플이었던 친부모에게 버림받고 한 부부에게 입양됩니다. 저는 아동복지시설에서 그곳 아동들과 수년간 함께 지냈고 지금도 그런 아동들과 함께 살고 있기 때문에 그들의 마음을 다른 이들보다는 조금 더 이해합니다. 그들이 안고 사는 마음의 상처는 일반인이 헤아릴 수 없습니다.

스스로를 책임질 수 없는 유년기에 자신의 모든 것이어야 하는 어른이 즉 부모가 자기를 버렸다고 생각하는 순간, 인간에 대한 신뢰와 생명에 대한 존엄성과 관계에 대한 희망은 다 사라집니다. 정신적 빈곤은 마치 발밑 땅이 꺼져 암흑 같은 구덩이로 끝없이 떨어지는 기분을 느끼게 합니다. 그 악몽에서 깨어나고 싶어도 못 깨어날 때의 절망과 두려움과 분노는 일반인들이 상상조차 할 수 없으리라 생각합니다. 성인으로 성장한 후에도 그 상흔이 쉽게 지워지지 않습니다.

스티브 잡스는 완벽하지 않습니다. 분명 흉한 모습을 드러낸 경우도 많았을 것입니다. 하지만 스티브 잡스가 어디서부터 시작했는가를 알면 그에게 얼마나 큰 가슴과 긍정성이 있었는가를 어렴풋이나마 알게 될 것입니다.

24장에서 긍정성은 자신과 세상을 보는 시각이라고 했습니다. 모두에게 존재하는 장단점 가운데 장점만 보는 맹안이 되는 게 아니라 단점이 보이는데도 장점을 선택하는 혜안입니다. 인성은 다른 사람을 생각하고 배려하는 마음입니다.

제가 아는 고등학생 요한이는 다문화 가정 아동인데 부모가 어디 있는지 모릅니다. 그래서 학교에서 학생들의 놀림과 괴롭힘의 대상으로 늘 힘들게 살아왔습니다. 생지옥이 따로 없었습니다.

그러나 요한이는 이제 생지옥에 갇혀 사는 사람은 자기가 아니라 자기를 괴롭히는 학생들이라는 사실을 깨달았습니다. 무자비하고 야비한 세상은 그들 스스로 만든 세상일 뿐, 요한이의 세상은 한없이 평온합니다.

저는 지금까지 요한이처럼 마음이 넓은 아이를 본 적이 없습니다. 요한이는 제게 새로운 인재상을 깨닫게 해준 가슴이 넓은 사람입니다.

한국에 육신적 고아는 줄고 있지만 정신적 고아는 급증하고 있습니다.

위기 상황에 처한 학생 수가 178만 명이고 심각한 수준의 고위기 학생이 33만 명이라고 공식 집계되었습니다. 한 해에 자살하는 초·중·고등학교 학생이 200명이 넘었습니다.

정신적 빈곤이 얼마나 심각하면 학교를 떠나는 것으로도 부족해서 세상마저 떠나겠습니까? 우리는 이런 아이들의 마음을 이해해야 합니다. 그들이 원하는 건 지식도 아니고 밥도 아닙니다. 마음을 받고 싶어 하는 것입니다.

자율신경계와 호르몬 시스템

학생들은 선생님에게서 '마음을 받고 싶어 합니다'. 마음을 어떻게 주는 것일까요? 다시 과학으로 돌아가 구체적으로 마음을 주는 방법을 소개하겠습니다.

우리가 어떤 감정을 느낄 때는 몸이 반응을 보입니다. 두 가지 통로로 감정이 신체에 영향을 미칩니다. 첫 번째 통로는 90퍼센트의 신체적 기능을 관장하는 자율신경계(ANS, Autonomous Nervous System)입니다. 자동차의 액셀러레이터 구실을 하는 교감자율신경계가 있고 브레이크 구실을 하는 부교감자율신경계가 있습니다. 즉, 흥분과 이완을 조절합니다.

두 번째 통로는 자율신경계보다 훨씬 늦게 반응하지만 영향력을 더 오래 지속시키는 호르몬 시스템입니다. 무척 많은 종류의 호르몬이 존재하지만 여기서는 두 가지만 설명하겠습니다.

스트레스를 받으면 코티솔이 분비됩니다. 산속에서 호랑이를 만나면 빨리 도망가야 합니다. 근육으로 많은 혈액을 보내기 위해 맥박과 혈압이 오르고 산소 공급을 위해 호흡이 빨라집니다. 상황 판단과 신속한 행동을 취할 수 있게 감각기관은 예민해집니다. 코티솔이 분비되어 한 일들입니다.

하지만 코티솔은 위기 상황에 재빨리 행동을 취할 수 있도록 순간적으로 분비 수치가 올라가는데 한번 올라가면 무려 12시간까지 유지된다는 게 문제입니다.

분명 호랑이에게서 멀리 도망쳐 안전한 곳으로 도피했지만 가슴은 여전히 터질 것 같이 두근거리며 얼굴은 높은 혈압으로 상기되어 있습니다. 다리가 계속해서 후들거리고 온몸이 긴장해서 아플 지경입니다. 이런 상황이 반복되고 코티솔이 지속적으로 분비되어 필요 이상으로 높은 수치가 유지된다면 만성피로, 만성두통, 불안증, 우울증 등 몸에 정신적·신체적 질환을 유발하게 됩니다.

그러나 다행스럽게 코디솔에 대응해서 몸을 보호해주는 활력 호르몬도 있습니다. DHEA(Dehydroepiandrosterone) 호르몬이 있습니다. 활력 또는 생식 호르몬이라고 하고 한때 불로초라고 대대적으로 인기를 끌기도 한 DHEA는 청춘 시기에 최고조에 이르고 점차 감소합니다. DHEA 수치가 낮으면 병이 생기고, 높으면 면역 기능, 소화 기능, 행복감, 성욕이 강화됩니다.

문제는 코티솔과 DHEA의 기본 분자 조직이 같기 때문에 몸이 코티솔을 생산하면 DHEA 수치는 감소하게 된다는 것입니다. 그래서 스트레스가 올라가면 자연스럽게 활력이 떨어져 더 스트레스를 받게 되는 악순환에 빠질 수밖에 없는 것입니다. 왜 스트레스에서 헤어나기 힘든지, 왜 스트레스가 만병의 근원인지 이해가 됩니다.

학생들은 공부 스트레스를 호소합니다. 공부하기 싫은 꾀병이 아닙니다. 정말 몸이 아프고, 우울해지고, 질병에 시달리게 되고, 시력이 나빠지고, 피부가 칙칙해집니다. 맞습니다. 조로(早老) 현상이라고 해야 할까요?

여기에 가정이 평화롭지 못하고 부모가 있어도 매일 싸운다거나, 심하게 억압적이어서 오히려 없는 게 더 편하게 생각될 지경이라면 학생의 스트레스는 스스로 감당할 수 없는 수준이 됩니다. 돌파구는 위기 행동입니다. 공격성이나 도피성 행동을 하게 됩니다. 야단을 치거나 달래서 해결될 문제가 아닙니다.

마음으로 다가가기

하트매스(HeartMath) 연구소는 호르몬 시스템과 자율신경계를 XY 축으로 구분하여 아래와 같은 도표를 그렸습니다. Y축을 이루는 자율신경계는 고각성(흥분)과 저각성(이완) 상태를 나타내고, X축에서 플러스 쪽이 DHEA이고 마이너스 쪽이 코티솔 호르몬입니다.

XY 도표에 나타나는 사분면 안에 다양한 기본 감정을 표기할 수 있습니다. 이른바 '부정적인 흥분' 상태라고 할 수 있는 분노, 공포 등은 고각성-코티솔 면(왼쪽 윗면)에 해당되고, '긍정적 흥분' 상태인 기쁨, 희열, 몰입은 고각성-DHEA 면(오른쪽 윗면)에 해당됩니다.

우리는 수업 시간에 가만히 앉아 있지 못하거나 산만한 학생들을 수업에 집중시키고 싶어 합니다. 즉, 고각성-코티솔 영역에서 고각성-DHEA 영역으로 가도록 해야 하는 것입니다. 하지만 연구 결과에 의하

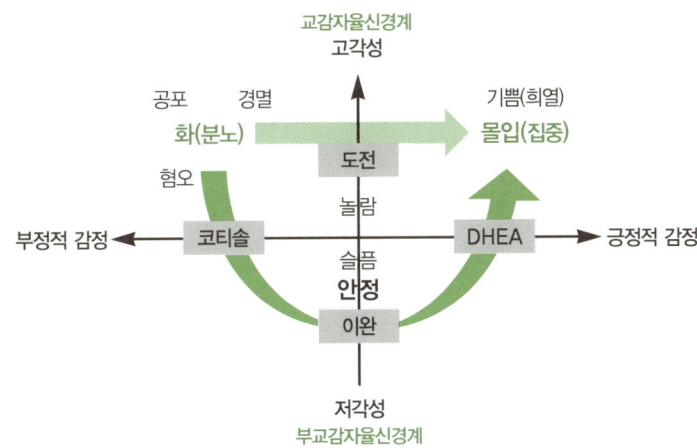

면 그렇게 이동하는 것은 가능하지 않다고 합니다. 예를 들어, 화가 난 상태에서 곧바로 기쁨으로 변하지 않는다는 것입니다.

이동 가능한 경로는 일단 저각성 이완 상태를 통해야 합니다. 즉, 화가 났다가 조금 차분해진 후에야 웃음이 나오지요(슬픔은 저각성 상태입니다. 그러니 화를 내다가 곧바로 울기도 하고, 울다가 갑자기 웃기도 하는 게지요).

하트매스는 교사가 불안정한 학생을 돕는 세 가지 방법을 권합니다.

첫째, 선생님의 목소리 크기와 톤을 낮춰라(감정 코칭에서 강조하는 것과 같습니다).

둘째, 심호흡을 하라(심호흡을 세 번만 해도 선생님의 스트레스가 내려가는 것을 느낄 수 있을 정도로 금방 효과가 있습니다. 차분해지는 단계입니다).

셋째, 고마움을 느껴라(긍정적 흥분 상태에 들어가는 단계입니다. 고마운 일이나 사람을 떠올리면서 진심으로 감사함을 느낄 때 맥박과 호흡이 가장 빨리 확실하게 안정될뿐더러 생각과 마음이 일치되는 최선의 방법이라는 사실이 방대한 연구 결과로 밝혀졌습니다. 아마 그래서 모든 종교는 명상과 감사함을 강조하는 게 아닐까요?).

이 세 가지는 학생들에게 이렇게 하라, 저렇게 하라고 지시하는 게 아니고 선생님이 스스로에게 해야 하는 것입니다. 학생에게 가장 큰 영향을 미치는 존재는 선생님이기에 선생님이 먼저 '긍정적 흥분' 상태에 들어가 있어야 학생들이 따르게 됩니다.

조벽 교수의 혁신 메시지

학생을 살리기 위해서는 교사가 먼저 살아야 합니다.
학생을 변하게 하기 위해서는 교사가 먼저 변해야 합니다.

어른과 스승

학생들은 정확하게 압니다. 어떻게 하면 선생님의 비위를 건드리고 열을 받게 할 수 있는지. 그리고 그런 짓을 교묘하게 잘도 합니다. 불쑥 화를 낸 선생님은 다음에는 차분하게 대응해야지 하면서도 다음에 당하는 순간 또 한 번 속이 뒤집어지고 기분이 상합니다. 화를 낸다고 해도 아이들은 무서워하기는커녕 더 재미있어 하며 뒤집어지고, 화를 참아낸다고 해도 아이들의 행동이 달라지진 않지요. 이럴 땐 어떻게 해야 할까요? 어떻게 하시겠어요?

"선생님이 어떨까를 너희가 처지를 바꿔 한번 생각해야지"라고 하는 것은 답이 아닙니다. 어른은 아이들의 입장을 고려할 수 있지만 아이들은 어른의 입장을 생각하지 못합니다. 그래서 아이에게 좀 어른스럽게 행동해 달라고 하는 것은 하소연이고 투정에 불과합니다. 스스로 어른임을 포기할 때는 어느 누구도 선생님을 도와줄 수 없습니다.

아이들의 헝클어진 모습에서 실망의 단계를 넘고 절망의 단계를 넘어 원망의 단계로 영원히 넘어가기 전에 아래 메시지를 기억하기 바랍니다.

조벽 교수의 혁신 메시지

내가 학생들로부터 영향을 받을 것인가 아니면 내가 학생들에게 영향을 미칠 것인가, 선택하십시오. 그러나 기억하십시오. 스승은 학생에게 영향을 미치는 존재이고 어른은 아이에게 영향을 미치는 존재임을.

| 27장 |

희망과 꿈을 키우는 HD 교실

희망을 심는 교육 실험, HD 교실

　HD 교실의 사례에 등장하는 중학교는 대도시에 있는 소규모 일반 사립학교로서 정규 교과과정을 이행하는 학교입니다. 그러나 재학생은 전원 기초생활보호대상자이며, 아동복지시설 아동과 편부모와 조손 가정의 청소년 등으로 구성되었습니다. 경제적으로 매우 열악하고 환경적으로 위기에 취약한 상황에 놓여 있는 청소년들입니다. 그럼에도 복지재단 관계자들의 보살핌과 헌신적인 개입으로 대다수의 청소년들은 나름대로 학교생활에 적응해서 학교 규칙을 준수하고, 예체능 동아리 활동에 적극적입니다.

　그러나 일부 학생들은 학교에 적응하지 못하고 수업 시간에 복도를 돌아다니거나 수업을 방해합니다. 교무실에는 거의 매일 학생지도부에 불려 와 훈계를 받는 학생이 여러 명 대기하고 있습니다. 학생이 수업을 장악해서 정상 수업이 어려운 반도 있었습니다.

　조직적으로 후배에게 벌을 주거나 위협적 분위기를 조성하고, 패거리를 이루고 다니는 소수의 부적응 학생들도 있었습니다. 일부 학생들은 교사에게 노골적으로 반항하거나 교묘하게 부적절한 행동을 하며 교사의 인내심을 시험했습니다. 어른에 대한 불신과 증오감으로 인해 교사에게 욕설을 하는 학생도 있었고, 교사와 의사소통을 완전히 단절하여 교사의 따뜻한 관심조차 무반응과 노골적 무시로 일관하는 폐쇄적인 학생도 있었습니다.

　중학교 졸업생들은 거의 다 인근 실업고로 진학합니다. 고등학교 졸업생들 중 극소수는 대학에 진학하지만 대다수는 중소기업에 취업합니다.

이러한 상황에서 대다수의 중학생은 자신의 암울한 미래를 운명적으로 받아들여 희망을 품지 못했습니다. 또한 같은 상황에 놓인 또래들만 만나고 사귀다 보니 다른 가능성을 접할 기회가 전혀 없었습니다. 그 결과, 다수의 학생은 자포자기 상태에 빠지고 자신의 행동에 대해 책임을 지지 않았습니다.

 학생들의 학력 수준은 전반적으로 뒤떨어져 있었습니다. 전국적으로 실시한 국가 수준 학업성취도평가(이른바 '일제고사')에서 중3의 경우 전 과목 기초학력 미달인 학생이 5명 중 1명이며, 최소 한 과목이 미달인 학생이 5명 중 3명이나 되었습니다.

 이런 심각한 상황에서 제가 자원하여 교장 대행으로 교장직을 수행하게 되었습니다. 저는 '제로 기초학력 미달'을 목표로 설정했고 2단계 전략을 도입했습니다. 첫 단계는 시범 단계로 소수의 학생들을 대상으로 새로운 교육 방법을 추진하는 것이었고, 성공 여부에 따라 2단계로 새 방법을 확대해 나간다는 전략이었습니다.

 먼저 교사와 가장 심하게 충돌해 온 중2 여학생 22명을 한 학급으로 재편성한 시범 학급을 만들었고 이를 HD 교실이라고 이름 지었습니다. HD는 희망(Hope)과 꿈(Dream)의 약자입니다. 결과적으로 HD 교실은 매우 성공적으로 운영되었고, 그 다음 학기에는 중2, 3 남녀 총 47명의 학생을 일곱 학급으로 편성해서 운영하는 2단계 전략을 시행할 수 있게 되었습니다.

 여기에서는 주로 첫 단계의 시범 학급 사례를 구체적으로 소개합니다. 2단계의 경우 교수법 방법은 1단계와 근본적으로 같으나, 규모가 4배로 커졌기에 행정 차원에서 좀 더 세심한 계획과 조직화가 요구된다는 점에서 차이가 있습니다.

1단계 : HD 교실

학교 안의 또다른 학교(school-in-school) : HD 교실에 선정된 학생들은 다 기초 학력 미달이었지만 크게 세 부류였습니다. 첫째, 교사에게 폭언과 폭행을 하는 학생, 둘째, 노골적으로 떠들고 규칙을 어겨 수업을 방해하는 학생, 셋째, 노골적이지는 않지만 쉽게 선동되거나 '짱'에게 조종당해 수업을 방해하는 학생. 이 세 부류 모두 교사들이 '가장 감당하기 어려운 학생들'이라고 '추천'된 학생들이었습니다.

이 학생들을 HD 교실 한 학급으로 재편성하였고 일반 수업과는 별개로 완전히 다른 교과 내용과 교수법으로 한 학기를 보냈습니다(단, 학기 말시험은 다른 반과 똑같았습니다). 따라서 학교 안의 또다른 학교 형태로 운영되었다고 할 수 있습니다.

색다른 활동 위주로 수업을 하기 위해서 교실 이외의 공간이 필요했습니다. 교실의 여분이 없어서 HD 교실 바로 옆 도서실을 이용했습니다. 도서실을 한 학급이 독점한다는 것에 대해 일부 교사들이 거부 반응을 보였지만 설득할 여지가 있었습니다. 바로 '문제아'들이 빠진 교실은 분위기가 무척 좋아진다는 것입니다. 따라서 교사는 한 학기 동안 도서실을 사용하지 못하는 것과 예전의 엉망인 교실로 되돌아가는 것 중에 하나를 선택해야 했습니다.

학생 대 교직원 비율은 5대 1 : HD 교실 학생은 모두 교사가 '감당하기 어려운' 학생이었습니다. 이들을 한 교실에 모두 모아놓고 교사 1명이 (제아무리 특별한 능력을 지녔다 하더라도) 관리할 수 있는 상황이 아니었습니다. 저는 심각한 수준의 위기 학생 5명에 교직원(교사 또는 전문 심리

상담사) 1명을 둔다는 원칙을 고수했습니다.

심리상담 전문가 최성애 박사가 자원하여 HD 교실의 실질적 담임을 맡았습니다. 학교재단의 사회복지사가 부담임을 맡았고, 이 2명은 자원봉사자 차원에서 무보수로 참여했습니다. 그리고 3명의 인턴 교사를 교육지원청의 배려로 채용할 수 있었습니다.

감정 코칭은 기본 : HD 교실이 운영되기 전 저는 (재단 교육장 차원에서) 2년의 준비를 거쳐 폭력에 대해 무관용 원칙을 적용했습니다. 이에 따라 학교에서 이미 모든 체벌이 전면 금지된 상태였습니다. 어릴 때부터 복합적 트라우마(trauma, 정신적 외상)를 겪은 학생들에게 억압적이거나 강압적인 지도 방식은 효과가 없을 뿐더러 오히려 역효과를 초래합니다. 또한 심하게 문제 행동을 일삼아 수시로 징계를 받아온 HD 학생들에게 추가 징계는 별 의미가 없고 예방 효과마저 발휘되지 않습니다.

이런 학생들을 대하는 방법으로 과학적 임상실험으로 유일하게 검증된 감정 코칭 방법을 모든 HD 교사에게 가르쳐주고 예외 없이 실천하도록 했습니다.

교사들의 존댓말 사용 : 첫날, 첫 시간부터 학생들은 새로운 교사들을 본체만체했고, 교사가 교실에 들어오자마자 왁자지껄 떠들며 욕설과 고함을 치는가 하면 책상을 발로 밀쳐내고 다리를 책상 위에 올려놓는 등 무례함과 무질서의 극치를 보였습니다.

최성애 박사는 자신을 소개하면서 학생들에게 존댓말을 썼습니다. 학생들 나이를 전부 합치면 선생님의 나이보다 많으니까 존댓말을 쓰는 것이고, 3명 이하의 학생들에게 말할 때는 평상어로 하겠다고 말했습니다. 학생들은 이런 논리를 쉽게 받아들였고 이후 조금씩 교사에게 제대로 존댓말을 쓰는 학생들이 생겨나기 시작했습니다.

교과과정이 아닌 교육 경험을 디자인

일반적으로 교과과정은 '국영수사과' 등 이수해야 할 과목을 정해진 필수 이수 시간에 맞추어 일주일 단위로 설계합니다. 그리고 교과과정은 매주 일주일 단위로 똑같이 반복됩니다. 가끔 소풍, 운동회, 학예회, 시험 등 특별 행사가 기본 스케줄에 변화를 줍니다.

이에 반해 HD 교실 스케줄은 일주일 단위로 계획되지만 매주 주 단위로 학생들의 적응도와 변화 과정을 반영하여 내용과 진도를 조절했습니다. 학기 초에는 개별 상담과 그룹 상담의 비중이 컸고, 정규 교과목 교육은 하지 않았습니다. 하지만 차츰 교과목 비중을 늘려서 학기 말에는 일반 학급과 동일한 교과과정을 이행한다는 전략을 세웠습니다. 이 글 뒷부분에 실제 수업 스케줄을 첨부했습니다. 기본 목표는 세 가지였습니다.

1. 모든 학생들을 1명의 낙오자도 없도록 교육과정에 포함한다.
2. 모든 학생들이 교사에게서 존중과 배려를 체험함으로써 교사와 학생

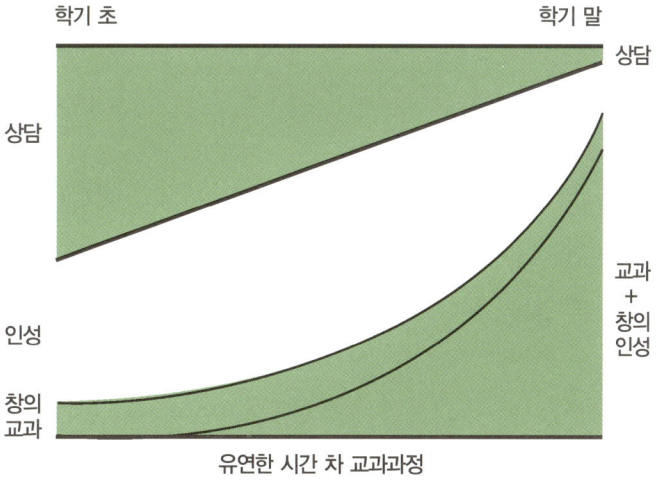

간의 신뢰를 확립한다.

3. 학습은 흥미롭고 즐거운 체험이며 누구나 자신이 좋아하고 잘하는 것을 발견할 수 있다.

이 목표를 달성하기 위해 수업의 내용과 방식은 이제까지 학생들이 경험해 보지 못한 아주 새로운 방식으로 진행했습니다.

90퍼센트의 놀이와 10퍼센트의 학습으로 안정감과 즐거움 체험 : 학생들이 첫 주에는 가방 속에 새 학기 교과서 대신 연예인 잡지나 인터넷 소설, 낙서장, 껌, 과자류를 담아 오는 상황이었습니다. 첫날 어느 학생은 '학교라는 감옥에, 교복이라는 죄수복을 입고, 출석부라는 죄수 명단에 적혀, 졸업이라는 석방 날을 기다린다'라고 말할 정도로 학생들이 전반적으로 학교와 공부에 대해 부정적이고 왜곡된 선입견을 지니고 있었습니다. 무엇보다 교사에 대한 불신과 반발심이 컸고 학생들끼리도 매우 적대적이라 수시로 서로 욕을 하고 경멸했습니다.

이런 상황에서 훈계와 꾸지람 대신 보드 게임을 소개하여 학생들 4명이 한 조가 되어 보드 게임을 하도록 가르쳐주었습니다. 한 조에 교사가 1명씩 참여하여 게임을 함께 하면서 교사와의 유대감과 친밀감, 신뢰감을 키우도록 했습니다.

이 보드 게임들은 무기력, 짜증, 불신감에 젖어 있던 학생들에게 호기심과 몰입의 즐거움을 주었고, 규칙 속에 서로 적절히 협력과 경쟁을 해야 성공한다는 것을 자연스럽게 체험하도록 했습니다. 또한 보드 게임 선정도 학생들 연령에 적합한 것으로 골랐고, 편안하고 즐거운 분위기에서 학교와 교실, 친구와 교사를 새롭게 경험하며 놀이를 통해 상처 회복력, 심리적 회복 탄력성, 심리적 면역력을 키우도록 했습니다.

예를 들어 '치킨 차차차'는 기억력 게임이지만 단기 기억력(short-term memory)의 한계를 넘어 끊임없이 좌절감을 맛보기도 하고 동시에 뜻밖에 상대에게 도움을 주거나 받는 경험도 하면서 서로 친해질 수 있는 게임입니다.

'미안해(Sorry)'라는 게임은 게임 과정에서 "미안해"라는 말을 하는 게임으로 그것을 통해 학생들은 일상에서도 "미안해"라는 사과의 말을 할 수 있게 되었습니다.

좀 더 합리적 사고력과 판단력을 활용해야 하는 '루미큐브'를 학생들은 쉽게 배웠고, 차츰 더 잘하게 되어 학생들 사이에 토너먼트를 한 뒤에 학생들이 저와 최성애 담임 선생님을 이기게 되었습니다. 그때 학생들의 입에서 "우리가 박사 둘을 이겼다!" 하는 환호성이 나왔습니다. 지능이 낮기에 공부를 못하고 할 필요도 없다고 믿었던 학생들이 스스로 '저능아, 장애아'라는 부정적 자아상을 깨던 날이었습니다. 이렇게 첫 주의 90퍼센트를 놀이로 진행하여 학교가 안전하고 즐거운 곳이라는 체험을 하도록 했습니다.

점차 자기 주도형 학습으로 : 학기 초에 수업은 세 과목만 하였습니다. '지구 언어', '지구 시민 이야기', '라이프 코칭'을 최성애 박사가 지도했습니다.

예를 들어 '지구 언어'는 영어 시간이었는데 '영어'라는 말만 들어도 거부 반응을 보이는 학생도 있고 알파벳을 끝까지 모르는 학생도 있었습니다. 그래서 지구에서 가장 많이 통용되는 언어라는 뜻으로 '지구 언어'라고 명칭을 바꾸어 학생들의 학습 거부감을 줄였습니다. 〈빙고〉, 〈올드 맥도널드〉, 〈도레미송〉 등 쉬운 영어 노래를 하루에 한 가지씩 게임처럼 반복해서 함께 부르고 뜻을 알려준 뒤에 다음 날 아침에 노래 속의 단어를 외워 시험을 보는 방식을 취했습니다. 시험은 재시험을 여러 번 허용하여 전날 배운 단어를 75퍼센트 이상 숙지할 수 있도록 격려했습니다.

이렇게 몇몇 노래를 배우면서 자연스럽게 영어 단어를 220개 정도 배우자 학생들 스스로 동요가 아닌 요즘 팝송을 배우고 싶다고 하여 자기들이 찾아온 〈Upside Down〉 등 좀 더 어려운 단어가 많으면서도 학생들이 좋아하는 노래를 배우면서 '자기 주도형 학습'이 저절로 이루어졌습니다.

공부가 가능하고 즐겁다는 것을 조금씩 체험하면서 놀이의 비율은 차츰 줄어들고 학습의 비중을 조금씩 늘려나갔습니다. 국어, 수학, 과학 등의 과목도 강의나 이론은 최소한으로 하고 활동을 통해(hands-on) 만지고, 만들고, 그려보고, 행동으로 하는 방식으로 진행했습니다.

HD 교실 학생들은 집중 시간도 일반 학생들에 비해 짧고, 작은 자극에도 쉽게 동요하며 무질서하고 산만해져 이런 순간에는 즉각 수수께끼 놀이로 집중하게 해 질서를 되찾았습니다. 잠자는 학생이 많은 점심식사 후의 오후 시간에는 십자수, 구슬 꿰기 등 조용하면서도 안전하게 몰입하고 집중할 수 있는 활동을 하여 점차로 학생들이 학교생활에 즐거움과 흥미를 느낄 수 있도록 하였습니다.

운동, 요가, 명상 등으로 스트레스 감소 : 트라우마 후의 스트레스성 증상이 많은 학생들이라서 신체적 각성 상태를 완화하고, 긴장 이완과 자기 진정을 스스로 할 수 있도록 운동·요가·명상 등 스트레스 감소와 부교감 활성화 훈련도 매일 오전, 오후 두 번씩 5분 동안 시행했습니다. 서로 배려하고 돌보는 것을 놀이로 하는 테라플레이(theraplay, 놀이 치료와 다름)도 하고 감정 코칭도 배우면서 '관계의 기술'을 체험적으로 학습했습니다.

활동 위주 수업은 학습의 즐거움을 맛보는 기회, 자신의 관심사를 발견하는 기회, 다양한 역할을 해보는 기회를 주었고 무엇보다 교사들에 대한 신뢰감이 쌓이기 시작했습니다.

라이프 코칭은 자신감, 자존감 등을 얻는 기회 : 학생들은 두 달 반 정도 지나면서 학습 비율이 조금씩 높아져도 불평 대신 더 큰 도전을 원했습니다. 그래서 스스로 생활을 관리할 수 있는 개인 '통장'을 만들어서 스스로 교복·학습 준비물·출결석·노트 정리·고운말 쓰기·청소 등을 매일 기록하여 '신용 통장' 포인트를 쌓아 일정 포인트를 쌓은 학생은 서바이벌 체험으로 거제도 팬션으로 가서 잠자고, 장보기·음식 만들기·설거지하기·해변 청소·국화 축제 도우미 등을 하며 생존 체험을 하는 주말 특별 프로그램에 참가하도록 했습니다.

서바이벌은 자신감, 자존감 등을 얻는 기회 : 이어서 경주, 서울 연세대 탐방, 양업고 축제 참관 등 다양한 서바이벌 체험 활동을 통해 관심의 폭을 넓히고 학교 밖에서도 학습을 연장하는 체험 교육을 진행했습니다. 학생들은 자신의 행동을 스스로 모니터하고, 스스로 평가하면서 선생님의 지시나 훈계, 평가가 아닌 자신의 언행 '선택'에 따라 더 많은 긍정적인 체험을 할 수 있다는 자율성을 회복하였고 서로가 협동할 때 더 즐겁고 다양한 체험을 하고 보람을 느낄 수 있다는 것도 알게 되었습니다.

받는 처지에서 주는 입장으로 변환점을 만든 '지구 시민 이야기' : '지구 시민 이야기'는 최성애 박사가 가르치는 과목의 하나로서 가난, 신체적 결함, 부모의 사망, 사고, 인종적 편견이나 차별 대우 등 역경을 극복하고 자신의 잠재력을 최대한으로 키워서 자신과 남에게 유익한 일을 하는 사람들의 실제 이야기를 들려주는 시간이었습니다. 국내외 동서고금의 '지구 시민' 이야기를 들으면서 학생들은 오프라 윈프리 등과 같이 못생긴 흑인에 가난하고, 부모에게 버려진 어려운 처지에서도 훌륭하게 성장한 사람들의 이야기에 관심을 보였습니다. 특히 한비야 씨의 월드비전 이야기 때에는 자신들도 더 어려운 처지의 아동을 위해 뭔가 하고 싶다면서 추석 명절에 받은 용돈을 모아 아프리카 기아들을 위해 기부하기도 했습니다.

그때까지 HD 교실 학생들은 자신들이 사회에서 가장 소외되고 비참한 존재이며 따라서 아무렇게나 막 살아도 책임이 없고 잘못은 모두 남 탓이라고 여겼습니다. 하지만 '지구 시민 이야기'를 통해 자신들과 비슷하거나 더 열악한 환경에서도 용기와 희망을 잃지 않고 노력하며 많은 사람들에게 유익한 삶을 사는 사람들을 보며 자신들에게도 역경이 오히려 성장의 디딤돌이 될 것이라고 인식하게 되었습니다. 즉, '지구 시민 이야기'는 훌륭한 일을 '나도 할 수 있다' 또는 '나도 하고 싶다'는 영감을 얻는 인성 수업이었습니다.

봉사는 책임감을 부여받고 자신도 베풀 수 있다는 것을 알게 되는 기회, 즉 성숙한 사람(어른)이 되는 기회가 되었으며 학생들은 기꺼이 남을 돕는 일에 참여하게 된 것입니다.

시간 차로 달라지는 교과과정 : 첫 2~3주에는 일주일 수업 스케줄이 주로 상담과 활동(게임, 놀이 등)으로 이루어졌습니다. 정규 수업이라고 볼 수 있는 시간은 단 2시간이었습니다(시간표 1).

8주 정도에는 정규 교과목에 해당되는 수업 시간이 12~15시간 정도로 확대되었습니다. 하지만 아직 '국영수사과'라는 정식 교과목을 사용하지 않고 수학은 '수의 비밀', 영어처럼 국어도 '지구 언어', 과학과 음악을 통합하여 '과학 노래 학습'이라는 명칭을 사용하였습니다(시간표 2).

12주에 들어와서 (학생들의 학교와 교사에 대한 마음이 변하는 시점에) 수업 시간이 17~20시간으로 증가했습니다. 수업도 정식 교과목 명칭을 사용하기 시작했으며, 본래 교사가 수업에 참여하기 시작했습니다(시간표 3).

교시	시간	8월31일(월)	9월1일(화)	9월2일(수)	9월3일(목)	9월4일(금)	9월4일(토)
체크-인	08:00 – 08:25	check in 현재 기분을 날 씨로 표현 후 테라 플레이 -최성애 박사	테라 플레이 -최성애 박사	그림에 대한 느낌, 기분 말하기 -김남경	체크인 맞이하기 -최성애 박사	체크인 맞이하기	체크인 맞이하기
1교시	08:30 – 09:15		찰흙 만들기 스트레스 수업 요가 -최성애 박사 외 교사 3명-	브레인 트레이닝 -김남경-	뇌 공부 -최성애 박사	선배들의 라이프코칭 -김은주, 이강숙, 성은희-	영화 감상 및 요리 실습
2교시	09:25 – 10:10	HD 교실 목표를 연극으로 만들기 -최성애 박사-	영어/국어 -최성애 박사/ 김민정-	제안서 작성하기 -조벽 박사-	시청각 수업 (남과 여) -김남경-	지구 시민 (오프라 윈프리) -최성애 박사-	
3교시	10:20 – 11:05	노래로 배우는 영어 -최성애 박사-	영어/국어 -최성애 박사/ 김민정-		영어 A -최성애-	노래로 배우는 영어 -최성애 박사-	
4교시	11:15 – 12:00	보드 게임 -최성애 박사 외 협조 선생님들-	십자수 -최성애 박사 외 교사 4명-	소그룹 활동 (십자수, 풍선) -모든 교사들-	영어 B -최성애-	오후 영어 시험 준비 -보조 교사들-	
				점 심 시 간			
5교시	12:50 – 13:35	소그룹 활동 -이보리, 이수현, 김남경-	보드 게임/ 소그룹 장점 찾기/다행 일기 -최성애 박사 외	산책 & 장점 찾기, 다행 일기 -이보리, 이수현, 김민정, 김남경-	보드 게임 -최성애 박사 외 4명-	소그룹 활동 -만들기-	
6교시	13:35 – 14:30						
7교시	14:40 – 15:25	Check out -최성애 박사-	팀 미팅 -최성애 박사-	팀 미팅 -최성애 박사-	팀 미팅 -최성애 박사-	팀 미팅 -최성애 박사-	
8교시	15:35 – 16:20	팀 미팅	팀 미팅	청소	청소	청소	

HD 교실 시간표 1 – 2주

교시	시간	10월12일(월)	13일(화)	14일(수)	15일(목)	16일(금)	17일(토)
1교시	07:50-08:25	지구 언어 테스트 -최성애 박사-	지구시민 이야기 (비 편) -이보리-	라이프코칭 사랑의 기술 시청 -김남경-	지구 언어 테스트 -김남경-	라이프코칭 사랑의 기술 시청 -김남경-	등교
	08:30-09:15	지구언어 Up side down -최성애 박사-					
2교시	09:25-10:10	수의 비밀 -김미화-	지구 언어 복습 및 테스트 -김남경-	구구단 테스트 -한숙자-	신호범 부의장님 특강	지구 언어 복습 및 테스트 -김남경-	씨네테라피
3교시	10:20-11:05	한복 만들기 -이보리-	수와 셈 -한숙자-	컴퓨터 수업 -김남경-	우리말 -김민정-	수의 비밀 -김미화-	
4교시	11:15-12:00		우리말 -김민정-	사회 수업 -김민정-	과학 노래 학습 -김남경-	체육 -이현미-	
			점 심 시 간 (2, 4 주 - 계 발 활 동)				
5교시	12:50-13:35	영화 상영 -김남경-	소그룹 활동 구슬꿰기/김남경 십자수/김재숙 한복 명칭 수업/이보리	레크리에이션 -최소영-	특기적성활동 시사 논술/만들기 미술/영어회화반 -이보리, 이수현-	특기적성활동 십자수/김재숙 만들기/성영란 풍선아트/이인경, 이보리 독서/김민정, 이수현	
6교시	13:35-14:30						
7교시	14:40-15:25		영어회화반	영어회화반	영어회화반	팀 미팅	
8교시	15:35-16:20	팀 미팅	팀 미팅	팀 미팅	팀 미팅		

HD 교실 시간표 2-8주

교시	시간	11월9일(월)	10일(화)	11일(수)	12일(목)	13일(금)	14일(토)
	07:50-08:25	엠 웨이브 및 조례 -이수현-	엠 웨이브& 학반회의 -이보리-	엠 웨이브 조례 -최성애 박사-	수능 시험 10:00 등교	엠 웨이브 & 조례 -이수현-	놀토요일
1교시	08:30-09:15	시청각 수업 (극한의 직업- 여군) -이보리-	시청각 수업 (김연아 선수) -이보리-	사회 수업 -황○○-	엠 웨이브 및 전달 사항	국어 수업 -이○○-	
2교시	09:25-10:10	영어 수업 -이○○-	가정 수업 -이수현-	특기적성활동 십자수/김재숙 인형만들기/ HD 교실 보조교사들	엠 웨이브 및 조례 -최성애 박사-	수학 수업 -강○○-	
3교시	10:20-11:05	기초 수학 -김미화-	사회 수업 -황○○-		과학 실험 -박○○-	기초 수학 -김미화-	
4교시	11:15-12:00	시청각 수업 (기억력의 비밀) -김남경-	놀이 치료 (보드게임) HD 교실 보조 교사들	국어 수업 -이○○-	어학실험실 수업 -Mark-	영어 수업 -이○○-	
		점 심 시 간	(2, 4 주 - 계 발 활 동)				
5교시	12:50-13:35	생물 수업 -김○○-	국어 수업 -이○○-	놀이 체육 -이현미-	언어 예절 수업 -김민정-	라이프코칭 김영훈판사님	
6교시	13:35-14:30	수학 수업 -강○○-	물상 수업 -이○○-	물상 수업 -이○○-	고등학교 학예제 참가		
7교시	14:40-15:25	팀 미팅	솜 인형 만들기 HD 교실 보조 교사들	솜 인형 만들기 HD 교실 보조 교사들		팀 미팅	
8교시	15:35-16:20	팀 미팅	팀 미팅	팀 미팅		팀 미팅	

HD 교실 시간표 3 - 12주

HD 교실의 결과

　인성과 인간관계가 긍정적으로 변하자 학생들 사이에서 자연스럽게 학습에 대한 욕구가 유행처럼 번지기 시작했습니다. 학생들은 공부를 하고 싶다는 말을 하고, 수업 후 노트 정리를 하고, 다가오는 학기말 시험을 다른 반보다 잘 치르고 싶다는 말을 했습니다.

　자연스럽게 놀이의 비중은 점차 줄고 학업 비중이 커졌는데 학생들은 반발은커녕 방과 후와 주말까지 또래 그룹을 만들어 과목별로 공부를 하기 시작했습니다. 교사들은 매우 고무적이라 여기고 즐겁게 소규모 학습 지도를 밤까지 진행했고 학생들은 서로 모르는 것을 가르쳐주고 배우며 기말시험을 준비했습니다.

　학생들의 학업에 대한 열의와 노력은 학기말고사에 반 전체가 전 과목에서 평균 20~60점 이상의 성적 향상을 보인 것으로 입증되었습니다. 물론 공정성과 객관성을 위해 시험문제 출제와 채점은 HD 교실 선생님이 전혀 관여하지 않고 다른 반 선생님들이 모두 총괄했습니다.

　그 결과, HD 교실 학생들의 성적은 모두가 놀랄 정도로 '모두' 향상되었고, 특히 학기 초에 가장 문제가 심했던 학생들의 성적 향상률이 더욱 높게 나왔습니다.

　학생들의 성적 향상뿐 아니라 또래 관계가 우호적으로 변했고, 교사들에게는 존댓말을 할 뿐 아니라 어려움이 있으면 자발적으로 도움을 요청하기도 하고, 감사 카드를 보내거나 편지를 보내는 학생도 생겼습니다.

　HD 학급은 2009년 가을 한 학기만 진행하고 마무리했으며 HD 교실 학생들은 새 학기에 일반 학급으로 재분반되었고 지금은 고1이 되었습니다. 하지만 넉 달 간 이행한 실험 교실의 효과는 놀라울 정도이며 아직도 효력이 발생하고 있습니다.

예를 들어, 학교 전반에 만성적·전통적으로 퍼져 있던 상급생의 폭언과 집단 폭력이 자취를 감추었고, 학교 전반에 걸쳐 교사에 대한 학생들의 무례함와 거친 행동이 사라졌습니다. 전반적으로 학구열이 고취되었고, 특히 영어 구연 대회나 연극 등 활동에서 예전에 HD 교실 학생의 활약이 두드러졌습니다.

중3, 또는 고등학생이 되면 선배에게 당했던 분풀이를 하려고 벼르던 학생들이 지금은 후배 중에서도 가장 공부를 못하거나 생활 적응에 어려움을 겪는 후배들을 보살펴주고 감싸주는 모습에 감동받는 선생님들의 이야기를 종종 듣습니다.

HD 교실 학생 중 장래 희망이 의사나 교수라며 한국뿐 아니라 더 어려운 나라의 소외된 사람들을 위해 의료나 교육 등으로 봉사하고 싶다는 희망을 품고 열심히 공부하는 학생도 있습니다.

조벽 교수의 혁신 메시지

이제 학교는 머리만이 아니라 가슴도 함께 있는 학생이 성공할 수 있도록 해야 합니다.
꿈이 있으면 실패와 실수는 끝이 아니라 단지 거쳐가는 과정일 뿐입니다.
학교는 과거에 축적된 지식을 쌓는 곳이기보다는 미래를 접하는 기회의 장이 되어야 합니다.

2단계 : HD 분교

구조 : HD 교실이 목표를 성공적으로 달성했기 때문에 다음 학기(2010년 봄)에는 HD 교실을 중2, 3 남녀 학생 47명을 선발하여 일곱 학급으로 확대 운영했습니다. 학교 내에 여분의 교실이 없어서 약 100미터 거리의 인근 건물을 빌려 사용했습니다.

47명의 이른바 '문제아'가 분교로 떠나자 교사는 "이게 바로 내가 꿈꿔왔던 천당 같은 학교"라고 감탄할 정도가 되었습니다. 교내가 조용하고, 차분하고, 질서 있고, 정상 수업이 가능한 학교가 되었습니다. 유별나게 심한 격동의 사춘기를 보내는 학생들이 다 빠진 곳에 교사와 학생이 충돌하는 일은 거의 없었습니다. 그런 상태를 교사는 좋아했지만 '천당' 역시 정상 학교는 아닌 것입니다.

중학교란 본래 반항적 사춘기를 보내는 아이들이 다니는 곳이 아니든가요. 순종하는 학생들만 있는 매우 비정상적인 학교를 선호하고 꿈꿔왔다면 무언가 한참 잘못된 것입니다.

하지만 교사의 마음도 이해할 수 있습니다. 오랫동안 '문제아'로부터 심하게 마음고생을 해왔기 때문에 갑작스럽게 다가온 '평화'는 무척 달콤했을 것입니다.

본교가 '천당'이었다면 분교는 그야말로 '지옥'이었습니다. 하지만 HD 교실을 성공적으로 운영한 경험이 있기 때문에 분교 교사들은 차분하게 할 일을 했습니다. 남녀 학생의 반을 따로 편성하고, 2학년과 3학년을 구분하면 총 네 학급이지만, 기초 학력이 모두 미달인 그들 사이에도 큰 차이가 있어 학급을 세분화해 총 일곱 학급으로 운영했습니다.

학생 대 교직원 비율을 5 대 1로 유지한다는 원칙에 따라서 총 10명의 교직원이 투입되었습니다. 인턴 교사 6명, 전문 심리상담사 3명, 비공식 교감(전 HD 교실 부담임)으로 분교를 시작하였습니다. 하지만 여성 교사들로 구성된 분교는 남학생들의 거친 행동을 감내할 수 없었습니다.

따라서 축구부와 육상부 코치를 오전, 오후에 각각 분교 복도에 '주둔'시켜서 질서를 유지하게 했습니다(분교 남학생 상당수가 육상부와 축구부 학생들이었습니다. 남학생의 경우, 담임 조례 시간과 1교시는 매일 체육 시간이었기 때문에 운동부 코치는 '학생지도부' 역할만 한 게 아니라 하루 일과의 첫 1시간 20분을 담당했습니다. 남학생은 넘쳐나는 에너지를 분출시켜야 남은 교과 시간에 차분해질 수 있습니다).

이 외에 인근 대학원에서 매일 3~4명의 대학원생이 오전 8시부터 오후 4시까지 일주일 단위로 총 40시간 자원봉사자로 근무하면서 학생들과 최소 일주일 단위로 지속성을 유지하면서 1 대 1 수업과 코칭이 가능하도록 했습니다.

결과 : 결과는 매우 좋았습니다. 2010년도에 전국적으로 실시한 국가수준 학업성취도평가에서 중3 학생들의 학습 미달 비율이 급격히 감소했습니다.

2008년에 전 과목 기초학력 미달인 학생이 5명 중 1명, 최소한 과목이 미달인 학생이 5명 중 3명이나 되었던 상황에서 수학을 제외한 모든 과목에서 학력 미달 학생 비율이 3퍼센트 미만이 되었습니다(수학은 38퍼센트에서 16퍼센트로 감소했습니다). 60퍼센트를 넘던 기초학력 미달 학생 수는 3퍼센트 이하가 되었습니다.

HD 교실의 행정 원칙

자원을 사람에게 투자한다 : 학교는 기본적인 교육 활동 외에 매우 많고 다양한 이차적 사업과 프로그램을 운영하고 있습니다. 효과가 검증되지 않은 행사와 프로그램을 "하라고 하니까", "사업비를 따 왔으니까" 또는 "항상 해왔으니까" 하는 경우도 흔합니다. 이러한 부차적인 사업비를 합하면 상당한 액수의 재정적 자원을 마련할 수 있을 것입니다. 이 재정적 자원을 인적 자원을 충원하는 데 투자해야 합니다. 교육은 학생과 교사 사이의 인간관계에서 시작하는 것이기 때문입니다.

추가 인적 자원은 고위기 학생에게 집중 배치한다 : 고위기 학생 중에 스트레스를 공격성 행위로 분출하는 학생들이 있습니다. 바로 이런 학생이 단 한 명만 있더라도 교실 분위기를 흐립니다. 고위기 수준의 '문제아'에게 훈계와 징계는 효과가 없습니다. 그 대신 개별적 보살핌과 심리 치료가 필요합니다.

심적 상처가 치유되는 동안에 다른 학생들로부터 격리하는 게 필요합니다. 하지만 학교 밖으로 내보내는, 이른바 '추방'이나 '유배'는 학생에게 더 큰 절망감과 분노심을 유발할 수 있습니다.

중요한 것은 이런 학생에게 교내에 안전하고 안정적인 환경을 마련해 주는 것입니다. 또한 학습 동기를 회복시켜 주고 그동안 공부를 외면하는 바람에 닦지 못한 기초 학력을 갖추어 또래 학생들과 함께 수업을 받을 수 있도록 도와주어야 합니다.

고위기 학생들의 경우, 학생 대 교직원 비율은 5:1이 바람직합니다. 여기서 교직원이란 학생들과 함께하는 어른(교사, 보조 교사, 봉사자, 직원)

을 뜻합니다.

위기 학생들을 담당하는 교직원은 감정 코칭 기술을 갖추어야 한다 : 트라우마를 겪은 학생들은 격한 반응을 보입니다. 교사가 아무리 좋은 의도로 학생을 대한다고 해도 잘못된 대화법은 역효과를 초래할 수 있습니다.

따라서 교사는 감정적으로 혼란스러워하고 심적 상처로 괴로워하는 학생에게 먼저 감정적 차원에서 한편이 된 후에 학생이 이성적으로 분석하고 판단해 결정할 수 있도록 이끄는 기술을 갖추어야 합니다. 감정 코칭을 배워야 합니다.

전문 심리상담사의 도움을 받는다 : 현재 한국에는 심리상담사가 우후죽순처럼 양성되고 있는 상황입니다. 단 몇 시간 교육을 받고 상담사 자격증을 받기도 합니다. "선무당이 사람을 잡는다"라는 속담이 있듯이 이런 비전문가가 고위기 학생을 상담하면 더 큰 문제가 발생할 수도 있습니다.

고위기 학생은 전문 심리상담사의 초기 진단과 처방을 받게 하고, 추후 관리 차원에서는 상담 관련 자원봉사자의 도움을 받아도 됩니다.

유연한 교과과정을 디자인한다 : 경직된 수업 시간표가 아니라 '유연한 시간 차 스케줄'을 사용하는 것이 좋습니다.

| 28장 |

올바른 성장의 기초, 베풂의 리더십

리더와 리더십

세상에는 무수히 많은 리더가 있는 만큼 리더십의 종류와 이론도 많습니다. 저는 미시간 공대 교수 시절 학생들에게 리더십 교육을 해왔기 때문에 저 나름대로 리더십에 대한 독특한 견해와 이론이 있습니다.

일반적으로 리더십은 개인적 자질과 특성으로 볼 수 있습니다. 리더십에는 카리스마, 성격, 가치관, 능력 등 상당히 선천적인 요소가 있는 반면, 실력과 기술 등 후천적으로 얻는 요소가 있습니다. 리더십의 특성에 상당히 많은 하위 개념을 나열할 수 있습니다. 비전, 열의, 끈기, 용기, 지혜, 판단력, 분석력, 순발력, 조직력, 포용력, 공평성, 섬기는 마음, 봉사 정신, 희생정신 등입니다. 기본 기술에는 커뮤니케이션 기술, 대인관계 기술, 타협 기술 등을 언급할 수 있습니다.

개인적 특성에 지나치게 의존하는 리더십은 개인을 숭배하고 따르게 하는 우려를 낳기도 합니다. 극단으로 가게 되면 'ㅇ사모', '친ㅇ', 'ㅇㅇ계' 등 사회 조직이 개인을 중심으로 결성됩니다. 개인을 따르는(follow) 일이 너무 흔하다 보니 아예 개인 이름이 당의 공식 명칭이 되어도 아무도 이상하게 생각하지 않는 현상도 일어납니다. 아마 그래서 팔로어십(followership)이라는 신조어가 기업을 필두로 한국에 무척 빠르게 확산될 수 있는 모양입니다.

팔로어십이 마치 새로운 형태의 리더십 이론인 것처럼 이해되고 있지만 실은 바버라 보스가 2006년에 《위니펙 프레스》에 기고한 글, '날 따르라 : 리더십은 다 좋지만 기업이 성공하자면 좋은 팔로어들이 필요하다 (Follow me; Leadership is fine, but you need good followers to make business work)'에서 리더십에 반대되는 말로 언급한 것으로, 직원들이 지켜야 하는 추종자 정신, 추종력이라고 할 수 있습니다. 그러나 곧이어 하버드 경영대(바버라 켈러먼)에서 팔로어십을 학문적으로 다뤄 널리 회자되었습니다. 특히 팔로어십은 서양 종교에서 신도 사이에 친교를 맺는다는 핵심적인 개념으로 널리 사용되는 펠로십(fellowship)이라는 단어와 매우 유사합니다. 그래서 팔로어십이라는 신조어가 생소하게 느껴지지 않는 상태로 쉽게 받아들여지지 않았을까 생각합니다.

기업체의 조직은 대부분 피라미드 형태로 소수의 임원과 다수의 직원으로 이루어졌기에 팔로어십은 매우 유용한 개념입니다. 하지만 기업체의 조직 상황에서 나온 팔로어십의 개념이 사회 전반에 그대로 적용될 수 있는 것일지는 좀 더 생각해 봐야 할 것입니다.

그러나 소셜 네트워크 서비스(SNS)가 활발한 한국에 '트위터 팔로어' 수로 세(勢)를 과시하는 현상마저 벌어지고 있습니다. "성공한 리더가 되기 위한 필수 조건이 성공 팔로(follow)의 경험"이라고 주장하는 사회 지도자도 있습니다. 아마 자신을 따르는 자가 절실히 필요했던 모양입니다.

아무리 민주주의 사회에서 소수의 지도층이 다수의 서민층에 귀를 기울여야 하지만 '팔로어가 곧바로 리더'라는 식의 발상은 잘 이해되지 않습니다. 이해되어서는 안 될 말인 것 같습니다. 리더와 팔로어는 각각 다른 개념이라고 생각합니다.

제가 리더십에 관해 많은 말을 한 것은 한 가지 질문이 있기 때문입니다. 우리는 학생들에게 리더십에 대해 어떤 개념을 가르치고 어떤 리더십 능력을 지닌 시민이 되도록 도와줘야 할까요? 리더와 팔로어의 구분이 점차 사라지는 이 시대에 한번 심각하게 생각해 볼 질문인 것 같습니다.

학생들이 버려야 하는 리더십

학교는 회장, 반장, 부장 등 매우 다양한 리더십 지위를 만들고 선거를 통해 민주주의를 배울 수 있는 기회를 많이 만들어주고 있습니다.

저는 오랫동안 "리더십 교육은 교과목을 만들어 학생들이 리더십 이론을 외우게 하는 게 아니라 리더십을 발휘할 수 있는 기회와 장을 많이 만들어주어야 한다"라고 강조해 왔기 때문에 이러한 변화는 매우 환영할 만한 일입니다.

문제는 그렇게 당선된 학생들에게 제대로 역할이 부여되지 않으면 큰 부작용을 초래할 수 있다는 점입니다. 예를 들어, 학생이 경선을 통해 반장이 되었는데 조례 때 "차렷, 경례!" 하는 것 말고는 별다른 역할이 없으면 리더로서 발휘해야 하는 능력을 갖출 기회도 없을 뿐더러 리더가 된 책임과 부담을 질 필요도 전혀 없습니다. 그저 나중에 필요한 내신 스펙 정도가 될 뿐입니다.

그런 경우 학부모는 너도나도 자기 아이를 반장으로 만들겠다고 나섭니다. 무슨 수를 써서라도 자기 아이가 반장에 당선되도록 물량 공세를 마다하지 않아 아이들의 순수한 선거를 저질로 변질시키는 경우가 허다합니다.

실제 사례도 있습니다. 제가 돌보는 복지시설 아동인 창식(가명)이가 초등학생 3학년 때였습니다. 여러 면으로 우수하여 친구들이 몹시 좋아했기 때문에 창식이는 반장 후보로 선출되었습니다. 하지만 그 아이는 곧바로 후보를 사퇴했습니다. 반 아이들에게 피자를 사줄 엄마가 없었기 때문이라고 나중에 고백하더군요.

과연 창식이와 아이들이 이 과정을 통해 무엇을 배웠을까요? 창식이의 얼굴 표정은 이렇게 말하는 것 같았습니다. '속하고 겉은 다르다. 역시 돈이 최고다. 없는 놈은 곁눈질도 하지 마라. 세상에 공정은 없다. 지도층이란 죄다 썩었다. 나중에 두고 보자.'

창식이가 그 어린 나이에 느끼는 불신감, 절망감, 좌절감, 증오심이 훗날 정의와 공평성에 대한 기대마저 저버리게 하지 않을까 걱정됩니다.

이와 정반대의 경우도 걱정스럽습니다. 반장, 회장에게 필요 이상의 역할을 부여하는 경우입니다. 어린아이들을 학교 차원의 각종 위원회에 참석시키면서 학교는 학생들이 참여한 과정과 절차였음을 홍보합니다.

하지만 위원회에 참석한 아이들은 괴롭기 그지없습니다. 분명 회의는 한국어로 진행되지만 마치 외국어로 하는 듯 어른들의 말을 전혀 알아들을 수 없습니다. 한두 시간 내내 한마디도 하지 못하고 벌받는 기분으로 가만히 앉아 있다가 풀려납니다. 아이들은 회의장을 치장한 꽃바구니 같은 장식품에 불과했던 것입니다.

리더십을 경험할 기회가 상징 차원에 머문다면 차라리 없는 게 더 낫습니다. 리더십은 실질적으로 역할을 실천할 때 가치가 있습니다.

조벽 교수의 혁신 메시지

동적 개념이어야 하는 리더십이 정적(상징적) 지위가 되는 순간 썩어버립니다.

학생들이 지녀야 하는 리더십

저는 새로운 시대가 요구하는 인재는 세 가지 실력을 갖추어야 한다고 했습니다. 전문성·창의성·인성이지요.

앞에서 언급했듯이 전문성은 평생학습을 추구할 수 있게 하는 관심사를 발견하고, 그곳에 혼과 심을 다해 구축하는 튼튼한 기초 지식과 능력입니다.

창의성은 그저 최선을 다해 열심히 하는 게 아니라 새로운 가능성을 발견하는 퍼지 사고력과 호기심과 모험심이며, 새로움을 수용하고 포용할 수 있는 허심과 희망을 선택하는 긍정심입니다.

이런 일은 혼자 하는 것이 아니어서 다른 사람과 함께 일할 수 있게 해주는 인성이 반드시 동반되어야 하지요. 그것은 또한 남의 입장에서 생각하고 행동할 수 있는 능력입니다.

이제 마지막 질문을 할 수 있습니다. 새로운 시대가 요구하는 이러한 인재상은 왜, 어떤 목적을 달성하고자 이런 실력을 갖추어야 할까요? 만약에 그것이 오로지 그 개인들만 잘 먹고 잘살기 위한 사익 때문이라면 사교육비로 충당하게 해도 될 것입니다. 그러나 세금을 공교육에 투자하는 것은 교육의 결과가 공익으로 연결되어야 하기 때문입니다.

물론 교육 자체가 가치 있는 일이어서 꼭 기능적 성과를 고려할 필요는 없다는 이론도 있고 그것이 타당하다고 생각합니다. 하지만 어느 정도의 교육이 필요한 것일까요?

질문을 다시 해보겠습니다. 어떤 목적을 달성하려고 유치원부터 초·중·고등학교와 대학 교육에 국가가 개입하는 것일까요?

저는 공교육의 목표는 남과 자신의 입장을 두루 고려하고 모두에게 이로운 결과를 찾아 행동할 수 있는 능력을 갖추어주기 위한 것이라고 말하고 싶습니다. 이 능력은 저절로 생기지 않습니다. 타고나는 것은 더욱 아닙니다. 교육을 통해서만 얻을 수 있는 '지혜'입니다. 지혜야말로 인간의 성숙함을 나타내는 최고의 지표이며 학교에서 평가해야 할 항목이 아닐까 합니다. 물론 지혜를 측정하기란 거의 불가능하겠지만요.

갓난아기는 100퍼센트 사리사욕을 추구하는 존재입니다. 부모에게 완전히 의지하면서, 엄마가 피곤해서 자고 있든 저녁 식사를 준비하고 있든 상관없습니다. 오로지 자기를 위해 요구만 합니다.

그러다가 점차 신체적·정신적으로 성장해 가면서 결국 경제·사회적으로 독립적인 존재로 서게 됩니다. 그렇다고 다 어른이 된 것은 아닙니다. 남의 처지를 생각하고 남에게 자신을 베풀 때 비로소 어른이 된다고 할 수 있습니다. 어린애는 '받는 사람'이고 어른은 '베푸는 사람'이라고 단순하게 정리해 봅니다.

저는 리더십이란 '어르신'이 아니라 '어른십'을 뜻한다고 생각합니다. 그저 나이만 먹은 어린애들이 아니라, 그저 리더십을 발휘해야 할 자리를 꿰차고 앉아 있는 어린애가 아니라 진정으로 남의 처지를 생각하고 행동할 수 있는 사람이 어른이며 리더라고 생각합니다. 즉, 자신을 베풀 수 있는 사람이 어른이며 조직의 어른이 리더인 것입니다.

어린애와 함께 일하기가 어렵습니다만 그보다 어린애가 리더 자리에 앉아 있으면 더 괴롭습니다. 나이가 들어도 계속해서 자기 입장만 고려하고, 챙길 것만 생각하고, 주는 것은 없으면서 달라고만 하고, 얻을 것만 노리는 사람은 어른이 아니라 나이 먹은 어린애입니다.

길거리에서 많은 이들이 빈 깡통을 들고 밥을 구걸했던 시절에는 물질적으로 베푸는 일이 절실히 필요했습니다. 거지라는 말을 들어도 아랑곳

하지 않고 먹던 밥이라도 퍼주는 사람이 고마웠습니다. 남에게 밥을 퍼주면 나 역시 배가 조금 고파야 했습니다. 그래서 그 당시 베풂이란 희생이 따랐습니다. 하지만 지금은 배고파 죽는 사람 대신 마음이 고파 자살하는 사람이 더 많습니다.

정신적 빈곤을 치유하는 방법은 단 한 가지, 마음을 베푸는 것입니다. 정신적 빈곤의 극치가 절망이기 때문에 정신적 빈곤 시대의 베풂은 희망을 뜻합니다. 희망은 퍼주고 또 퍼줘도 그대로 남아 있는 신비한 긍정심입니다. 그래서 긍정심은 희생을 요구하지 않습니다. 한 사람에게만 줄 수 있는 게 아니라 만인에게 베풀 수 있습니다. 그래서 새 시대의 베풂은 리더십인 것입니다. 그래서 저는 섬김의 리더십과 서번트 리더십 등이 주요 리더십 개념으로 급부상하고 있다고 생각합니다.

공익을 위해 헌신하고 희생하는 성인이 되라는 말이 아닙니다. 자신을 포함한 모두에게 유익한 삶을 추구하는 지혜를 갖춘 어른이 되라는 말입니다. 지혜를 갖춘 어른이 새로운 시대에 절실히 필요한 리더인 것입니다.

교육이란 어린애를 어른으로 만들어주는 일입니다. 만일 아이가 교육 없이 나이만 먹고 저절로 자라는 게 어른이 되는 것이라면 교육은 필요 없겠지요.

교육자는 학생들이 어른(리더)으로 성장할 수 있도록 돕는 사람들입니다. 그런 사명감에 충실할 때 비로소 우리 교육자들은 학생들에게서 존경받을 것이며, 사회에서도 대우받을 것입니다.

조벽 교수의 혁신 메시지

리더는 남을 위해 헌신하고 희생하는 성인이 아니라 자신을 포함한 모두에게 유익한 삶을 추구하는 어른입니다. 리더십은 '어르신'이 아니라 '어른심'입니다.

'빔'의 철학

글로벌 인재 포럼의 마지막 날인 3일, 조 교수와 하우로이드 회장, 로저 샤우스 미국 펜실베이니아 주립대 교수, 밀튼 첸 조지 루카스 교육재단 총괄 디렉터, 피터 카발로 애질원 대표가 특별 좌담을 위해 모였다. …… 참가자들은 [미래 인재] 10대 트렌드의 마지막 단어로 '빔'을 꼽았다. 그릇이 비어 있는 상태, 늘 무언가를 채울 수 있는 상태를 나타내는 우리말이다.

―《한국경제신문》, 2011년 11월 4일

얼마 전 세계적인 전문가들이 모여 인재의 미래와 방향을 고민하는 글로벌 인재 포럼에 참석하게 되었습니다. 특별 좌담에서 좌장을 맡았던 저는 앞서 '빔'을 '새로움을 수용하고 포용할 수 있는 여지', '남의 생각을 경청할 수 있는 여지', '남과 소통하고 공감할 수 있는 장(場)', '혼과 심을 다할 수 있는 정신', '성스러움이 스며들고 충만함이 깃드는 곳', 그리고 허·공·무 등 어마어마한 사상을 담고 있는 개념이라고 설명했습니다.

그래서 빔은 'zero, emptiness, nothing' 등의 개념이 아니기 때문에 번역하지 않고 우리말 '빔'을 발음 그대로 'Beam'으로 표기하자고 제안했습니다.

저는 여기에 'Beam'이 지닌 의미를 하나 더 부여했습니다. 영문 'Beam'이 '빛'이라는 뜻으로 사용되듯이, 빔은 빛으로 찬란한 환희와 희망(beaming with hope)의 시작이라는 상징성을 부여했습니다.

정신적 빈곤 시대의 리더십은 물질이 아니라 희망을 채워주어야 합니다. 희망이란 새로운 미래를 받아들일 수 있는 여지(빔)에서 비롯합니다.

WEsdom을 갖춘 리더십

…… 글로벌 인재 포럼 2011에 발표자로 참석한 세계 석학과 기업인, 각 분야 전문가들은 각 기업과 사회가 인재를 육성하고 미래를 준비하기 위해 실천해야 할 아이디어로 '글로벌 인재 포럼 10대 제언'을 내놓았다. …… 조벽 동국대 석좌교수는 타인과 함께 어울리는 공동체 마인드를 갖춘 지혜에 대해 "WEsdom(WE+wisdom)"이라고 이름 붙였다."

―《한국경제신문》, 2011년 11월 5일

너무 많은 유능한 사람들이 자신이 지닌 지식과 창의력을 오로지 자신의 이익을 추구하기 위해 사용하고 있습니다. 그런 사람들은 리더십의 능력을 갖춘 어린애들입니다. 어린애가 칼을 쥐면 위험하듯이 소인배가 리더의 능력을 지니는 것도 위험합니다.

저는 전문성과 창의성과 인성이라는 실력을 '모두에게 유익한' 삶을 추구하는 지혜를 갖춘 어른이 되는 데 사용되어야 한다고 했습니다. 그래서 지혜의 영문인 'wisdom'에 '나(I)'를 빼고 그 대신 '우리(WE)'를 넣은 신조어를 제안했던 것입니다.

그저 말장난에 그치는 신조어도 많긴 합니다만 'WEsdom'이 '글로벌 인재 포럼 10대 제언'에 채택될 정도로 국제적인 마인드와 트렌드를 대표하는 개념으로 받아들여진 것에 큰 기쁨을 느낍니다.

'우리'라는 개념은 한국인의 마음과 정신에 뿌리 깊은 개념입니다. 교육 현장에서 '우리'라는 문화유산을 학생들에게 계속 전수해 주어야 합니다. 그래야 진정한 리더십을 지닌 대인들이 많이 양성될 테니까요.

| 29장 |

새 시대 인재상을 실현하기 위한 교육 리더십

인재상은 목적지가 아니라 방향

제가 인재상에 대해 참으로 많은 개념들을 쏟아냈습니다. 선생님들은 묻겠지요. 어느 세월에 이러한 실력들을 학생들에게 갖추어줄 수 있겠느냐고요. 불가능해 보인다고 생각하십니까?

아닙니다. 우리가 지닌 인재상에 대한 구시대적 개념이 불가능해 보이게 할 뿐입니다. 그러니 우리는 인재상에 대한 고정관념부터 달리해야 합니다.

저는 줄곧 새로운 시대에 전문성·창의성·인성에 대한 개념이 달라져야 한다고 말씀드렸습니다. 예를 들어, 정보 홍수의 시대인 정보화 시대의 전문성이란 평생학습과 직결된다고 할 때 전문성은 평생 추구하는 것이니 당연히 끝이 없습니다.

대학 졸업생들은 쏟아져 나오지만 막상 기업체는 인재가 없다고 아우성입니다. 이 역시 기업체가 전문가를 찾으려고 하니 못 찾는 것입니다. 전문성은 도달하는 게 아니기 때문이지요.

창의성의 핵심 여섯 가지 중에서 단 두 가지, 기초 실력과 퍼지 사고력으로써 창의성을 지닐 수 있겠지요. 그러나 나머지 네 요소인 허심·호기심·모험심·긍정심 등은 심적 영역이어서 살아가는 방식 그 자체이기도 합니다. 그러니 우리가 살아 있는 한 창의성에 한계가 있다고 할 수는 없지요. 창의성이란 어디에 도달하는 개념, 달성하는 능력이 아닙니다.

인성 역시 남의 입장을 고려하고 자기와 남이 두루 이롭게 살아가는 모습이니, 점차 더 성숙한 어른이 되고 리더가 되는 과정이지요. 그리고 인간의 성숙에는 끝이 없습니다. 인성 역시 올바르게 다 함께 살아가는 방향인 것입니다.

그러니 인재상이라는 것은 도달해야 하는 목적지나 어떻게 될 것인가에 대한 것이 아니라 어떻게 살 것인가에 대한 방향 제시인 것입니다.

수능을 앞둔 학생들을 격려하며 써 붙인 "개처럼 공부해서 정승처럼 합격하라"라는 문구가 눈에 띕니다. 아니지요. 초·중·고등학교 12년 내내 개처럼 공부하면 인재가 되지 않고 개보다 못한 인간이 될 뿐입니다.

'엄마가 사랑하는 공부벌레'와 '책벌레 만들기'에 대한 서적도 눈에 뜨입니다. 벌레처럼 공부하면 결국 '엄마가 사랑하는' 사람이 아니라 '엄마만 짝사랑하는' 벌레 같은 인간이 되겠지요.

온 세상과 단절하고 마구간 같은 곳에 들어박혀 고작 30센티미터 앞에 놓인 책만 보고 일주일 뒤 시험만 고민하며 살아온 사람들이 인재가 될 수 있을까요? 이들이 훗날 다양한 사람들과 소통하며 팀워크를 이루고 융합이라는 새로운 영역을 개척하는 큰 인재가 될 수는 없지 않을까요? 그저 모두와 소통 안 되는 단절과 불화합의 사회를 재생산해 낼 것입니다.

제가 내린 결론은, 매 순간 학생에게 걸맞은 인재상이 있다는 것입니다. 어린 초등학생, 사춘기 중학생, 준성인(準成人)인 고등학생은 그 시절에 알맞은 삶의 모습이 있습니다. 대학생과 청년도 그렇지요. 그들 나름의 청춘의 삶을 추구해야 하는 것입니다.

> **조벽 교수의 혁신 메시지**
>
> 인재상은 목적지가 아니라 방향입니다.
> 인재상은 어떻게 될 것인가가 아니라 어떻게 살 것인가에 대한 이야기입니다.

성공과 행복으로 나아가기

인재상이 목적지가 아니라 방향이라면 어느 곳으로 가는 것일까요? 저는 과감하게 상투적이고 식상하다 여겨질 것을 감수하면서 '성공과 행복'이 있는 곳이라고 말하겠습니다. 진부한 말이지만 저는 그렇게 느끼니 다르게 표현할 도리가 없습니다.

이왕 말이 나온 김에 감상적인 표현을 하나 더 하겠습니다. 인재상이 가리키는 방향은 '마음이 가는 곳'이며 '꿈이 여무는 곳'입니다.

앞서 저는 "꿈은 머리로 냉철하게 이것저것 따져서 생각하는 것이 아니라 가슴에 뜨겁게 품는 것이다"라고도 했습니다. 그러나 아쉽게도 너무 많은 사람들은 악몽(주입된 꿈)이나 환몽(판타지)을 추구합니다.

이 둘은 머리로 꾸는 꿈입니다. 가슴과 머리가 분리되고 단절되어 소통이 되지 않습니다. 마음이 가는 곳과 머리가 가는 곳이 달라 몸이 갈라지고 찢기는데 어찌 괴롭지 않고 고통스럽지 않겠습니까? 마음이 가는 곳이 아니라 머리가 가라고 해서 따라가는 인생 여행은 영원한 고생길입니다.

그래서 제가 4장에서 "인생이 본래 힘든 게 아니라 왜곡된 인재상이 우리를 힘들게 한다"라고 한 것입니다.

교육자는 학생들을 성공과 행복으로 이끌어주어야 합니다. 학생이 가는 곳이 고생길임을 뻔히 알면서도 그리로 인도하는 것은 인생길에 먼저 나선 '선생'이 뒤따라오는 '후생'에게 할 일이 아닙니다.

지혜는 옳고 그름을 가늠하는 능력입니다. 지혜가 어른과 아이를 구분합니다. 그러니 아이를 성공과 행복으로 가는 길로 인도하는 사람이 바로 어른이라고 하겠습니다.

학부모도 마찬가지입니다. 마음으로는 자녀의 행복과 건강을 빌지만 머리로는 명문대와 토익 만점을 기대합니다. 부모의 마음과 머리가 분리되고 단절되고 소통이 안 되니 고통이고 고생인 것입니다.

학부모는 교육과 인재 전문가가 아니니 인재상에 대해 무지할 수 있습니다. 그래서 교육과 인재 전문가인 교육자가 학부모의 요구에 부응하는 게 아니라 학부모를 설득해야 합니다.

우리는 합리적인 삶을 살아야 합니다. 언제부터 합리적이란 말이 논리적·과학적인 사고방식을 의미하게 되었는지는 몰라도 여기서 제가 말하는 '합리적'이란 뜻은 서양에서 뜻하는 'rationalism'과 관계없는 말입니다.

합리(合理)는 한자 그대로 이치가 합해진 것이지요. 예로부터 우리는 합리적이란 말을 당연하고 이치에 합당하는 말로 여겨왔습니다. 저는 그런 뜻에서 합리적인 삶을 살아야 한다고 말하는 것입니다. 머리의 이치와 가슴의 이치가 일치하고 합해진 상태의 삶을 살아야 진정으로 사는 것이기 때문입니다. 그래야 평화와 행복을 얻을 수 있습니다.

조벽 교수의 혁신 메시지

인재의 목적지는 '마음이 가는 곳'이며 '꿈이 여무는 곳'입니다.
합리적인 삶은 머리의 이치와 가슴의 이치가 합쳐진 삶을 사는 것입니다.

사고방식의 전환은 마음먹기에 달린 것

　또 하나의 흔한 걱정은 이제 너무 늦은 게 아닌가 하는 의문이 드는 것입니다. 이미 너무 많은 학생들이 새로운 시대의 인재상과 동떨어진 방향으로 가고 있으니 당연한 질문인 듯싶습니다. 그리고 일부 선생님들은 고백합니다. "나 스스로 그러한 인재가 아닌데 어떻게 학생들을 그런 인재로 가르칠 수 있겠나" 하면서 불안감 반 죄책감 반인 질문을 던집니다.
　이 역시 아닙니다. 인재상은 방향이라고 했습니다. 지금 어느 곳에 있든 올바른 방향으로 돌리는 순간 제대로 방향을 잡게 됩니다. 서 있는 자리를 옮기는 게 아니라 몸만 돌리면 됩니다. 그게 바로 사고방식의 틀을 바꾸는 것입니다.
　아, 사고방식을 바꾼다는 게 얼마나 힘든 것인지 잘 압니다. 무엇을 하고 어떻게 해야 하는지 뻔히 알면서도 못 하는 게 사고방식 아니겠습니까? 그러나 사고방식이란 마음만 먹으면 하루아침에 바꿀 수 있는 것이기도 합니다.
　불과 몇 년 전만 해도 공공장소에서 많은 사람이 담배를 피워댔습니다. 옆에 갓난아기가 있어도 연기를 뿜어대는 경우도 있었습니다. 무지하기 짝이 없던 시절이었습니다. 그러나 이제는 대중교통 역사는 물론 대부분의 공공 장소에서 담배를 피우지 않는 것이 일반 상식이 되었습니다.
　제가 서울대에서 안식년을 보낼 때 저희 아들은 마을버스를 타고 인근 초등학교에 다녔습니다. 그런데 그 당시 아들 녀석은 마을버스를 서너 번이나 그냥 보내기 일쑤였습니다. 사람들이 버스에 마구 달려드는 바람에 올라탈 수 없었기 때문입니다. 그때는 어린아이마저 제치고 먼저 타는 사람이 많았지만 이제는 줄을 서지 않는 사람은 야만인 취급을 당합니다.

　오래 살지 못할까 봐 걱정했던 사람들이 100세 시대를 맞이하면서 이제 너무 오래 살까 봐 두려워합니다. 일부에서는 어떻게 하면 잘살 것인가를 넘어 어떻게 해야 잘 죽을 것인가에 대한 설계를 시작했다고도 합니다.

　이렇게 사고방식은 빨리 변하고 있습니다. 더 많은 생각의 영역에서 커다란 변화가 일어날 것입니다. 사고방식은 빠르게 변할 수 있습니다.

　'모든 것은 마음먹기에 달렸다'라는 말이 있습니다. 최근 심장에 대한 연구에 의하면 심장이 '결정하기'에 큰 구실을 한다고 합니다(26장 참고). 사고력(思考力)이라는 한자에 마음 심(心)자가 있듯이 사고방식의 전환은 마음먹기에 달린 것입니다.

조벽 교수의 혁신 메시지

패러다임 시프트는 생각의 전환이 아니라 마음의 변화입니다.
패러다임 시프트는 행동이 생각을 따르는 게 아니라 마음을 따르도록 하는 것입니다.

혁신이란 자신부터 바꾸는 것

제가 탐탁지 않게 생각하는 사람이 있습니다. 구구절절 옳은 소리를 하지만 정작 본인은 실천하지 못하는 사람, 근사한 비전 같지만 마치 그림의 떡을 한 상 차려 나오듯이 실현 불가능한 허상을 그리는 사람, 헛말을 하는 사람입니다.

"아, 다 압니다. 그러나 그렇게 하고 싶어도 할 수 없는 게 우리의 현실 아닙니까!" 이런 말이 귀에 들리는 것 같습니다. 그러고는 왜 할 수 없는가에 대한 설명이 줄줄이 이어집니다. 다 충분히 이해할 만한 설명입니다. 현실 상황은 그다지 좋지 않고, 해야 할 일을 하기가 어렵다는 것이지요.

하지만 아닙니다. 저는 그림의 떡을 보여드리는 게 아닙니다. 저는 제가 스스로 실천하지 못하는 말을 허황하게 하는 게 아닙니다. 제가 이 책에 소개하는 교수법은 바로 앞 장에 요약했듯이 한국에서 가장 가르치기 힘든 중학교라고 할 수 있는 곳에서 단 1년 반 만에 얻은 결과가 입증해주고 있습니다. 전교생 3명 중 2명이나 학력 미달이었고, 4명 중 1명은 전과목 학력 미달인 상태인 학교에서 학력 미달이 사라지게 했습니다.

저는 이 중학교에서 성공한 방법을 다섯 분의 선생님들에게 가르쳐드렸습니다. EBS 다큐멘터리 〈우리 선생님이 달라졌어요〉에 출연한 다섯 선생님들 역시 꿈과 희망을 발견하게 되었습니다. "나를 찾은 거 같아요, 나를. 그리고 나니까 행복하네요." 심유미 선생님이 활짝 웃으면서 한 말이었습니다. "내년이 더 기대되고, 교사 생활이 기대됩니다." 송현숙 선생님이 눈물을 흘리면서 한 말입니다.

방송을 촬영하는 동안, 그 짧은 몇 개월 사이에 한국 교육 현실이 바뀐 것은 아무것도 없었습니다. 학교는 예전 학교 그대로고, 교장·교감 선생님을 비롯하여 부장 선생님들도 여전히 같은 분들이었고, 장학사와 교육장을 비롯하여 교육지원청의 기본 정책과 행정 지침 하나 바뀐 게 없었습니다. 같은 학생을 가르쳤고 학부모 역시 같았습니다. 그런데 바뀐 게 하나 있었습니다. 선생님의 마음이었습니다.

심유미 선생님의 본래 꿈은 "20~30년 후에도 아이들이 인정해 주고 따라와 주고 좋아해 주는" 선생님이 되는 것이었습니다. 그게 심유미 선생님의 본래 마음이었습니다. 하지만 학생들을 시험 잘 보는 기계로 만들기 위해 학생과 머리 싸움만 하다 보니 지쳤던 것입니다. 마음이 가는 길로 다시 방향을 트는 순간 행복을 되찾게 되었던 것입니다.

송현숙 선생님은 어려운 경제 형편 때문에 안정적인 교사직을 선택했지만 붕괴되어 가는 교실은 매우 불안정했습니다. 기대와 어긋난 교직 생활 때문에 무척 괴로워했습니다. 그러나 직업으로서의 교사가 아니라 스승으로서 교사가 된다는 게 무엇인가를 깨닫고 학생들을 책임감이 아니라 마음으로 대하는 순간 모든 게 변했습니다.

현실을 탓하면 안 됩니다. 더 좋은 내일을 꿈꾸는 사람에게 오늘(현실)은 부족할 수밖에 없습니다. 오늘이 부족하기 때문에 더 좋은 내일을 기대할 수 없다고 포기하면 더 좋은 내일은 영원히 오지 않습니다.

현실을 탓하는 건 본인의 무능함을 위안받고자 하는 것이고 게으름을 숨기는 것밖에 안 됩니다. 묵은 것을 바꾸어서 새롭게 하는 혁신은 현실을 바꾸자는 것입니다. 현실 때문에 바꿀 수 없다면 혁신은 그저 헛소리밖에 되지 않습니다.

〈우리 선생님이 달라졌어요〉에 출연한 선생님들은 모두 훌륭한 분들입니다. 혁신을 일구어낸 분들입니다. 현실을 바꾼 분들입니다. 그 현실은 자신의 밖이 아니라 밖을 보는 자신의 마음이었습니다. 그러자 많은 현실이 바뀌기 시작했습니다. 가장 먼저 학생들이 따라 변했습니다. 혁명은 남을 바꾸는 일이고, 혁신은 자신부터 바꾸는 일입니다.

변화를 추구하는 사람들을 보면 크게 세 종류가 있는 듯합니다.

첫째, 바람직하지 못하다고 생각되는 상황에 불만을 나타내며 투정을 부리는 사람, 둘째, 부정적인 상황에 저항하며 투쟁하는 사람, 셋째, 부정적인 상황임에도 새로운 비전을 제시하면서 선택의 폭을 넓히는 사람.

투정은 어린애가 하는 짓이니 더 이상 언급하지 않겠습니다. 투쟁은 지켜야 할 것이 위협을 당할 때 취하는 방법입니다. 그러나 투쟁은 혁신이 아닙니다.

혁신은 부정적인 요소에 대한 부정이 아니라 부정적인 요소를 대치할 긍정적인 것을 찾아내는 지혜와 비전의 실천입니다.

투정은 시끄럽기만 합니다. 투쟁에는 반드시 패자가 나타납니다. 혁신에는 모두가 다 함께 승리할 수 있습니다. 아니, 모두가 다 함께 비전에 도달할 수 있어야 진정한 혁신입니다.

조벽 교수의 혁신 메시지

학생을 우리의 현실에 끼워 맞추는 게 아니라 우리가 학생의 미래에(그들의 현실에) 맞추어야 합니다.
또한 혁신은 그렇기 때문에 하는 게 아니라 그럼에도 불구하고 하는 것입니다.
혁명은 남을 바꾸는 일이고, 혁신은 자신부터 바꾸는 일입니다.
바꾸어야 하는 현실은 자신의 밖이 아니라 밖을 보는 자신의 마음입니다.
비전은 미래를 내다보는 능력이 아니라 미래를 창조하는 능력입니다.

| 30장 |

대한민국의 교육, 희망은 있다

글로벌 인재상과 한국의 가치관

앞에서 언급한 바와 같이 최근 서울에서 개최된 '글로벌 인재 포럼 2011'에서 새로운 시대에 인재가 갖추어야 할 10대 키워드가 선정되었습니다. 다양한 신조어가 제안되었는데 내용은 다음과 같습니다(《한국경제신문》, 2011년 11월 4일). 나열된 키워드의 순서에는 특별한 의미가 없습니다.

1. WEsdom: 타인과 함께 어울리는 공동체 마인드와 지혜를 뜻합니다. 지혜를 뜻하는 'wisdom'에서 개인을 뜻하는 'I'를 제거하고 그 자리에 우리를 뜻하는 'WE'를 넣은 'WEsdom'이라는 신조어입니다 ('WEsdom'은 글로벌 인재 포럼에서 '글로벌 인재 10대 제언'에도 채택되었습니다. '10대 키워드'는 인재가 갖추어야 할 자질 또는 능력이고, '10대 제언'은 기업체의 인력 개발과 인사 부서에서 실천해야 할 조언들입니다).

2. E-motion: 예측 불허이고 시시각각 변하는 상황에서 SNS, 인터넷, 스마트폰, 이메일 등 첨단 전자(electronic) 기술을 통한 인스턴트 커뮤니케이션에 능숙하여 발 빠르게 행동(motion)해야 하는 동시에 타인과 감성적(emotion) 차원에서 의사소통할 수 있는 능력을 뜻합니다.

3. Com-passion: 열정적이고 적극적인 태도이지만 일반 열정(passion)과 달리 열정을 남과 함께 공감하고 공유할 수 있는 능력을 뜻합니다. 'Compassion'은 연민 또는 동정심(타인이 느끼는 아픔에 대한 공

감과 돕고 싶은 마음)을 뜻하지만 'Com-passion'은 미래 지향적인 단어로, 무엇을 함께 추구할 수 있는 열정의 공유라는 새로운 의미가 부여되었습니다.

4. **ABC:** 'All basic competencies'의 약자로 기초 실력을 뜻합니다. 여기서는 (신문 기사의 해석과 달리) 박학다식해야 한다는 뜻이 아니라 각자 추구하는 일과 분야에 대한 기초 지식과 능력을 뜻합니다. 일반적으로 서구에서 학생들이 지녀야 하는 '기초'를 '3R(read, write, arithmetic : 읽기, 쓰기, 산수)'로 표시하는 것에 비해 여기서는 좀 더 폭넓게 학문적인 영역만을 뜻하지 않고 인간관계와 자기관리(interpersonal skills and intrapersonal skills)를 포함합니다.

5. **Fuzzy thinking:** 상반된 개념, 알쏭달쏭함, 불확실성 등을 잘 소화해 낼 수 있는 사고력입니다.

6. **3W:** 'Work without walls'의 약자로 크게 두 가지 의미를 담았습니다. 오전 8시부터 오후 5시까지 사무실에서 일하지 않고 아무데서나 자유롭게 일하는 능력(물리적 차원)과 영역의 벽을 허물고 생각할 수 있는 능력(정신적, 지적 차원, 다학문적 영역과 초학문적 영역)을 뜻합니다.

7. **Self-agency:** 자율성을 뜻합니다. 남이 시키는 일을 시키는 대로 하는 게 아니고, 일을 자기 스스로 찾고 해결해 나갈 수 있는 능력입니다. 또한 남에게 의지하지 않고 자립할 수 있는 능력과 남을 탓하지 않고 스스로 책임지는 능력이라는 의미도 포함됩니다.

8. **3L:** 'Let life live'의 약자로 모든 생명과 자연에 대한 존중심을 뜻합니다. 지속가능성과 녹색경제, 로하스(LOHAS), 친환경 등의 개념을 포괄적으로 담아낸 개념입니다.

9. **Positivity:** 긍정적이고 적극적인 태도를 뜻합니다. 심적 탄력성, 상처 회복 능력, 감사함, 몰입 등 긍정심리학의 핵심 철학을 반영합니다.

10. **Beam:** (28장에 설명한 대로) '빔'은 '새로움을 수용하고 포용할 수 있는 여지', '남의 생각을 경청할 수 있는 여지', '남과 소통하고 공감할 수 있는 장(場)', '혼과 심을 다할 수 있는 정신', '성스러움이 스며들고 충만함이 깃드는 곳', 그리고 허, 공, 무 등 어마어마한 사상을 담고 있는 개념입니다. 그래서 빔은 'zero, emptiness, nothing' 등의 개념이 아니기 때문에 번역하지 않고 우리말 발음 그대로 'Beam'으로 표기하게 되었습니다.

저는 위에 나열된 미래 인재가 지녀야 하는 10대 능력을 제가 제시하고 있는 천지인(창의성, 전문성, 인성을 갖춘) 인재상에 연결해 봅니다.

융합이란 잡다하게 이것과 저것을 제멋대로 연결해 나가는 게 아니라 모두가 공감할 수 있는 기본 위에 세워지는 것이라서 기초가 튼튼해야 합니다. 따라서 ABC가 당연히 중요합니다.

융합은 서로 이질적이거나 상반되어 보이는 영역마저 연결해 나갑니다. 즉, 알쏭달쏭한 상황을 헤쳐나갈 수 있는 퍼지 사고력(Fuzzy thinking)이 핵심적 사고력입니다.

문제 해결 대신 질문을 제기할 수 있는 호기심, 낮은 성공률에 도전할 수 있는 모험심, 그리고 실패에 굴하지 않고 다시 도전할 수 있는 긍정적 사고(Positivity)가 절대적으로 필요합니다. 호기심과 모험심은 스스로 할 수 있는 능력(Self-agency)의 기초입니다.

융합적 인재상에 포함되어야 하는 것이 있는 반면 제거되어야 할 것도 있습니다. 정답을 신봉해 추구하는 이원론적인 사고방식과 실패에 대한 공포증이 제거되어 비어 있는 여지를 저는 '빔'이라고 합니다. '빔'은 새로운 생각을 품을 수 있는 가능성과 희망(positivity)을 뜻합니다.

허심은 남의 말과 의견을 경청하고 남의 입장에서 생각하고 행동할 수 있는 'com-passion'과 'e-motion' 능력입니다. 소통과 공감의 공간입니다. 융합에 절실히 필요한 과정을 담아낼 수 있는 '빔'입니다.

이 10대 키워드 중에서 제가 고안하고 제안한 단어는 WEsdom, Beam(빔), 3L(Let life live), Com-passion입니다. 흥미로운 사실은 이러한 개념에 한국인이 중요시하는 가치관과 철학이 깃들어 있다는 것입니다. '나'가 아니라 '우리'란 말이 더 자연스러운 우리말, '빔'이라는 심오한 사상 체계, 식물과 광물마저도 생명이 있는 것으로 존중했던 자연 친화적 세계관, 3연이라는 온갖 부작용을 감내하면서도 한국인의 마음 깊숙이 존재하는 공동체 의식, 이러한 개념들이 미래 인재가 지녀야 할 능력과 자질이라고 국제적으로 인정받은 셈입니다.

한때 비합리적이고 비상식적이라고 비판받던 개념들입니다. 어떻게 "우리 엄마"라고 말하나? 돌맹이에 무슨 '기'가 있다고 하나? 어찌 무위, 무한, 무극, 무궁, 허상, 공허 등 없는 것에 그리 많은 신경을 쏟는가? '허무'와 '공허'는 없는 게 없다는 이중 부정문인가?

그러나 새로운 세상에는 바로 이러한 개념들이 최상의 개념인 것으로 세계가 인식하고 있습니다. 드디어 한국인에게 유리한 세상이 온 것입니다. 여태껏 한강의 기적을 이루기 위해 피땀을 흘려야 했지만 이제부터는 신바람 나게 일할 수 있는 시대가 온 것입니다.

한국의 문화와 가치가 유리한 이유

한국인의 가치관과 문화가 왜 유리하게 작용하는가는 이미 『조벽 교수의 인재 혁명』에서 자세히 설명했습니다. 여기서 간략하게 요약해 보겠습니다.

정보 홍수, 정보화 시대의 전문성은 평생학습에서 얻을 수 있습니다. 우리는 평생학습자를 최고의 인재 모델로 섬겨왔습니다. 한국 지폐에 온통 평생학습자를 모신 것만 봐도 알 만합니다.

융합과 팀워크가 중요한 시대에 인성은 일을 할 수 있게 하는 실력인데, 한국 문화는 '인간의 도리'를 철저하게 따졌습니다. 유교의 삼강오륜이 사회 윤리의 기틀로 세워지기 오래전부터 우리 한국인은 상대를 존중하는 존댓말 구조를 심오하게 발전시켜 왔습니다.

창의력의 핵심인 여유는 '사이의 미학'에 초점을 맞춘 한옥, 여백에서 미를 발견한 한국화, 또한 기계같이 쉬지 않고 움직여, 승리한 거북이가 인재 모델(이솝 우화)이 아니라 목에 칼날이 내려오는 순간 꾀(창의력)를 내어 승자가 되는 토끼가 인재 모델(『별주부전』)인 것에도 담겨 있습니다.

한국어는 퍼지에 강합니다. 한두, 서넛, 예닐곱, 미닫이, 얼추, 대충, 어림, 어렴풋이, 엇비슷하게, 눈치껏 등 알쏭달쏭한 개념과 별 희한한 의성어가 우리말 사전에 무수히 많습니다.

저는 학생들이 바로 이러한 한국의 지적 전통인 '빔'과 'WEsdom'을 물려받아야 올바른 글로벌 리더의 꿈을 꿀 수 있다고 생각합니다.

답답하게 꽉 찬 교실과 학교에서 '빔'을 경험하기란 쉽지 않습니다. 또한 수능 시험에 몰두하고 있는 학교에서 마음과 머리가 함께하는

'WEsdom'을 추구할 수 있다고 생각하지 않습니다. 그렇다고 수능시험이 없어지는 날을 마냥 기다릴 수는 없겠지요.

그래서 학생들이 최소한 수학여행이나 체험 학습을 하기 위해 학교 밖으로 나갈 때 바로 이런 경험을 할 수 있는 곳으로 가야 한다고 믿습니다. 그런 곳이 한국에 있습니다. 이미 학생들이 가장 많이 가는 수학여행지인 경주가 그곳입니다.

제가 외국에 살면서 한국을 방문하기 시작한 15년 전부터 경주에 매료되었고, 현재 경주에 집을 두고 주말을 보내는 이유는 경주가 인위와 무위의 조화를 이루고 있기 때문입니다. 그곳에 '범'과 'WEsdom'이 있기 때문입니다.

나이아가라 폭포, 옐로스톤 국립공원, 알프스 스키장, 알래스카 빙하, 사하라 사막, 히말라야, 갈라파고스 섬, 그랜드 캐니언, 아마존 정글 등 인간에게 감히 넘보지 말라고 경고하듯 웅장한 천하의 장관이 펼쳐져 있는 곳, 그리고 와이키키 해변, 카리브 해안, 나파 계곡, 세부, 발리 등 마치 자연이 오로지 우리 인간만을 위해 존재하는 듯한 천혜의 장소도 있습니다.

중국의 자금성, 이집트의 피라미드, 프랑스의 루브르 박물관, 로마와 폼페이, 그리스의 아크로폴리스와 산토리니, 이스라엘의 예루살렘, 인도의 타지마할, 바티칸의 시스틴 성당, 영국의 버킹엄 궁전, 러시아의 크렘린 궁 등에서는 인간이 만들어낸 최고의 걸작들을 볼 수 있습니다.

이런 곳에서는 인간의 창의성과 자연을 극복하고 지배하는 인간의 위대함을 볼 수 있고, 그런 유형문화재 앞에 서 있노라면 그 장엄함과 화려함에 압도당해 입이 저절로 벌어지곤 합니다.

뉴욕, 홍콩, 싱가포르, 두바이, 할리우드, 샌프란시스코, 상하이, 런던,

파리, 비엔나, 올랜도, 몬테카를로, 라스베이거스 등 세계 패션, 쇼핑, 문화, 쾌락의 천국들은 너무나도 유명한 관광지입니다.

이런 곳에는 신기함과 황홀함과 짜릿함이 있습니다. 물질문명과 무형문화를 함께 경험할 수 있는 곳이기도 합니다.

문화와 자연이 함께 있는 곳도 많습니다. 시애틀, 샌디에이고, 시드니, 밴쿠버, 니스 등 아름다운 해안을 둔 모든 항구도시가 그렇습니다. 베네치아, 프라하, 뉴델리, 부다페스트, 크라카우 등 구비구비 흐르는 강을 낀 모든 옛 도시가 그렇습니다. 덴버, 베른, 빈, 리마, 마추픽추 등 큰 산이 둘러싼 도시가 그렇습니다. 문화와 자연이 공존하는 곳입니다. 공존한다고 꼭 조화를 이루었다고 할 수는 없습니다.

교토에는 예쁘고 아담한 정원이 많습니다만 꽃과 나뭇가지와 물길은 모두 다 인간의 개입으로 이리저리 뒤틀려 있습니다. 하이델베르크에는 산 위에 근사한 성들이 우뚝 솟아 있습니다만 성은 툭 튀어 나와 산세를 바꿔놓았습니다. 파리의 센 강은 수직 방파제로 인해 강이라기보다는 수로(水路)라고 함이 옳습니다.

그러나 경주는 다릅니다. 불국사는 입구 코앞까지 가서도 그곳에 그리 큰 절이 있으리라 짐작할 수 없을 정도로 자연에 숨어 있듯 들어앉아 있습니다. 경주의 왕릉은 그저 조그마한 언덕으로 여겨질 정도로 특별한 치장 없이 자연 그대로 둥그스름합니다. 경주의 남산은 산 전체가 박물관이면서도 그 많은 문화재가 너무도 자연스럽게 자연과 조화를 이루고 있습니다.

경주에는 불국사와 석굴암, 감은사탑, 성덕대왕 신종, 양동마을 등 최고의 유형문화재와 더불어 경주 최 부잣집의 6훈, 화랑도, 교동법주, 누비, 명상 음악, 가야금 병창, 굿판과 갖가지 공예 등 최고의 무형문화도 많습니다.

경주에는 도처에 '조화의 철학'이 깊숙이 내재되어 있습니다. 그래서 저는 제 마음에 경주를 담고 또 닮고 싶습니다.

그런데 경주로 수학여행을 간 학생들은 판에 박힌 스케줄 속에서 "대열을 벗어나지 마세요! 모두 줄지어 앉아 기다리세요!" 하는 메가폰 소리만 듣고 오는 건 아닌지 모르겠습니다.

수학여행이 그저 또 하나의 나들이고 공부에서 잠시 해방되는 '일탈'의 기회로 전락하는 게 아쉽습니다. 제가 경주에서 얻은 최고의 경험을 우리 학생들과 함께 나누지 못하는 게 참으로 안타깝습니다.

수학여행을 해외로 가는 게 중요한 게 아니라, 빔, WEsdom, Compassion, 3L 등 평상시 학교에서 하기 어려웠던 것을 체험하게 하여 학생들의 상상력에 날개를 달아주는 게 중요합니다.

만약 우리 학생들이 한국의 지적 전통과 정신적 유산을 고스란히 물려받아 천지인이 되기만 한다면 세상을 놀라게 하는 큰 인재가 쏟아져 나오는 것은 시간문제입니다.

'아무렇게나'가 아니라 '대충'하라

많은 미래 인재가 나오는 것은 시간문제라고 해서 무작정 기다리면 된다는 말이 아닙니다. 천지인이 될 수 있는 잠재성은 충분하지만 옥석이 갈리고 닦여야 빛을 발하듯이 잠재된 능력이 발견되고 발휘될 수 있도록 해야 합니다. 그것이 교육의 역할입니다.

그러나 어떻게 그 많은 전문성·창의성·인성의 요소들을 가르칠 수 있을까 걱정이 되는 것도 사실일 것입니다. 창의력만 하더라도 170가지 개념이 연관되어 있으니까요.

행복과 성공이 있는 곳은 마음이 가는 곳이라고 했지만 마음 또한 허심·호기심·모험심·긍정심·관심만 해도 다섯 가지요, 여기에 양심·열심·혼심·선심·중심·진심…… 아무리 그러한 것들이 인재가 도달하는 목적지가 아니고 방향이라 하더라도 방향이 중구난방, 12방위로 다 흩어져 있는 것 같아 보일 수도 있습니다. 어떻게 해야 할까요?

제 답은 "대충하세요"입니다. 우리가 흔히 하는 말, "대충해라"라는 말은 아무렇게나 하라는 말이 아닙니다. 대충(對沖)이란 12방위의 정중앙을 뜻합니다. 그러니 모든 면을 두루 살피고 고려해서 중심 되는 것을 하라는 뜻입니다. 어느 한쪽으로 치우치거나 사소한 것에 매달리지 말고 핵심 위주로 하라는 뜻입니다.

대충은 무극이기에 불분명하고, 모든 것의 핵심이기 때문에 모호합니다. 이는 미리 계획을 세워서 계획대로 추진하는 경직된 사고력이 아니라 그때그때 변할 수 있는 상황의 모든 면을 고려하는 고도로 유연한 판단력이 요구되고, 거기서 나오는 결론은 단순한 흑백 논리로 설명되지 않습니다. 다

소 모호하지만 모든 면을 염두에 둔 결정이어서 무리가 없습니다.

  등산길을 걷다 보면 조그만 소나무를 가운데 두고 길이 두 갈래로 잠시 갈렸다가 곧 다시 하나로 합쳐지는 것을 흔히 볼 수 있습니다. 나무 하나에도 관심을 가져주고 배려하는 모습입니다. 길을 만들면서 사람만 편하게 한 게 아니라 주변의 생물을 고려해서 조화를 이루게 한 것입니다.

  이와 반대로 캘리포니아 세쿼이아 국립공원에는 우람찬 나무를 뚫고 사람이 거닐 수 있는 길을 낸 모습을 볼 수 있습니다. 참으로 상반되는 모습입니다. 자연과 대충 사는 모습과 자연의 회충같이 사는 모습입니다.

  사실 우리는 지엽적인 것에 많은 시간을 낭비하는 경우가 흔합니다. 우리는 그것을 '잡무'라고 합니다. 선생님들도 잡무 때문에 교실 현장에서 정말 중요한 일을 제대로 할 수 없다고 하소연합니다. 일을 대충하지 않는 것입니다.

  교육을 대충해야 학생도 살고, 학부모도 살고, 선생님도 살 수 있습니다. 무엇이 기본이고 핵심인지, 어떤 교육이 모두에게 중요한지를 헤아리고 그 일을 위주로 할 때 한국에서 인재가 쏟아져 나올 것입니다.

장밋빛 미래를 위한 선택

한강변에서 개최된 2011 청춘 페스티벌에서 저는 수천 명의 청년들에게 선언했습니다. "한국의 20대 청춘의 미래는 '장미빛'이다!" 오타가 아닙니다. '장기간 미취업 빚쟁이'들이라는 뜻입니다.

초·중·고등학교 12년을 죽어라 공부한 후에 대학교에서 더 공부한다 해도 그들을 기다리는 미래가 '장미빛'인 상황에서 앞으로 우리 한국에 큰 인재가 쏟아져 나올 것이라는 예측에 전혀 공감할 수 없을 법도 합니다.

그러나 미래는 우리 스스로 만드는 것입니다. 너무 많은 학생들이 대충 공부하지 않고 부적(스펙) 쌓기에 바쁩니다. 마음이 가는 곳으로 가지 않고 머리로 이해타산해서 당장 이득이 보이는 곳으로 향하고 있습니다. 꿈 대신 악몽과 환몽에 시달리며 정신적 빈곤을 호소합니다. 천지인이 아니라 지천에 깔린 소인배의 길을 걷고 있습니다.

'선생'은 '후생'이 올바른 선택을 할 수 있도록 지혜를 전수해 주어야 합니다. 어른은 아이가 성숙한 인간이 되도록 도와야 합니다. 지시하고 주입하는 게 아니라 보여주어야 합니다. 진정한 어른의 모습을 보여주고, 진정한 평생학습자의 모습을 보여주어 학생들이 보고 배울 수 있도록 해야 합니다.

그럴 때 20대 청춘의 미래는 진정한 장밋빛으로 변할 것입니다. '장쾌한 미래로 빛나는' 청춘이 될 것입니다. 그것이 우리의 선택입니다. 꼭 그렇게 되면 좋겠습니다. 꼭 그렇게 되길 진심으로 빕니다.

에필로그

진정한 어른, 스승이 되자

집필을 끝내고 보니 걱정되는 부분이 한두 가지가 아닙니다. 이래라저래라 하는 말이 너무 많아서 독자가 질리지는 않을까 하는 생각이 들기도 하고, 내용이 다르다고 해도 핵심 메시지가 같은 부분에서는 기존의 책들과 중복되었다고 느낄 수도 있지 않을까 하는 염려도 있습니다.

또한 이전 책에 실린 내용이 모두 설명되지 않은 상태에서 새롭게 포함된 내용이 독자에게 충분히 다가가지 못하는 것은 아닐까 하는 걱정도 드는군요.

나이 들면 걱정만 는다더니 바로 제가 그 꼴입니다. 부디 제 글만 보지 마시고 제 마음도 함께 받아들여 주시기 바랍니다.

이 책을 통해 독자에게 전달하고 싶은 제 마음은 이렇습니다.

'학생을 살리려면 선생님이 살아야 한다. 선생님이 살리면 선생님이 변해야 한다.' 변해야 한다는 말은 '새롭게 하자, 다르게 하자, 좀 더 열심히 하자'가 아니라 '예전 모습을 되찾자'라는 것입니다.

예전 모습이란 옛날 선생님의 모습이 아니라 선생님들이 교사를 꿈꾸며 품었던 그 본래 마음을 뜻합니다. 그 마음을 느끼자는 것입니다.

그 본래 마음은 자신보다 늦게 삶의 길을 걷는 '후생(後生)'에게 베풀고 싶어 하는 '선생(先生)'의 마음입니다. 저는 이 마음을 '어른스러운' 마음이라고 했습니다.

선생님들도 학창 시절에 남보다 더 빨리 어른스러웠기에 교사의 길을 택한 것이 아닐까요? 아이들에게 어른이 절실히 필요하고 한국 사회는 어른을 애타게 기다리고 있습니다. 선생님은 진정한 어른이기에 스승인 것입니다.

저는 상상해 봅니다. 이미 어려운 과정을 성공적으로 통과하여 입증한 지적 능력과 이미 예전부터 가슴에 품고 있는 어른스러운 마음을 맘껏 쏟아내는 선생님들이 있는 학교를 상상해 봅니다.

그런 학교에서는 분명 선생님과 학생들이 성공과 행복을 모두 함께 나눌 수 있으리라 생각합니다.

이 책이 그렇게 성공과 행복을 함께 나누는 데 도움이 되길 바랍니다. 그래서 선생님과 학생이 한마음으로 의미 있고 가치 있고 건강한 삶을 살기를 진심으로 바랍니다.

2011년 12월

조벽

감사의 글

이 책이 나오기 위해서 많은 분들의 참여와 도움이 있었습니다. 가장 먼저 제게 마리아수녀회의 사립학교재단 교육장과 중학교 교장 대행을 맡겨주신 마더 미카엘라와 소피아 수녀님, 제게 서울 소년의집 운영위원장을 맡기신 정말지 수녀님에게 무한한 감사를 드립니다. 저에 대한 세 분의 확고한 믿음이 계셨기에 저는 "나는 대한민국의 교사다"라고 말할 수 있게 되었습니다.

HD 교실과 분교가 성공 사례가 될 수 있도록 해주신 분들에게도 고마운 마음을 전합니다. 남경 테레사 수녀님과 신미카엘라 수녀님, 배골롬바 수녀님을 비롯한 HD 교실 담당 선생님인 김미화, 김민정, 김형연, 김희주, 성은희, 이보리, 이수현 선생님에게 깊이 감사드립니다. 새로운 실험을 허락하고 새로운 도전에 참여해 주신 중학교 선생님들과 코치분들, 봉사자로 참여하신 고신대 의대생들과 HD뇌마음과학연수센터의 박윤

희, 이봉희, 한숙자 심리상담 선생님들이 고맙습니다.

HD 교실과 분교에 참여한 학생들이 새로운 교육 방법과 환경에 잘 적응해 주고 신뢰를 주고 최선을 다해 노력해서 큰 발전을 이뤄준 것이 무엇보다 기쁘고 고맙습니다.

위기에 처한 학생들을 돌볼 수 있도록 제게 위(Wee)센터를 맡겨주신 설동근 전 부산시 교육감님, 박정희 전 교과부 위프로젝트 팀장님, 오승걸 교과부 팀장님, 장영화 전 부산서부교육지원청 교육장님, 이상민 전 부산시교육청 장학사님에게도 고마움을 전합니다. 센터 설립 초기에 아무 보장 없이 저만 믿고 일을 시작하고 가장 기여를 많이 하신 최문선 상담사님이 고맙습니다. 전국 위센터 직원을 교육할 수 있도록 거점 센터를 맡겨주신 교과부 관계자들도 고맙습니다.

제게 차세대영재기업인센터를 맡겨 영재아들을 돌볼 수 있게 해주신 정연우 특허청 과장님을 비롯하여 발명진흥회 관계자들에게도 감사드립니다.

과거에 집필한 책에 도움을 주셔서 제가 고마움을 표시했던 분들 역시 이 책을 집필하는 데 계속 도움을 주셨다는 말씀을 전하며 감사를 대신합니다. 특히 EBS 방송 관계자 분들에게 감사드립니다.

제 건강을 정성껏 돌봐주신 신순분 님과 수많은 개인 일을 묵묵히 도와주신 제 둘째 누님이 고맙습니다.

이 책이 짧은 시간에 완성될 수 있도록 최선을 다해주신 해냄출판사 송영석 사장님과 직원들에게 감사드립니다. 특히 이혜진 편집장님과 박신애님이 고생 많으셨습니다.

마지막으로 제 처와 한길이, 단이, 그리고 최근에 돌아가신 어머니와 이별의 슬픔을 함께 나눌 수 있던 누이들에게도 고마운 마음을 전합니다.

제 아내는 제가 중학교 교장 대행과 위센터 센터장직을 동시에 맡으면서 가장 힘들어한 시기에 HD 교실 디자이너 겸 담임선생님으로 새로운 교육 시도에 핵심 역할을 주도해 주었고 위센터 자문위원장으로 활동하면서 센터 직원의 전문 역량을 한 차원 높이는 데 앞장서 주었습니다. 백지장도 맞들면 낫다고 하지만 제가 지난 4년간 들은 백지장은 애초에 저 혼자 들 수 없었던 것이었고, 제 처가 함께 들어주었기에 그나마 가능했습니다.

저희가 들고 있는 백지장은 말 그대로 백지장이어서 처음부터 제 처와 함께 그림을 그려나갔던 우리의 삶이었습니다. 백지장에는 이미 다양한 나이와 피부색의 아이들 수천 명이 그려져 있습니다. 앞으로 더 많은 행복한 아이들의 모습이 그려질 수 있도록 많은 분들과 함께 그려나가길 기대합니다.

조벽

조벽 교수의 희망 특강

초판 1쇄 2011년 12월 15일
초판 13쇄 2015년 12월 25일

지은이 | 조벽
펴낸이 | 송영석

펴낸곳 | (株)해냄출판사
등록번호 | 제10-229호
등록일자 | 1988년 5월 11일(설립연도 | 1983년 6월 24일)

04042 서울시 마포구 잔다리로 30 해냄빌딩 5·6층
대표전화 | 326-1600 **팩스** | 326-1624
홈페이지 | www.hainaim.com

ISBN 978-89-6574-326-2

파본은 본사나 구입하신 서점에서 교환하여 드립니다.